外国法入門双書

ドイツ法入門

村上淳一=守矢健一／ハンス・ペーター・マルチュケ 著

有斐閣

〔改訂第9版〕

Einführung in
das Recht der
Bundesrepublik
Deutschland

改訂第 9 版はしがき

　改訂第 8 版を刊行してから約 5 年が経過したので，改訂第 9 版を世に送る。

　本改訂もまた，マルチュケと守矢とによる完全な共同作業である。本書をマルチュケと共に生み育てた村上淳一は本改訂の完成を俟たずに世を去った。村上を模倣することはできないしすべきでもあるまいが，マルチュケと守矢は改訂にあたって，かれと仮想的な（空想的ではない）対話を重ねた。以上の著者に対して，佐藤文子が有斐閣書籍編集部の立場から注意深く助力した。

　本改訂においても，この 5 年間に生じた法改正を適切に本文において反映させること，現在の制度の持っている歴史的背景を簡潔に説明すること，に意を用いた。なお，訳語の選択は比較法の理解を大きく左右するが，本書に大過無きことを念ずる。しかし適切な訳語を求めての彷徨には終わりがないことも多い。本改訂における訳語の大きな変更を 2 点だけ挙示しよう。第一に，「ナチス」の語は用いないこととした。深刻な事態を正確に理解しないままで，蔑称によって表現することは有害だから。第二に，初宿正典氏の予てからの問題提起を受け，Bundesrat を「参議院」と訳すことをやめ，「参議会」とした。ドイツはいわゆる二院制ではない。

　長年の読者が，また新しい読者が，本書に対し感想や批判を寄せて下さっている。本改訂にあたって，その批評を可能な限り活かし，以て謝意を行間に示すよう心掛けたが，十分に活かせてい

ないことを懼れる。今後も，さまざまの立場の読者の忌憚なき批判を切望する。

2018 年 3 月

著　者

改訂第6版はしがき

　2002年1月に改訂第5版を刊行してから約3年が経過した。社会保障法をはじめ，さまざまの法領域で，問題を孕んだ大がかりな法改正が相次ぎ，それを反映させるために，改訂第6版を送り出すこととした。なお，この版から，改訂作業には，初版執筆者の1人でもあるマルチュケと，村上に代わった守矢の2名が当たることとした。初版はしがき冒頭に明らかにされた執筆意図に変更はない。

　すでに改訂第5版においても，1990年代後半からヨーロッパ法がドイツ法に与える影響が目に見えて大きくなってきたことに相応の配慮をしたのだが，改訂第6版においては，引き続きこの点に留意すると同時に，伝統的なドイツ法との関係にも不十分ながら配慮することにした。法のヨーロッパ化は日本の法律家にとって実務的にも理論的にも興味深い現象であるが，実際にはそれはヨーロッパを構成する各国の伝統との緊張関係を通じて実現されている。EU指令の英語版を読むだけでは，ブリュッセルから見たヨーロッパ法の抽象的なイメージがおぼろげに浮かび上がるに過ぎないのである。

　初版のはしがきに，本書の特色があるとすれば，ドイツ人と日本人との共著にしたことの趣旨によるものであろう，と記されている。日本人の側では村上から守矢へバトンの受け渡しがなされ

たが，本書初版執筆時の村上がすでに学問的成熟期にあったのと比較しても，守矢の経験不足は明らかであって，今後の研鑽によりその欠を補わねばならない。ただし，大阪市立大学大学院法学研究科の同僚，とりわけ浅田和茂・木下秀雄・西谷敏・松本博之の各氏，2004年冬学期浅田ゼミ（大学院）参加の院生，およびドイツ法に関心を寄せる中堅・若手の研究者たち，とりわけ太田匡彦（東京大学）・髙山佳奈子（京都大学）・丸山亜子（宮崎大学）の各氏による，実質的で迅速な助力があった。助力を十分役立てることができたかどうかは守矢の責に帰すべき問題であるが，ドイツ側のマルチュケとの対話の質的バランスをどうにか保ちえていれば幸いである。なお，各方面からのご叱正を俟って，質の向上に努めたい。

2005年2月

著　者

初版はしがき

　字引的に詳細な教科書ではなく一気に読み通せるほどの分量で，西ドイツ法の全分野を概観する入門書を，というのがこの本の執筆意図である。ドイツ法は，第二次大戦が終わるまで日本法に圧倒的な影響を及ぼしてきたし，戦後アメリカ法の影響が強まってからも，日本法の骨組みと論理はドイツ法に依存するところが大きい。しかし，この本で明らかにするように，日本法と西ドイツ法の間には，実はさまざまの相違がある。基本的な類似にもかかわらず多くの違いがあるからこそ，日本法を学ぶ者にとって，西ドイツ法の概観から得られる示唆は少なくないと思われる。

　もちろん，この本は法律学生だけを読者として予定するものではない。今日，西ドイツは，ヨーロッパ共同体の主要国のひとつとして，世界の政治・経済の中できわめて重要な役割を演じている。ビジネスマンをはじめさまざまの実務家にとって，西ドイツに出張・駐在して活躍したり，日本で西ドイツの人々と交渉をもつ機会は，ますます増えていくであろう。しかし，新聞ひとつ読むにも法律の知識が欠かせない西ドイツのお国柄からして，西ドイツ法の基礎知識を心得ているかどうかは，ときに決定的な意味をもつ。そのような実務家に必要最小限度の概観を提供しようというのも，この本のひとつのねらいである。

　小さな本で広い概観を試みるためには，どうしても，重点をし

ぼらなければならない。著者の1人はかつて東京大学に留学し，現在神戸大学をはじめ関西のいくつかの大学で西ドイツ法を教えているドイツ人であり，1人はドイツ法を専門とする日本人であるが，2人の相談によって，ドイツ人が日本人に伝えたいと思うところと，日本人の立場で興味を感ずるところを調整し，重点の置き方を決めた。外国法の入門書を書くには，日本人の専門家がその国の法律家と協力して執筆するのがひとつの良い方法だと考えるが，この本に何らかの特色が出ているとすれば，それはこうした共著の趣旨によるものであろう。その反面，この本は網羅的・教科書的な解説をめざすものではないから，省略されている部分が多いことは言うまでもない。また，法律の改正や社会の変化によって，この本の記述が改訂を要するようになることも避けられない。西ドイツ法をもっと詳しく調べる必要があるときは，巻末の参考文献と，西ドイツに直接問い合わせる場合のアドレス一覧を活用していただければ幸いである。

1988年1月

Hans-Peter Marutschke

村　上　淳　一

目　次

はしがき

I　ドイツとドイツ人 (1)
II　ドイツ法の歴史 (10)
　§1　中　　世 (10)
　§2　近　　世 (13)
　§3　近　　代 (19)
III　第二次大戦後のドイツ (26)
　§1　ドイツ連邦共和国の成立 (26)
　§2　ベルリーンの地位 (29)
　§3　いわゆる「ドイツ内関係」(32)
　§4　ドイツ統一 (33)
　§5　現　　在 (36)
IV　憲法（基本法）(38)
　§1　基本法の構造 (40)
　§2　国家構造の基本原理 (40)
　　(1) 連邦主義 (42)　(2) 民主主義 (46)　(3) 法治国家 (47)　(4) 社会国家 (48)
　§3　国家機関 (50)
　　(1) 連邦議会 (50)　(2) 連邦参議会 (56)　(3) 連邦会議 (58)　(4) 連邦大統領 (58)　(5) 連邦政府と連

邦首相 (59)　(6) 連邦憲法裁判所 (62)

　§4　基 本 権 (65)

　§5　立法手続 (75)

　§6　基本法の改正 (78)

Ⅴ　行 政 法 (83)

　§1　行政法小史 (83)

　§2　連邦と州の行政分担 (88)

　§3　行政の法的規制 (92)

　§4　行政法の諸分野 (95)

　　(1) 公勤務法 (96)　(2) 教育法 (98)　(3) 情報処理法 (102)　(4) 国籍と外国人法 (105)　(5) 社会保障法 (114)　(6) 租税法 (130)

Ⅵ　民　　法 (135)

　§1　ドイツ民法の体系的特徴 (135)

　§2　総　　則 (139)

　　(1) 人・権利能力・行為能力 (140)　(2) 法律行為 (143)　(3) 私法上の契約と公法上の契約 (145)　(4) 権利の行使 (147)

　§3　債 権 法 (149)

　　(1) 給付障害法（附：慰謝料請求権の平板化）(150)　(2) 義務づけ行為と処分行為 (153)　(3) 契約法 (154)　(4) 不法行為 (163)

　§4　物 権 法 (167)

　　(1) 物権変動 (167)　(2) 所有権とその制限 (171)　(3) 不動産担保権 (174)

　§5　家 族 法 (177)

(1) 婚　姻 (180)　(2) 離　婚 (185)

　　　(3) 結婚していない両親の子 (187)

　　§6　相 続 法 (188)

　　§7　国際私法 (190)

Ⅶ　商　　　法 (193)

　　§1　商　　　人 (194)

　　§2　人的会社と資本会社 (196)

　　§3　株式会社 (199)

　　　(1) 取締役 (202)　(2) 監査役会 (204)　(3) 株主総会 (204)

　　§4　有限会社 (207)

　　§5　協同組合 (210)

　　§6　コンツェルン企業 (211)

　　§7　ヨーロッパ法と商法・会社法・資本市場法 (212)

Ⅷ　経 済 法 (215)

　　§1　競争制限禁止法 (215)

　　§2　不正競争防止法 (218)

　　§3　知的財産権法 (220)

　　§4　経済団体 (222)

　　§5　ヨーロッパ法 (223)

　　　(1) 前　史 (224)　(2) EUの基本的な組織 (230)

　　　(3) ヨーロッパ法のドイツにおける法源的意味 (233)

Ⅸ　労 働 法 (237)

§1 労働法小史 (237)

§2 労働法の法源と対象 (240)

§3 労働関係 (243)

(1) 成　立 (243)　(2) 労働時間と休暇 (244)
(3) 給　与 (248)　(4) 解　雇 (249)

§4 労働組合の活動 (250)

(1) 労働組合と使用者団体 (250)　(2) 労働協約・労働争議 (253)

§5 共同決定 (254)

(1) 事業所における共同決定 (255)　(2) 企業の監査役会における共同決定 (256)

§6 ヨーロッパ法と労働法 (259)

X　刑　　法 (261)

§1 応報主義の緩和 (262)

§2 刑法の基本原則と正義の貫徹との緊張関係 (264)

(1) NS体制下の凶悪犯罪と公訴消滅時効 (264)
(2) 旧東ドイツ軍組織所属者による「ドイツの壁」防衛活動の統一後の法的評価 (267)

§3 現代社会における正義 (270)

§4 保安処分と秩序罰 (273)

§5 刑法におけるヨーロッパ法の影響 (275)

XI　司法制度 (278)

§1 裁判官・弁護士・検事 (278)

(1) 裁判官 (278)　(2) 弁護士 (280)　(3) 検　事 (283)

§2　裁判権の系列 (284)

(1) 通常裁判権 (284)　(2) 行政裁判権 (285)
(3) 税務裁判権 (286)　(4) 社会裁判権 (287)
(5) 労働裁判権 (288)　(6) 法解釈実務の統一 (288)

§3　通常裁判所の組織と手続 (289)

(1) 連邦通常裁判所 (290)　(2) 高等裁判所 (291)
(3) 地方裁判所 (291)　(4) 区裁判所 (292)　(5) 刑事訴訟 (294)　(6) 民事訴訟 (295)　(7) 訴訟費用 (299)

XII　学生生活と法曹養成 (303)

§1　大学への進学 (303)

§2　法曹養成のしくみ (306)

(1) 大学における法曹養成の段階 (308)　(2) 実務修習の段階 (314)

＊〈資料〉ヨーロッパ議会選挙の投票用紙 (316)
＊略語表 (319)
＊参考文献 (326)
＊レファレンスのためのアドレス一覧 (335)
＊原語索引 (343)
＊邦語索引 (353)

著者紹介

村上淳一（むらかみ　じゅんいち）
 1933 年 京都に生まれる
 1956 年 東京大学法学部卒業。東京大学助教授，東京大学教授，桐蔭横浜大学教授を歴任
     テュービンゲン大学法学部名誉博士，東京大学名誉教授，日本学士院会員。また，ドイツ国よりGroßes Verdienstkreuz を授与さる
 2017 年 逝去

Hans-Peter Marutschke
    （ハンス・ペーター・マルチュケ）
 1951 年 ドイツ，バーデン・ヴュルテンベルク州のロイトリンゲンに生まれる
     テュービンゲン大学，ジュネーヴ大学に学んだ後，1977～78 年東京大学大学院外国人研究生（労働法専攻）
 1983 年 神戸大学法学部外国人教師
 1985 年 神戸大学法学部助教授
 現　在 同志社大学法科大学院名誉教授

守矢健一（もりや　けんいち）
 1967 年 東京に生まれる
 1991 年 東京大学法学部卒業
 1994～96 年　マックス＝プランク＝ヨーロッパ法史研究所に博士論文執筆者として（2003 年にサヴィニー研究で博士号取得）学んだ後
 1997 年 東京大学大学院法学政治学研究科博士課程中退
 現　在 大阪公立大学大学院法学研究科教授

Das Deutschlandlied
Einigkeit und Recht und Freiheit

Einigkeit und Recht und Freiheit	統一と権利と自由を
Für das deutsche Vaterland!	祖国ドイツのために！
Danach laßt uns alle streben	皆が手をとりあって
Brüderlich mit Herz und Hand!	心と行動で求めよう！
Einigkeit und Recht und Freiheit	統一と権利と自由は
Sind des Glückes Unterpfand:	幸福をささえるもの。
Blüh im Glanze dieses Glückes,	その幸福に光り輝き
Blühe, deutsches Vaterland!	栄えよ、祖国ドイツ！

　Hoffmann von Fallerslebenが1841年につくったドイツ人の歌（Das Lied der Deutschen, Das Deutschlandliedともいう）の第3節（Rechtは一応「権利」と訳したが、統一との関連では「法」、自由との関連では「権利」の意味が強まる二重概念である）。ハイドンの弦楽四重奏曲「皇帝」第2楽章のメロディーに乗せて、ドイツ連邦共和国の国歌として歌われる（第1節「すべての上のドイツ」と第2節は、公式の場所では歌われない）。

ドイツ連邦共和国の国旗（連邦旗）は、基本法22条によって「黒・赤・金」の3色旗と定められている。連邦のワッペン（紋章）は、金地に単頭の黒鷲（嘴と脚は赤）。

ドイツ連盟

1871年の帝国

ヴァイマル共和国

ドイツ連邦共和国

I　ドイツとドイツ人

　ドイツ法を概観するためには，現行法に重点を置くにしてもやはりその歴史を知っていたほうがよい。あたかも，日本法を外国人に説明するために，少なくとも明治維新以後の日本における社会と法の発展，できればそれ以前の日本の社会と法の歴史について，予備知識をもってもらうほうがよいのと同様である。そこで，ドイツの社会と法について，ごく簡単に歴史を振り返ってみよう。

　そもそも，ドイツ（Deutschland）という国はいつから始まったのか。476年に（西）ローマ帝国が滅亡した後，ゲルマン人の一部族たるフランク族がアルプスの西から北にかけて他部族を制圧してフランク王国を形成した。その支配圏は，カーロリング朝のカール大王の下で最大規模に達したが，843年に3つに分割され，870年には改めて東西両国に分けられるに至った。その東の分国が，カーロリング朝フランクの王権に代わって919年にザクセン王権に服し，その後さまざまの王朝を戴きながらも，西の分国に由来するフランスの支配者ナポレオンによって1806年に打倒されるまで，ほとんど千年に及ぶ生命を保つことになる。この東の分国とともにドイツが始まった，と言ってもよい。しかし東の分国は，当初から西の分国ほど強い政治的まとまりを示すものではなかったのであって，ドイツという国がいつから始まったかを明確に述べることは，実は容易でない。

　すなわち西の分国では，カーロリング朝が10世紀末まで継続

I ドイツとドイツ人

し，これと肩を並べる有力な部族もなかったために，フランク（後にフランス）という名称が——「西」という限定を付することもなしに——国と国民と国語の名（フランス国，フランス人，フランス語）として用いられるようになる。これに対して，東の分国を東フランクとよぶならわしは，1000年ごろに消滅する。すでに919年に，王権はフランク人の手を離れてしまったのだから。今やフランク人はライン=マイン地方の一部族にすぎない。しかも，そのまとまりは，他の部族（ザクセン，シュヴァーベン，バイエルン）の場合ほど強いものではなかった。

これらの部族（natio, Stamm）は諸氏族の連合体であり，大公（dux, Herzog）を長とする政治的単位であって，それぞれが王国（regnum）とよばれることもあった。しかし，諸部族の上位にあって全体を支配したフランク王権の伝統を受け継いで，諸大公は自分たちの中から1人の国王（rex）を選び，その国王に，諸部族の連合体としての大きな王国（regnum）の最高裁判権者，最高軍事指揮者たる地位を認めたのである。もっとも，この王国は，直ちにドイツ王国とよばれたわけではない。国王が司教叙任権をめぐってローマ教皇と対立する（1075～1122年のいわゆる叙任権闘争）までは，王国は単に「王国」と，国王は単に「国王」とよばれた。なお，オットーI世の戴冠（962年）以降，国王は同時にローマ帝国（Imperium Romanum）の皇帝（Imperator）でもあるということになったが，当時はまだ，王国と帝国が明確に区別されたわけではない。

叙任権闘争以降，「王国」には徐々に「ドイツ人の」という形容が付くようになっていく。8世紀末から史料に現れる「ドイツの（theodiskus, teutonicus）」という語は，もともと単に「民衆の」

というほどの意味であったゲルマン古語に由来し，それが，ロマン語（ラテン語起源のイタリア語やフランス語）とスラヴ語の両言語から区別された言語（ドイツ語）を指すために用いられるようになったものである。10世紀にはドイツ語を喋る人々がドイツ人たち（teutonici）とよばれ，ドイツの地（teutonica terra）という用法も現れる。1000年ごろには，ドイツ語，ドイツ人，ドイツの地という表現が，言語を異にする人々との接触の多いところ（とくに言語の境界地帯）で，接触の体験の多い人々（とくに聖職者や貴族）によって，しばしば用いられている。

この「ドイツ」と「王国」とが結びついて「ドイツ王国（regnum teutonicum）」なる概念が成立するのであるが，11世紀初めからイタリアに現れるこの表現は，1074〜75年に，叙任権闘争の一方の当事者たる教皇グレゴーリウスVII世によって政治的意味を与えられることになった。すなわち，地上におけるキリストの代理人としてあらゆる王国の上の封主たろうとしたグレゴーリウスは，かつて世界全土（orbis terrarum）に及んだローマ皇帝権の衣鉢を継いで卓越した地位を主張しようとする皇帝ハインリヒIV世に対抗して，ハインリヒの「王国」が「ドイツ」に限定されたものにすぎないことを明示するために「ドイツ王国」という呼称を用いたのである。ハインリヒはむろんこれを拒否したが，「ドイツ王国」なる名称は，やがてそのような政治的脈絡を離れてドイツ人自身に受け入れられていった。

その結果，ドイツ王国とローマ帝国の概念的区別が明確化される。ローマ帝国はドイツ王国，イタリア（ランゴバルド）王国，ブルグント王国から成り，ドイツ国王＝ローマ皇帝がイタリア国王，ブルグント国王でもある，ということになる。いくつもの王

I ドイツとドイツ人

国 (Königtum) およびその国王 (König) の上に帝国 (Reich, Kaiserreich) とその皇帝 (Kaiser) が位置づけられるというのが、その後のドイツ人の概念的枠組になる。その帝国は、聖なる教会 (Sancta Ecclesia) の支配要求に対抗する皇帝フリードリヒI世 (バルバロッサ) の政策に従って、12世紀後半以降、「神聖ローマ帝国 (Sacrum Imperium Romanum)」と称するようになった。しかし、まさにそれと並行して、「ドイツ王国」の概念がドイツ人の政治意識の中に定着していく。

すなわち、13世紀中葉にシュタウフェン王朝が絶えた後、帝国はイタリアとブルグントに及んでいた支配の一部を失い、帝国

におけるドイツ王国の重みが増大した。natio はもはや部族を意味するのではなく，とくに 15 世紀に入ると帝国内外のロマン系の人々との対比において——そしてまたスラヴ人やハンガリー人の定住する地方にドイツ人の法（ius teutonicum）が行われる都市や村を建設するさいに——ドイツ語を話し，ドイツ人の習俗とドイツ人としての自己意識をもつ人々を指す集合名詞となった。こうして，16 世紀初頭以降，多かれ少なかれ正式の名称として，「ドイツ国民の神聖ローマ帝国（Sacrum Imperium Romano-Germanicum, Heiliges Römisches Reich deutscher Nation）」が用いられ，次第にそれが「ドイツ帝国（Deutsches Reich）」ともよばれるようになる。

　もっとも，このような政治意識の定着にもかかわらず，ドイツ人の政治生活が主として「ドイツ王国」ないし「ドイツ帝国」で営まれたわけではない。かつての「王国」が自立的な諸部族の連合体にほかならなかったように，「ドイツ王国」ないし「ドイツ帝国」も基本的に，より小さな政治的単位の連合体であった。すなわち，13 世紀以降，大公たち，およびそれに準ずる実力者たちが，それぞれ君主として自己の領邦（Land）における統一的支配の確立に努め，成果を挙げていったのであり，帝国はそれらの君主（諸侯）ならびに帝国都市の連合体たる性格を強めていった。そして，17 世紀後半以降，とりわけ 18 世紀に入って，いくつもの領邦を統合した大領邦（とくにプロイセンとオーストリア）が絶対主義的支配を確立し，すでに 1806 年の帝国崩壊前に，帝国の版図外の領土を含む主権国家へと発展するのである。

　その反面，18 世紀中葉から 19 世紀初頭にかけて，18 世紀末の用語により国民意識（Nationalbewusstsein）とよばれたものが，

I ドイツとドイツ人

政治生活よりは文化生活のレヴェルで,とくにさまざまの文芸作品を媒介として展開された。後の歴史家フリードリヒ・マイネケ (Friedrich Meinecke, 1862-1954) の用語によれば,文化国民 (Kulturnation) としてのドイツが,政治的に空洞化した帝国において形成されたのである。しかし,「ドイツ国民の神聖ローマ帝国」という名称がドイツ人のアイデンティティの確立への志向と同時にローマ帝国以来の超国民的・普遍的秩序への志向を示しているという特徴的な二面性は,この時代に最盛期を迎えたドイツ文化にも反映している(とくにヘルダーにおいて明らかなように,国民の個性が人類の普遍性と結びつけられる)。

「ドイツ国民の神聖ローマ帝国」の崩壊は,ほとんど千年にわたって揺れながらも維持されてきた求心力と遠心力のバランスを失わせることになった。かつて 300 以上もあった領邦は,すでに旧帝国瓦解の直前に約 40 にまで整理されていたが,それら諸国が正式に主権国家となったことによって,ドイツの政治的まとまりは一段と微弱になった。1815 年にヴィーン会議において結成されたドイツ連盟 (Deutscher Bund) は,加盟国の主権を前提とするものでしかなかったし,何よりも,ヨーロッパ列強に伍する権力国家にまで成長したプロイセンとオーストリア両大国の確執によって,到底ドイツの結束を誇示しうるものではなかった。国民国家フランスの支配からの解放を通じて政治化したドイツの「国民意識」が,国民国家ドイツの建設に向けられたことは当然であろう。

しかし,その国民国家は,1848 年の三月革命前後の紆余曲折を経て,権力国家プロイセンを中心としオーストリアを排除したドイツ帝国の建設(1871 年)という形をとって生まれることにな

る。この年から1919年までを，神聖ローマ帝国に続く第二帝政期とよぶことがある。この新帝国は，連邦国家として構成されたにもかかわらず，プロイセンの優越的地位を憲法上承認することによって，そしてまた事実上もプロイセン首相と帝国宰相を兼ねるオト・フォン ビスマルク（Otto von Bismarck, 1815-98）の強力な統率に服することによって，それ自身権力国家たる性格を示すことになった。ドイツは，マイネケのいう国家国民（Staatsnation）になったのである。

但し，このドイツ帝国は，身分制の相当程度の弱体化と相俟って成立したかに見える市民社会の表見的な維持を可能にする枠組

I ドイツとドイツ人

ではあった。第一次大戦はその安定的社会秩序を徹底的に破壊し，敗北したドイツ帝国の崩壊をもたらしたのみならず，ヨーロッパ全体の疲弊をももたらした。1918年11月の革命によって帝政は終わりを告げたが，それは同時に大衆化時代の出現を意味した。1919年6月28日のヴェルサイユ条約の締結と並行してヴァイマル憲法が8月14日に施行され，新たに成立したヴァイマル体制の法的枠組が定まる。この民主主義的な《共和国》（正式な名称は「共和国」ではなく依然として「ドイツ帝国（Deutsches Reich）」である）も1933年にはアードルフ・ヒトラー（Adolf Hitler, 1889-1945）の政権掌握後，劇的な速度で全体主義へと移行した（いわゆる「第三帝国」の成立）。NSDAP（ドイツ国民社会主義労働者党〔Nationalsozialistische Deutsche Arbeiterpartei〕の略記）の政権下に現出した全体主義は，自己正当化のためにしばしば「近代」を攻撃し，ゲルマン的・ドイツ的な伝統に訴えたけれども，ドイツ人としての自己意識は，実は長い歴史を通じて徐々に形成され，19世紀に頂点に達したものであった。そして，ドイツの伝統が求心力と遠心力，全体と部分のバランスにあったとすれば，一切の部分の独自性を否定して異質なものを排除し，平準化されたアトム的個人に対して集権的権力への絶対的忠誠を要求するNS（国民社会主義〔Nationalsozialismus〕の略記）の「指導者原理（Führerprinzip）」は，ドイツの伝統的国制と明らかに矛盾する「近代」の逸脱形態であった。

　第二次大戦の終結を悲惨な敗戦国として迎えたドイツは，戦勝国の占領政策を媒介して，最終的には東西に分裂する。

　1949年に成立した東西両ドイツのうちで，西ドイツすなわちドイツ連邦共和国（Bundesrepublik Deutschland）は，1871年の

ドイツ帝国以来のドイツ国家の継承者を自任し，1949年の憲法（基本法）前文において再統一の目標を掲げていた。

　これに対して，東ドイツすなわちドイツ民主共和国（Deutsche Demokratische Republik, DDR）は，1949年憲法において「ドイツは不可分の民主共和国である」とし，1968年憲法においても依然として「ドイツ民主共和国はドイツ国民の社会主義国家である」としていたにもかかわらず，1974年に，1968年憲法のこの規定を削除した。ドイツ民主共和国の国民は，もはやひとつのドイツ国民の一部なのではなく，ドイツ民主共和国という一個の主権国家の国民にほかならない，という趣旨であった。しかし，1989年11月以降の激動によって，抑圧されていたナショナリズムが奔流となり，1990年10月のドイツ統一への急速な転換をもたらすことになった。だが，ドイツ統一条約によれば，ドイツの統一はヨーロッパの統合とヨーロッパの平和秩序の形成に寄与すべきものとされている。ドイツの主要な政治家たちは，ナショナリズムが再び《第三帝国》時代の排外主義へと転化させてはならないと考え，全人類的普遍性とは言わないまでも少なくともヨーロッパ的な普遍性を前提としてのみ国民的個性の発展が可能であると考えてきた。

　そして現在では，ドイツはフランスと並んで，ヨーロッパの統合を支え，難しい舵取りを率先して行う国として，ヨーロッパ内外に広く承認を得られていると言ってよい。

Ⅱ　ドイツ法の歴史

§1　中　世

　ドイツがドイツとよばれる以前に諸部族の連合体としての性格をもっていたこと，「ドイツ王国」という観念が現れてからもそれぞれに君主を戴く多くの領邦が固有の政治的秩序を発展させていったことが，ドイツ法の歴史の特徴になっている。中世から19世紀初頭に至るまで，ドイツ人の法生活は帝国と領邦のふたつのレヴェルで営まれたのである。

　中世のドイツで法の世界に登場するのは，基本的に，自分の権益をみずから維持し，実現する力をもつ自立的権力であった。その原型は，自己の家を政治的に支配する家長であるが，もとより家長の権力の強弱はさまざまであったから，次第に国王を頂点とする身分的序列が制度化された（身分制）。しかし，中世ドイツの身分制は，たとえば徳川時代の日本の身分制と違って，身分的序列が固定されているというだけのことではない。ドイツで諸身分（Stände）という場合，それは，支配者の統治に服しながらも本来の自立性を失わずに支配者と対峙する実力者たちを意味したのである。帝国のレヴェルでは，皇帝（国王）は帝国諸身分（Reichsstände. 帝国等族とも訳す）を支配したが，そもそも国王は帝国諸身分の主体である帝国諸侯（聖界諸侯とよばれる司教たちを含む）によって――次第にとくに有力な諸侯（選帝侯）によって――帝国諸侯の中から選ばれたのであり，その地位は諸侯の支持に依存す

るところが大きかった。

 もとより,国王はそのような地位に甘んじていたわけではなく,12世紀以降,自己の支配の基盤(帝国直轄領や帝国都市)を固めるとともに,平和令を発して諸侯の実力行使権を制約しようと試みたが,大きな成果を挙げることはできなかった。国王が身分的序列の頂点に位置づけられ,国王と諸侯の間に封主・封臣の関係があるとはいっても,封主と封臣の関係は一種の契約関係であって,国王が一方的に諸侯を義務づけることは許されなかったし,まして国王が諸侯それぞれの支配に介入することは不可能であった。

 したがって,中世の帝国における立法や裁判は,基本的に諸侯の協力を得てなされたのである。諸侯の協力が得られないような立法や裁判は不可能であったし,かりに行われたとしても実効性をもたなかった。12〜13世紀の数多くの平和令,国王選挙の手続等を定めた1356年の金印勅書,中世末1495年に帝室裁判所(Reichskammergericht)の設置を定めた帝室裁判所令などは,いずれもこうした性格の帝国立法である。

 諸侯は,それぞれが君主として支配する領邦のレヴェルでは,領邦諸身分(Landstände, 領邦等族)を相手として,その協力を得なければならなかった。領邦諸身分の中心をなすのは,みずから家長として家と従属農民を支配する領主たち(および武装能力のある農民たち)であり,自分の権益をみずから守るだけの実力をもっていたので,領邦君主が彼らを一方的に支配することは不可能であった。

 いわば領邦の前身として,12世紀ごろまでの政治生活の単位を成していたのは部族であったが,その部族における法のあり方は,必ずしも明らかではない。5世紀末から8世紀にかけて現れ

Ⅱ ドイツ法の歴史

たもろもろの部族法典は，加害行為に対処する法的規律（贖罪金・人命金の定めや裁判手続）を含んでいるが，実力行使（自力救済ないし復讐）に枠をはめようというこうした試みがどの程度実現されたか，不明である。ようやく13世紀以降，部族に代わる政治生活の単位として登場した領邦において，統一的な法秩序を形成しようとする努力が，徐々に成果を挙げ始める。しかし，集権的支配の形成に先鞭をつけた教会の，教皇の立法権の理論が世俗支配に移植され，君主が立法権をもつという理論が普及したにもかかわらず，実際には，君主はまだ領邦内の政治権力を独占しているわけではないから，実力によって裏付けられている領主たち（ないし有力な農民たち）の権益を尊重するほかはなかった。領邦の法は，彼らの権利が侵害された場合の回復・処罰の実体法と手続法を中心的な内容とせざるをえなかった。

すなわち，政治生活の単位が実力者たちのゆるやかな結合（共同体）としての性格を保つ限りで，加害行為の処理は原則として当事者相対(あいたい)の解決に委ねられた。直接的な自力救済ではなく裁判の道が選ばれる場合にも，裁判はやはり当事者相対の解決としての性格をもっており，したがって被害者の訴追がなければ手続は始まらなかったし，加害者から被害者への贖罪金・人命金の支払が紛争解決の主要な方法であった。裁判権者としての君主も，裁判手続の進行係に甘んずるほかなく，判決そのものは共同体の仲間（参審人たち）によって「発見」された。決闘（それは儀礼的に統御された自力救済である）ないし神判によって決着がつけられることも稀ではなかった。

しかし，実力者たちの共同体にまとまりを与えるだけの力をもった君主は，さらに一歩を進めて，より積極的に秩序維持のイニ

シァティヴをとろうとする。重大な加害行為，とりわけ平和破壊行為に対する処罰は，公的秩序を維持するための刑事罰としての性格を強め，当事者相対の解決の余地が狭められる。こうした端緒から，やがて被害者の訴追を待たずに国家が犯罪を捜査し処罰する糾問主義的刑事手続が生まれる（その反面，当事者相対の手続は次第に民事手続としての性格を強める）のである。13世紀初め，アイケ・フォン レプゴウ（Eike von Repgow）によって書かれたザクセンシュピーゲル（Sachsenspiegel）は，ザクセン部族の法を記すという形をとりながら，新たな発展の萌芽を含む領邦と帝国の関係を中心に，中世ドイツ法を描き出している。

§2 近　世

すでに11世紀末以降，ボローニャを始めとする北イタリアの大学において，6世紀前半に東ローマのユスティーニアーヌス帝によって編纂されたいわゆる『ローマ法大全（Corpus Iuris Civilis)』（ユスティーニアーヌスの諸法典の全体を総称するCorpus Iuris Civilisは近世の造語である）を利用し，その章立てに沿って，法文の文言に簡潔な註釈を加える形式の，ローマ法の講義が行われるようになった（註釈学派）。13世紀末には文言の単なる註釈を脱して，実際の法的問題の実質に即して実務にも資する註解を内容とする講義が行われ，著作が公にされた。

こうした法学教育は，イタリアのほか，後には南フランスでも行われるようになり，こうした教育を受けるためにヨーロッパ全土から学生が訪れ，ドイツ人も少なくはなかった。但し，ドイツ人学生の多くは聖職者志望であり，教会法を身につけるために多少のローマ法の知識をも会得した。

Ⅱ　ドイツ法の歴史

　これに対し，15世紀後半から16世紀への世紀転換期に，ドイツ語圏においてもローマ法を学ぶ俗人学生が急速に増えたことは重要な変化である。さらに，ローマ法の講座を含む大学がアルプス以北にも生まれた（1460年のバーゼル大学や1477年のテュービンゲン大学など）。このような変化をもたらした要因を，ドイツ語圏にのみ求めることは正しくない。それは基本的には，神学に拘束された精神文化から脱却して世俗的教養が重視されるに至る，ヨーロッパ全体に亘る人文主義運動の発露であった。

　ドイツにおけるローマ法の継受は，フランスやイギリスと比較して，それが包括的だったことを捉えて，「全面継受」と呼ばれることがあるが，その際に注意しなければならないことがある。なるほど大学の法学部で法を学んだ者であればだれでも知っているはずのローマ＝カノン法が，いわゆる普通法（Ius Commune, gemeines Recht）として，ドイツに次第に浸透するようになる。ただし，地域の特別法は，その存在さえ当事者により証明されれば普通法に優先的に行われた（「特別法は一般法を破る」）。その証明がない場合にも，法の欠缺を容易に認めるのではなく，ローマ法が補充的に行われたわけである。したがって，ローマ法継受によって法の実質的統一が実現されたのではない。1495年の帝国最高法院（Reichskammergericht）の設立に際して，同法院陪席者の半数は法学博士号を取得したものであるべきこと，同法院は「帝国全体に通用する法」に従って判決すべきことが定められたこともよく知られている。しかしドイツにおけるローマ法の継受はこれによって開始されたのではなく，継受がその頂点に達したというべきものである。

　以上の指摘はローマ法の継受の影響の過小評価に結びつくので

はなく，むしろ事態は逆である。たとえばフランクフルトのような自由都市では，15世紀末から16世紀にかけて，急速な勢いで，ローマ法が当事者によって好んで利用されるようになった。フランクフルトの場合を直ちに一般化することも危険ではあろう。しかしドイツにおけるローマ法の継受は，上からの押しつけによって生じたのではなく，法に関わる当事者が求めた事態でもあったことは疑い得ない。この点で，19世紀後半以降の日本における，統治者が国家の近代化を主目的として主導した西洋法継受とは大きな違いがある。ドイツにおけるローマ法の継受は，法素材の次元の変化としてではなく，法に対する考え方そのものの転換として理解するべきであろう。法的決定の論証可能性，計算可能性，証明可能性といった，こんにち，ごく自然に法的だと考えられるようなさまざまの観念が，この継受を通じてドイツにも根づいていく。この限りで，ドイツにおけるローマ法継受は，上述の通り，濃淡の差はあれ，当時のヨーロッパ全体に見られたところの，《精神構造を含んだ意味での社会構造の変化》と連動したものであり，ドイツの特殊性を一面的に強調すべきでない。なお，17世紀に入って，継受されたローマ法，とくにユスティーニアーヌス法典の中心を成す学説彙纂（DigestaまたはPandectae. ドイツ語ではPandektenと表記する）は，近世ドイツ社会の実状に合うように，解釈を通じて実質的な修正を受ける（いわゆる「パンデクテンの現代的慣用（Usus Modernus Pandectarum）」）。

　ローマ法の継受にやや遅れて近世ドイツでは，公法の観念が次第に輪郭を明らかにする。それ以前からも，公法の観念は，ローマ法・教会法・レーン法およびアリストテレスの『政治』を主な手がかりとして言語的表現を与えられてはいたが，私法と区別さ

II ドイツ法の歴史

れた独立の領域としての公法観念があったわけではない。しかし近世に入り，まず，宗教を含む規範的思考の影響を脱し，経験に立脚しながら人間が自ら社会秩序を構築することを目指す，《近代》政治学（マキャヴェッリ）の礎が築かれる。この新たな政治思想（マキャヴェリズム）が，規範的秩序維持を重視する伝統的勢力から大きな反発を受けたのは当然である。しかし，史料を重んずる人文主義的批判的歴史学の洗礼を受け，ローマ法や教会法といった伝統的な規範的思考の領域から十分に養分を得ながら同時にその訓詁学的な思考の硬直から解き放たれた，公法の観念が，反規範主義（マキャヴェリズム）と静的な規範的秩序観念とのいわば緩衝地帯に於いて，《実定的》規範秩序として，形成されていくのである。

公法の観念の確立は，具体的には君主の立法活動の活発化として最も先鋭に表現された。帝国のレヴェルにおいても，たとえば1532年のカールＶ世刑事裁判令（Constitutio criminalis Carolina）のような重要な法典が編纂されたが，これは領邦の立法に対する指針としての性格をもつものであり，立法活動の重点は領邦にあった。ドイツにおいては絶対主義化は主として領邦君主のレヴェルで進行した。領邦君主は近世を通じて，多種多様な問題について行政条令（Policeyordnung）ないし領邦条令（Landesordnung）を制定する。立法活動の活発化は，法という規範が自然の産物ではなく，人間の作為の産物すなわち《実定法（ius positivum）》である，という意識の浸透を意味する。もとよりこの立法活動は，当初は，実力者たちによって担われる伝統的法秩序とローマ法の守備範囲の外で展開された。そのことは，一方において近世においてもかかる立法活動にもかかわらず伝統的法秩序が強固に残存

することを意味したが、他方では、立法権力が伝統的法秩序から解き放たれて立法活動をしてよい、ということでもあった。結果、かかる立法活動は次第に伝統的法秩序の守備範囲に介入する。立法活動は、諸身分の伝統的な権利の維持と君主主権への権力集中との間の緊張関係を端的に示した。君主は絶対主義的支配、重商主義的財政政策・経済政策貫徹のための手段として立法活動を利用しようとしたが、そのようにして作られた法が、しばしば諸身分の反発を受け、実質的に形骸化することも少なくなかった。それでも君主の立法権自体が否定されることはもはやない。どのような立法をすればよいのか、という問題が、理想的社会秩序はどうあるべきかという問題との関連において捉えられるにいたった。国家はしばしば精密機械、特に時計の比喩でイメージされる。神の支配から脱した主権者たる君主もまた、国家に内在するメカニズムの拘束から免れない、というのである。こうした理論的考察は、主権者の立法活動を正当化すると共に、その恣意的な行使に対する抑止力にもなった。

　若干の領邦においては、こうした立法活動は18世紀中葉以降、体系的な大法典を編纂しようという試みにまで発展する。その先駆けとなったのは1756年に制定されたバイエルンのマクシミリアン民事法典 (Codex Maximilianeus Bavaricus Civilis) であるが、自然法に従った体系的大法典として挙げられるのは、1794年のプロイセン一般ラント法 (Allgemeines Landrecht für die Preußischen Staaten)、および1811年のオーストリア（のドイツ世襲領）一般民法典 (Allgemeines Bürgerliches Gesetzbuch für die deutschen Erblande) である。ちなみに1804年のフランス民法典 (Code Civil) もこうした法典編纂運動の一環をなすものであり、ドイツの法典

Ⅱ ドイツ法の歴史

編纂活動も，ヨーロッパ全体の歴史との関連で理解したほうがよい。

これらの三大法典は，自然法的法典とよばれる。17〜18世紀ヨーロッパの近世自然法論は，自由・平等な個人から成る自然状態を想定し，その個人が自由と所有権の確保を求めて契約を結び，主権者に支配を委ねたと説いた。自然法論者の中には，主権者がその義務を忠実に履行しない場合には国民に抵抗権があると主張した者もあるが，抵抗権を否認した者も少なくない。さらに，自然状態における自由・平等がうたわれる反面，契約後の社会状態，すなわち国家においては，その契約ないし事柄の性質によってある程度の不平等が正当化される，と考えた者が多い。身分制的に編成された近世の領邦社会において自然法的法典を編纂することができたのは，このような理由による。とくに，カズイスティシュな性質の強いプロイセン一般ラント法においては身分制的性質は各論に保存された。

しかし，社会がなお身分制的に編成されているとはいえ，諸身分は——貴族身分でさえも——建前の上ではもはや前国家的な自由を主張することができず，それぞれの存在理由を国家における機能に求めざるをえないものとなっている。支配領域内部の住民を一律に臣民として扱おうとする絶対君主の意図は，その限りで実現されているのである。こうして，少なくとも私法上は，すべての人間が平等に権利能力を認められることになる（オーストリア一般民法典）。すべての政治権力が主権者の手に集中され，さまざまの実力者や団体（いわゆる中間権力）がその政治的自律性を否認された結果，社会は脱政治的・経済的な「市民社会（bürgerliche Gesellschaft）」となり，市民の権利は次第に国家の承認と保

護に依存するようになっていく。法典の条文に対する,法曹身分による解釈を,法典は嫌った。法典による社会の改革の目論見が法解釈によりなまくらにされてしまうからである。しかし,制定法がすべての事例をあらかじめ予測することができない以上,法典の法実務への適用にあたって,法解釈を避けることはできない。法典の《解釈》を通じて身分制的な伝統は実務上なおしばらく保存された。プロイセン一般ラント法と比較して格段に簡潔なオーストリア一般民法典（またフランス民法典）について,《解釈》を通じた法典からの実務の乖離は可能でもあれば必要でもあった。このことは,法典成立後は学説や判例に依拠する必要はないしすべきでもないという,《排他的法源》としての法典という捉え方に大きな疑問を提起することになった。

§3　近　代

すなわち,19世紀中葉までの市民社会は,まだ完全に身分制的社会構造に基づく自律の力を失ったわけでもなかった。18世紀に最盛期を迎えた領邦の絶対主義は,社会の自律性,その構成単位たる家の自律性を徹底的に破壊するには至らなかった。ドイツの場合,弱体化したとはいえなお領邦の上に帝国があり,帝国の裁判所が領邦の臣民を領邦君主の恣意から守った,という事情もあった。そして帝国が崩壊してからも,実際上家長たちによって構成されている市民社会は,少なくとも倫理的な自律の力をもっている,と考える人々が多かった。

すなわち,国家（今や主権国家となったかつての領邦）がその権力によって保障する平和は「死の平和」であるのに対し,市民（家長）たちが自己の人格・個性を主張して展開する「権利のための

闘争」こそが市民社会のダイナミックな発展を可能にする，というのが，ロマン主義者のアーダム・ミュラー (Adam Müller, 1779–1829) から自由主義者のカール・ヴェルカー (Carl Welcker, 1790–1869) へ，さらに『権利のための闘争』(1872年) を著わしたローマ法学者ルードルフ・フォン イェーリンク (Rudolf von Jhering, 1818–92) へと受け継がれてゆく基本的発想であるが，その根底に「実力者たちの共同体」という中世以来の伝統を読み取ることは困難ではない。

むろん実力者たち (今では市民＝家長たち) の権利闘争が媒介されて最小限度の秩序が保たれていくためにはある程度の権力集中 (「近代国家」の確立) が不可欠であるが，実力者たち (市民＝家長たち) の間に一定の秩序観念がある限りで，彼らの権利主張は単純な利益追求に終わるのではなく，むしろ，国家による介入から自律的な「社会」秩序の形成・発展に役立つ (「国家」と「社会」の分離)，とされるのである。前提とされる秩序観念は，中世以降身分制とキリスト教に基礎を有したが，19世紀前半には市民層の「財産と教養 (Besitz und Bildung)」および——いわゆる世俗化によって内面化された——キリスト教に基づくものとなった。

このような秩序観念の存在を背景として，歴史法学の樹立者フリードリヒ・カール・フォン サヴィニー (Friedrich Carl von Savigny, 1779–1861) は，全ドイツ的民事法典を編纂しようという提案に反対し (民事法に対する国家の介入の拒否)，学説法という形で，ローマ法 (普通法) を素材とする近代私法の体系を組み立てた。それは，すべての人間に平等の権利能力を認め，各人が自由な契約によって，さまざまの負担から解放された自由な所有権を取得しうることを認めるものであった (身分的制約の否定)。身分

制と国家的後見の両者から自由な，しかも弱肉強食に陥ることなく自律的秩序を担いうる倫理的個人からなる社会という構想を，公法と区別された私法の枠内に限定して，なお維持発展させようとした。

　サヴィニーによって体系化された近代私法学は，イェーリンクやベルンハルト・ヴィントシャイト（Bernhard Windscheid, 1817-92）に受け継がれ，概念的な精緻さを高めていく。同時にその学問は，その個人主義に立脚するものの，脱歴史的かつ脱倫理的な技術主義的傾向を強めていく。それは主としてローマ法大全の中の学説彙纂（パンデクテン）を材料とするものであったから，パンデクテン法学（Pandektenwissenschaft）とよばれる。とくに，ヴィントシャイトのパンデクテン教科書は，普通法を適用する裁判所において法律と同様に扱われ，また，普通法以外の法律（たとえばプロイセン一般ラント法）の解釈にも強い影響を及ぼした。1871年のドイツ帝国は，民法に関しては，独自の民法典をもつバイエルン，一般ラント法の規定が行われるプロイセン，フランス民法典（1804年）を範とした1809年の法律が行われるバーデン，1863年に独自の民法典を制定したザクセン，普通法が行われるその他の諸邦に分かれており，ようやく1896年の民法典（BGB）によって統一されることになるのであるが（施行は1900年1月1日），その第1草案が「小ヴィントシャイト」であると評されたほど，パンデクテン法学の影響は大きかった。こうして法以外の（政治的，経済的，等々の）論理を厳しく排除しつつ，抽象的法概念の論理的な組み合せによる体系的な法学（「法学的方法（juristische Methode）」）が，まずは私法学の領域で形成されるのである。なお，新たな民法典は，その当初より，もはや法学による法

II ドイツ法の歴史

解釈の営為を排除するものではなく,むしろ法学による伴走を当初から予定するものであった。

サヴィニーが前提とした倫理的市民社会は,19世紀中葉,とくに1870年代以降,産業革命の進展に伴って大衆社会（アトム的個人の社会）へと変質していた。19世紀初頭のプロイセン改革以来徐々に拡大した営業の自由は,1869年の北ドイツ連邦営業法 (Gewerbeordnung, 1871年の帝国建設後は帝国の法律となる) によって確立し,また,1870年には株式会社の設立が自由化されるが (許可主義に代えて準則主義を採用),このような自由化は経済の寡占化をもたらすとともに,階級対立を激化させることになった。文豪トーマス・マン (Thomas Mann, 1875-1955) は1901年になって『ブッデンブローク家の人々』で,この過程を細密に描き出している。以上の変化に対してドイツの政治は,自由主義の弱体化と相俟って,伝統的には私法の守備範囲とされた領域への国家による硬軟の介入を強化する (のちに公法と総称される法分野の成立,約款法,通信関係の法的整備,著作権法,特許法,意匠法,株式法など,公法にも私法にも分別し難い新たな法分野の成立)。

こうした変化に直面して,オト・フォン ギーァケ (Otto von Gierke, 1841-1921) は,中世以来のドイツ団体法史の研究に立脚して,個人主義的なローマ法の原理 (およびそれに従う民法典草案) を批判し,団体法的・社会法的原理による修正の必要を力説した。こうした (反国家中心主義的) 団体主義的発想は,現実には介入国家と自律的な諸団体との協働を推進する役割を担った。

他方,一見《脱政治的》に見える「法学的方法」こそが,自由主義をまさに《脱政治的》に保存した面があるので,注意を要する。イェーリンクと同世代のカール・フリードリヒ・フォン ゲ

ァバー（Carl Friedrich von Gerber, 1823-91）は，国法の領域に「法学的方法」を本格的に導入することにある程度成功し，パウル・ラーバント（Paul Laband, 1838-1918）は後述のドイツ帝国憲法の法学的体系化を見事に成し遂げたが，この達成により，国家の活動を，政治的には保守的根本気分に支配された第二帝政期にあって，政治的関心をいたずらに刺激する政治的言語ではなく，技術的な法的言語によって，安定的に統御する可能性が辛うじて担保された。国法学のかかる達成は，近代行政法学にも援用された（行政法の歴史についてはⅤ§1行政法小史をも参照）。

1871年のドイツ帝国憲法（Verfassung des Deutschen Reichs）によれば，帝国は，プロイセンを始めとする22の君主政国家と，3つの都市（リューベク，ブレーメン，ハンブルク）から成る連邦国家（Bundesstaat）であり，構成国の代表から成る連邦参議院（Bundesrat）と，成年男子の普通選挙によって直接に選ばれる帝国議会（Reichstag）をもっていたが，帝国の主権は連邦参議院（ないし連合諸政府）にあると解された。連邦参議院において，プロイセンは58票中17票の表決権を有し，自己に不利な憲法改正を阻止することができた。帝国の首長はプロイセン国王であり，皇帝（Kaiser）と称した。帝国宰相（Reichskanzler）は，皇帝によって任命された。

帝国憲法のこうした特徴のうち，1919年のヴァイマル憲法（Verfassung des Deutschen Reichs, Weimarer Reichsverfassung. Weimarの発音は「ヴァイマー」に近い）では，君主政が否定され（ドイツは国民主権に基づく共和国であり，各州の憲法が君主政をとることも許されない），プロイセンの優越的地位も否認されたが，連邦制は――集権的傾向をやや強めながら――維持された。全国議会

Ⅱ ドイツ法の歴史

(Reichstag) の他に，各州の代表者によって構成される参議会 (Reichsrat) が置かれている（ただし，帝国憲法の下では，連邦参議院の意思に反した法律を制定することが不可能だったのに対して，ヴァイマル憲法において立法に関し議会と参議会の不一致があったときは，議会が3分の2の多数決で，自己の原案を法律として公布させるか国民表決を実施させることができるものとされている）。また，帝国憲法が基本権の保障を各構成国の憲法に譲り，国家組織に関する規定のみを含んでいたのに対して，ヴァイマル憲法は，第1部で国家組織を定めた後，第2部で基本権を詳細に規定している。

しかし，ヴァイマル憲法にも弱点があった。とりわけ，その48条2項によって，公共の安寧・秩序が脅かされたときに大統領（国民の直接選挙によって選ばれる）が緊急の措置をとる——必要とあらば軍隊の出動を命ずる——権利，および重要な基本権の保障を一時停止する権利を認めたことは，ヴァイマル共和国の末期に議会の機能麻痺を加速した。さらに，基本権の保障に多くの社会権的基本権を含めたことは，それが立法の指針にすぎないとされたために，自由権的基本権をも含めて基本権全体の不可侵性を疑わせることにもなった。

1933年2月27日に帝国議事堂の放火事件が起こるや否や，翌28日に，全6条からなる「国民と国家の保護のための帝国大統領令」(Verordnung des Reichspräsidenten zum Schutz von Volk und Staat, Reichstagsbrandverordnung) が閣議決定，布告された。これにより重要な基本権（人格の自由，意見表明，結社・集会の自由，信書・通信の秘密，住居不可侵など）に係る憲法条項が「一時的に」無効とされた。続いて，全5条からなる3月24日の授権法 (Gesetz zur Behebung der Not von Volk und Reich, Ermächtigungsgesetz）によって，政府にも立法制定権が付与され，ヴァイマル憲法下に確立された議会制民主主義が無力化された。法治国家原則はかくて，合法的に拒否された。単一国家（Einheitsstaat）の原則が標榜され，州も市町村も，教会も家族も，すべて自律性が否認され，アトム的個人にまで徹底的に解体された上で組織化の対象とされた。NS のいわゆる均質化（Gleichschaltung）政策である。さらに，人種主義政策の観点から，とりわけユダヤ人に対する，組織的虐殺を含む，筆舌に尽くし難い迫害が正当化された。NS のこのような政策の，短期間における貫徹の成功は，単にその巧妙な大衆扇動戦略によるばかりではなく，ヴァイマル体制下の安定しない政党政治の実際に疑念を抱いていた，行政及び司法の官僚エリート層の，いわば無言の，おそらく多くは「不承不承の」追随にも立脚していた。なお，NS における総統の指導力強化の方針は，指揮命令系統の明確化をもたらさず，むしろ恣意的な権力行使を可能にし，かくて行政に対する公法的統御を不可能たらしめた。多くの有力な公法学者は大学を追放された。法学生の数も，NSDAP 政権のあいだに 10 分の 1 まで激減したようである。

III　第二次大戦後のドイツ

§1　ドイツ連邦共和国の成立

　第二次大戦は，ヨーロッパではドイツの無条件降伏によって，1945年5月8日に終了した。ドイツは，ヤルタ会談の結果，戦勝国（米英仏ソ）によって，四つの占領地区（Besatzungszone）に分割された。各占領地区の軍政長官によって構成される連合国管理委員会（Kontrollrat）が，ドイツの最高管理機関としてベルリーンに置かれた。ベルリーンは，いわばソ連占領地区の中の孤島であり，四つの占領地区のいずれにも属することなく，やはり四つの区域（Sektor）に分割して四ヵ国により占領され，四ヵ国の共同管理に服した。

　1945年8月2日に米英ソ三ヵ国が結んだポツダム協定（Potsdamer Abkommen）によって，東プロイセンの南部，およびオーダー川・ナイセ川より東のポメルン，ブランデンブルク，シュレージエンは，ポーランドの管理下に入った（東プロイセンの北部はソ連管理下）。このような境界変更の結果，西（のちの西ドイツと東ドイツ）への移住を余儀なくされたドイツ人は，約1300万人に上る（ドイツ連邦共和国は，1970年8月12日のモスクワ条約によってようやく，オーダー・ナイセの境界線〔および東西ドイツの境界線〕の不可侵を承認することになる）。

　四ヵ国共同の占領体制は，ドイツ民主化の方針をめぐる西側三ヵ国とソ連の対立によって，次第に継続困難となった。西側占領

§1　ドイツ連邦共和国の成立

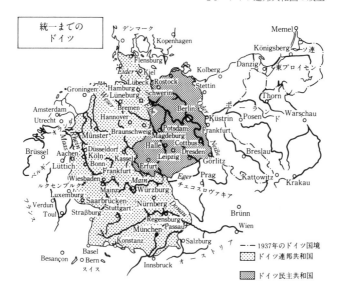

国は、将来のドイツには議会制民主主義が確立され、人権が保障されるとともに私的経済活動が実現されねばならないと考えた。こうした構想の下、1947年には米英の占領地区がまず経済的に統合され（「二地区」〔Bizone〕）、翌1948年にはこの「二つの地区」にフランス占領地区も加わる（「三地区」〔Trizone〕）。同年末にはこの地域では、カーニヴァルの歌でもあり粗っぽい歌詞を含む「われわれは《三地区》生まれの人間」が流行し、公共の場での国歌斉唱が禁ぜられていた一時期、国歌の代替として演奏されさえした。

　では、ソ連占領地区はどうだったか。ソ連にとって民主主義とは、共産党によって指導される国家が重要な生産手段を所有する社会主義のシステムと切り離せないものであった。1946年10月

III 第二次大戦後のドイツ

にこの占領地区に成立した SED（ドイツ社会主義統一党〔Sozialistische Einheitspartei Deutschlands〕の略記）もソ連の方針に付き従った。早くも 1946 年には，在独ソヴィエト軍事行政局（SMAD）と SED との協力のもと，この地区に妥当すべき憲法の草案策定も開始される。1948 年 3 月には，連合国管理委員会からソ連代表が脱退する。こうした対立によって，両陣営の占領地区は，政治的にも法的にも別の道を歩むことになるのである。

　西側三ヵ国による「三つの地区」では，その全体を統一して一個の国家を建設する構想が生まれ，各州議会の代表から成る代議員会議（Parlamentarischer Rat. 1948 年 9 月 1 日設置）が，新国家の基本法（憲法）制定にあたった。こうして生まれたのが 1949 年 5 月 23 日のドイツ連邦共和国基本法である（代議員会議で採択されたのは 5 月 8 日，官報での公布が 5 月 23 日，施行は 5 月 24 日）。ソ連占領地区は，1949 年 10 月 7 日に憲法を制定し，ドイツ民主共和国となった（1949 年憲法はまだ連邦制と議会制民主主義の建前をとっていたが，その後社会主義統一党〔共産党〕の主導下にいわゆる民主集中制が貫徹された。すなわち，1952 年には 5 つの州が 14 の地区に分割されて，連邦制が廃止された。さらに，1960 年に設置された国家評議会は，社会主義統一党中央委員会と表裏一体をなしつつ独裁的支配を行った。このような社会主義的発展を追認するものとして制定されたのが，1968 年のドイツ民主共和国憲法であった）。

　ドイツ連邦共和国も，ドイツ民主共和国も，初めから主権国家としてスタートしたわけではない。ドイツ連邦共和国は，当初はなお三ヵ国の管理下にあり，その管理を完全に免れて主権を確立したのは，占領体制の終了を一つの内容とするパリ協定が発効した 1955 年 5 月 5 日のことであった。ドイツ連邦共和国の主権獲

得および実質化の過程は、当時一歩また一歩と形成されていった、ヨーロッパレヴェルの諸組織（ヨーロッパ石炭鉄鋼共同体、ローマ条約など〔Ⅷを参照〕）にドイツが参画してゆくことと軌を一にしていた。それは当時の政治的文脈においては、ドイツ連邦共和国が西側の陣営に組み込まれていく過程でもあった。同国が北大西洋条約機構（NATO）に加盟したのは1955年だが、それは、1952年に構想されたヨーロッパ防衛共同体の最終的な挫折を受けてのことだったのである。他方、ドイツ民主共和国も同じ年の9月20日にソ連と条約を締結しソ連により主権を認められた。しかしドイツを構成するのはただ一個の国民（ein Volk）であるという建前をなお維持するドイツ連邦共和国は、ドイツ民主共和国を、公式には主権国家と認めていなかった。1973年に両国は国連に加入し、1974年以降は相互に常設代表部（ständige Vertretung）を置いていた（主権国家ではないという建前から、大使を交換することはできなかった）。

§2 ベルリーンの地位

1949年以来二つのドイツ国家が存在するのと似た状況が、かつてのドイツの首都ベルリーン（Berlin）でも見られた。ベルリーンは第二次大戦の終わりにソ連軍によって占領されたが、事前に西側連合国との間で結ばれていた協定に基づき、連合国管理委員会による四ヵ国共同管理に服した。しかし、冷戦の激化によってベルリーンの共同管理も不可能になり、1948年以降ベルリーンは政治的にも行政的にも東西二つに分かれていた。ソ連はさらに進んで、西ベルリーンを勢力下に収めようとし、1948年6月には、ソ連占領地区に囲まれた西ベルリーンと西側占領地区との

Ⅲ　第二次大戦後のドイツ

統一前のベルリーン

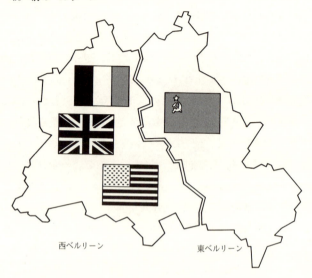

西ベルリーン　　　　東ベルリーン

陸路・水路の交通を全面的に遮断した(いわゆる「ベルリーン封鎖」)。西側占領国, とくにアメリカは, これに対抗して西ベルリーンに物資を空輸し(いわゆる「空の橋」), ようやく 1949 年 5 月に, 西ベルリーンの封鎖を解除させることができた。

しかし, その後毎年, 何十万ものドイツ人が東から西に移住することになったので, ドイツ民主共和国はソ連の支持を得て, 1961 年 8 月 13 日に, ドイツ連邦共和国との境界に鉄条網をめぐらし, 東西ベルリーンの境界に壁を築いて, 自由な交通を不可能にした。ドイツ民主共和国の主張によれば, ベルリーン(東ベルリーン)は同国の首都とされた。しかし, 米英仏ソ四ヵ国の 1971 年 9 月 3 日のベルリーン協定(Berlin-Abkommen. 1972 年 6 月 3 日発効)によって, 四ヵ国が共同でベルリーンについての責任を負

うという建前が再確認され、西側三ヵ国およびドイツ連邦共和国は、東側のこの主張を公式には認めていなかった。

その反面、ベルリーン（西ベルリーン）をドイツ連邦共和国の州のひとつとする西ベルリーン憲法およびドイツ連邦共和国基本法の規定も、完全な効力をもたなかった。ドイツ連邦共和国の連邦法律（州ではなく連邦が立法権限をもち、連邦の立法機関によって制定された法律）は、連邦共和国の各州では直ちに行われるのに対して、西ベルリーンでは、その議会により改めて採択され、西側三ヵ国の承認を得ることを要した。しかし、西側三ヵ国は、ベルリーンに関する特別の権限を留保しながらも、西ベルリーンを大幅にドイツ連邦共和国の法体系・経済体系・財政体系に組み入れる方針をとった。1955年には、西ベルリーンが連邦によって国際法的に代表されることも、西側三ヵ国によって承認された。

西ベルリーンは、ドイツ連邦共和国の連邦議会に22名の議員を、連邦参議会に4名の議員を送り、ヨーロッパ議会にも3名の議員を送っていた。しかし、ベルリーン州政府の閣僚が議員として派遣される連邦参議会の場合はもとより、連邦議会についてもヨーロッパ議会についても、ベルリーンから送られる議員は市民が直接選出するのではなく、ベルリーン市議会によって、市議会議員の中から選ばれた。ベルリーンから送られた連邦議会議員および連邦参議会議員は、立法および連邦首相の選出にさいして表決権をもたなかった。

なお、おそくとも1949年には、ドイツ連邦共和国の統治をベルリーンから行うことは現実的でなくなっていた。そこで、政府所在地（Regierungssitz）――首都を意味するHauptstadtの語は意識的に避けられた――を暫定的にボンに移すことが1949年11

Ⅲ 第二次大戦後のドイツ

月3日の連邦議会決議によって決定した。

§3 いわゆる「ドイツ内関係」

　ドイツの中を走っている境界線は，ドイツばかりでなく世界を，社会・経済秩序を異にする二つのブロックに分けた。1960年代に——1962年のキューバ危機が大事に至らずに済んだ後——冷戦の緩和が始まってようやく，ドイツにおいても両者の接近が可能になったのである。ドイツ連邦共和国では，1966年以来のキリスト教民主同盟／キリスト教社会同盟（CDU/CSU）とドイツ社会民主党（SPD）のいわゆる大連立に代わって，1969年に社会民主党と自由民主党（FDP）の連立政権が成立し，「新東方政策」が展開された。これは，ドイツ民主共和国を含む東方諸国の境界と国内体制の現状を承認しながら緊張緩和を図ろうとするものであった。

　ドイツ連邦共和国では，ドイツ民主共和国は外国ではない，という自己の立場をはっきりさせるために，ドイツ民主共和国との関係を「ドイツ内関係（innerdeutsche Beziehungen）」とよび，そのために「ドイツ内関係省」を置いていたが，いずれにせよ両国関係を改善しようとする努力は，1972年12月21日の「ドイツ連邦共和国とドイツ民主共和国の関係の基礎に関する条約」，通称基礎条約（Grundlagenvertrag）ないし基本条約（Grundvertrag）として実を結んだ（発効は1973年6月21日）。これによって両国は，平等の権利，相互の武力行使放棄，現在の境界の不可侵，高権の自国領土への限定といった諸原則に立脚した善隣関係を結んだ。

　しかし，この条約において主権（Souveränität）ではなく高権

(Hoheitsgewalt) という語が用いられたことは、ドイツ民主共和国の主権を認めようとしないドイツ連邦共和国の立場を示していた。ドイツ連邦共和国政府は、「ドイツ人 (das deutsche Volk) が自由な自己決定により統一を回復」すべきだという建前を、棄ててはいなかった。だが、こうした建前が――遠い将来はともかく――直ちに現実のものとなると考えた者は、おそらく皆無であった。

§4 ドイツ統一

1989年11月、ドイツ民主共和国に起こった平和的革命は、エーリヒ・ホーネカー (Erich Honecker, 1912-94) により指導された社会主義統一党（共産党）の支配を覆滅した。すでにそれ以前、1989年の夏以降、社会主義を放棄して西側に門戸を開いていたハンガリーとチェコスロヴァキアを経由して、多数のドイツ民主共和国市民がドイツ連邦共和国に脱出していたが、11月9日にはついに「ベルリーンの壁」が破られることになったのである。東欧ないし東独のこのような革命的変動（社会主義体制の崩壊）は、むろんゴルバチョフ政権下のソ連による承認をまってはじめて進行したものであった。

1990年の3月、ドイツ民主共和国の人民議会議員がはじめて民主的な選挙によって選ばれ、キリスト教民主同盟 (CDU)、ドイツ社会民主党 (SPD)、自由民主党 (FDP)、ドイツ社会同盟 (DSU) ほかの各党による連立政権が、キリスト教民主同盟のローター・ドゥ メジエール (Lothar de Maizière, 1940-) を首班として成立した。長年権力を独占してきた社会主義統一党の後身である民主主義社会党 (PDS) は、野党にまわった。これ以後、ドゥ

III 第二次大戦後のドイツ

メジエールと, やはりキリスト教民主同盟（西独）所属の連邦首相ヘルムート・コール (Helmut Kohl, 1930-2017) との間で, ドイツ統一の計画が練られていくことになる。

統一の手続としては, ドイツ連邦共和国基本法上, 二つの可能性があった。「この基本法は, ドイツ人が自由な決定によって採択した憲法が施行される日に効力を失う」とする 146 条によって新憲法を制定し, ドイツ連邦共和国基本法とドイツ民主共和国憲法を廃止するというのが, ひとつの道である。しかし, 実際には, かつて 1950 年代に住民投票に基づくザールラント編入にさいしてとられた基本法 23 条の手続（「この基本法は, ドイツのその他の部分についてはその加入後施行されるものとする」）が再び利用され, ドイツ民主共和国が「その他の部分」としてドイツ連邦共和国に編入されることになった。新憲法の制定は, 見送られた。

まず, 1990 年 5 月 18 日, 「通貨・経済・社会保障連合の形成に関する条約」が両国間で調印され, 6 月 30 日に発効した。この条約によって, ドイツ民主共和国にはドイツ連邦共和国と同様の「社会的市場経済」が導入され, 7 月 1 日以降, 西のドイツ・マルクが東の通貨（マルク）に取って代わった。8 月 23 日にはドイツ民主共和国の人民議会が, ドイツ連邦共和国基本法 23 条により 1990 年 10 月 3 日を期して基本法適用領域に入ることを議決した。これに基づいて, 8 月 30 日に「ドイツ統一条約」(Vertrag zur deutschen Einheit) が調印され, 9 月 23 日, ドイツ連邦共和国の連邦議会と連邦参議会によって, この条約を承認する法律が制定された。統一の前々日, 10 月 1 日には, 両ドイツと米英仏ソ四ヵ国の外相が, ドイツの完全な主権回復を認める 9 月 12 日の協定に調印した。

§4 ドイツ統一

1990年10月3日の統一後,旧ドイツ民主共和国地域（および東ベルリーン）には,ドイツ連邦共和国基本法およびドイツ連邦共和国の連邦法が行われることになった。旧ドイツ民主共和国の法令は,統一ドイツの基本法,連邦法,直接的に適用されるヨーロッパ法に抵触しない限り,旧ドイツ民主共和国の地域に生まれた各州の州法として行われるものとされた（統一ドイツは自動的に,かつてドイツ民主共和国に属した地域を含めヨーロッパ共同体〔後にヨーロッパ連合〕の構成国だということになった）。基本法への即時の適応が不可能な場合は——基本権の本質的内容を侵害せず,民主的・社会的連邦国家の原則に反しない限り——猶予が認められたが,それも1992年末までであった（連邦と州の関係・司法制度・財政制度等についての猶予は,1995年末まで）。統一ドイツの国名は,「ドイツ連邦共和国」。その州は,従来11州（ベルリーンを含む）だったものが,新たに生まれた東の5州（ブランデンブルク,メークレンブルク・フォーアポメルン,ザクセン,ザクセン・アンハルト,テューリンゲン。東ベルリーンはベルリーンに含まれる）を加えて16州になり,全ドイツの人口は6230万人から7870万人に,面積は24万8700平方キロから35万7000平方キロに増大した（2017年の人口は8258万人。そのうち外国人は約936万人〔11.3％〕。最も多いのはトルコ人で,外国人全体の2割弱である）。統一ドイツの首都はベルリーンと定められた（2006年の基本法改正以降,同法22条1項に明文でこれを定めている）。連邦議会と連邦政府も,1991年6月20日の連邦議会決議によってボンからベルリーンに移ることになり,99年9月にほぼ移転を完了した。連邦参議会も2001年8月にベルリーンに移転した。なお,統一前のドイツ連邦共和国との関係で西ベルリーンが有していた特殊な地位は,当然すべて消

滅した。

§5 現　在

ドイツが統一し，首都をベルリーンにもつ，ということは，1950年代にはまさに夢にすぎなかったが，それが実現して，すでに四半世紀が経過した。この首都には，ユダヤ系アメリカ人ダニエル・リベスキント (Daniel Libeskind, 1946–) の設計に係るユダヤ博物館が1999年に完成し，同年にはイギリス人ノーマン・フォスター (Norman Foster, 1935–) の設計によりベルリーンの議事堂が改築された。2005年には，ブランデンブルク門の近くに「ヨーロッパにおいて虐殺されたユダヤ人の追悼記念碑」が広大な敷地に出来上がった。これらの建築物は，ベルリーンの都市としての性質だけでなく，ドイツの国家の性格をも象徴的に示している。ドイツ統一は，素朴なナショナリズムの回帰をもたらさなかった。すでに旧西ドイツの脱占領化の過程が，ヨーロッパの統一の過程に組み込まれる過程でもあったが，ドイツ統一後も，進みゆくヨーロッパ化に対応し，ドイツの特殊性よりもヨーロッパ的協調——とくにフランスとのそれ——を重んずる姿勢は堅持されている。

ヨーロッパ化の進展は，グローバル化の進展に対するひとつの反応でもある。かつてはアメリカの政治的経済的な態度がヨーロッパのあり方に大きな影響力をもったが，1990年代後半以降は，中国やインドの立場もヨーロッパにおいて注視の対象となっている。2011年3月11日の東北東日本大震災によって，原子力発電所が内包する巨大なリスクが露呈した。実は，SPD・緑の党連立政権時代の2000年に脱原発の方針がすでに示されていたとこ

ろ，2010年末に，CDU/CSU・FDP連立政権は，脱原発実施のスピードを緩めることにしていたのである。しかし，当該大震災の衝撃を受けて，ドイツ政府は2011年5月には脱原発の姿勢を再び鮮明に打ち出した（6月30日に議会承認）。これも政治と経済のグローバル化の一端である。近年では，一見，反動的に非寛容な宗派を標榜しながら，冷徹にメディア効果を計算に入れたテロリズムが，ヨーロッパの大都市を深刻に脅かすが，それでも，内戦の続くシリアからは大量の難民が，政治的にも経済的にもより安定したヨーロッパ，とりわけドイツに，流入している。難民受入政策をめぐって，また経済金融政策をめぐっても，2010年以降，ヨーロッパ内部の足並みのみだれが目立っており，いかにしてヨーロッパが体制を立て直すか，そこに，発言力の大きいドイツがどのような役割を果たしていくのかが，注目される。

IV 憲法（基本法）

　ドイツ連邦共和国の憲法典は，1949年5月23日のドイツ連邦共和国基本法（GG）である。基本法（Grundgesetz）の制定者は，「憲法（Verfassung）」という用語の使用を意識的に避けた。ドイツの再統一が成り，全ドイツ的憲法が制定されるまでの暫定的基本秩序を定めるつもりであることをはっきりさせるためである。同じ理由から，基本法の制定にさいしては国民投票も行われなかった。さらに，基本法の前文は，西側占領地区の諸州（ベルリーンは含まれていない）のドイツ人がこの基本法を「過渡期の国家生活に新たな秩序を与えるために」制定したこと，そのさい「かの協力できなかったドイツ人のためにも行動した」ことを明らかにし，「全ドイツ人は自由な自己決定によってドイツの統一と自由を実現すべく要請されている」とした。基本法の有効期間も146条によって，「ドイツ人が自由な決定によって採択した憲法が施行される日まで」と定められていた。

　1990年10月3日のドイツ統一は，ドイツ連邦共和国基本法の適用領域が従来ドイツ民主共和国に属した地域に拡大されるという形で実現したため，基本法の大きな改正は不必要とされた。それでも，統一に伴って改正された部分がないわけではない。まず，基本法の前文から全ドイツ人の自由な自己決定によって統一と自由を実現することを求めた部分が削られ，代わりに「バーデン・ヴュルテンベルク（Baden-Württemberg），バイエルン（Bayern），

ベルリーン（Berlin），ブランデンブルク（Brandenburg），ブレーメン（Bremen），ハンブルク（Hamburg），ヘッセン（Hessen），メークレンブルク・フォーアポメルン（Mecklenburg-Vorpommern），ニーダーザクセン（Niedersachsen），ノルトライン・ヴェストファーレン（Nordrhein-Westfalen），ラインラント・プファルツ（Rheinland-Pfalz），ザールラント（Saarland），ザクセン（Sachsen），ザクセン・アンハルト（Sachsen-Anhalt），シュレースヴィヒ・ホルシュタイン（Schleswig-Holstein），テューリンゲン（Thüringen）の諸州のドイツ人は，自由な自己決定によってドイツの統一と自由を実現した。これによって，この基本法は，全ドイツ国民に行われる」と記された。基本法146条によれば「ドイツ人が自由な決定によって採択した」新憲法の制定が期待されていたけれども，本来暫定的だったはずの基本法が「自由な自己決定」に基づくものとして恒久化された。統一以前の西ドイツが単一国家ではなく各州からなる連邦という国制だったことは，統一に際して旧東ドイツの各州を吸収するという考え方を比較的抵抗なく受け入れるのに一役買った。146条は改正されて，「ドイツの統一と自由の実現後全ドイツ人に行われるこの基本法は，ドイツ人が自由な決定によって採択した憲法が施行される日に効力を失う」となったが，もはや，自由な決定による新憲法の制定が待望されているわけではない。これと同時に，ドイツ統一のさいに利用された基本法23条（「ドイツのその他の部分」の編入を予定する）は，削除された（これに代わる新23条については後述235頁を見よ）。この削除によって，統一ドイツは，オーダー川・ナイセ川より東の旧ドイツ領土に対する要求を放棄したわけである（1990年11月14日，ドイツ・ポーランド間の国境確定条約が調印され

Ⅳ　憲法（基本法）

た）。

§1　基本法の構造

現行基本法は，前文および全14章から成り立っている。そのうち，3章は改正によって挿入されたものである。

第1章：基本権
第2章：連邦と諸州
第3章：連邦議会
第4章：連邦参議会
第4a章：合同委員会
第5章：連邦大統領
第6章：連邦政府
第7章：連邦の立法
第8章：連邦法の執行と連邦行政
第8a章：共同の任務，行政上の協働
第9章：司法
第10章：財政制度
第10a章：国防の場合
第11章：移行規定および終了規定

§2　国家構造の基本原理

「ドイツ連邦共和国は，民主的・社会的な連邦国家である」（GG 20条1項）。

「州の憲法的秩序は，この基本法の意味における共和的・民主的・社会的法治国家の諸原則に合致しなければならない」（28条1項1段）。

§2 国家構造の基本原理

州と州都（数字は住民数〔2016年12月31日現在〕：単位は100万人）

　連邦議会と連邦参議会，連邦政府は，連邦首都のベルリーンにある（35頁参照）。連邦憲法裁判所と連邦通常裁判所は，カールスルーエにある（連邦通常裁判所の刑事第5部〔租税刑法関係を扱う〕はライプツィヒ）。連邦行政裁判所はライプツィヒ，連邦税務裁判所はミュンヒェン，連邦社会裁判所はカッセル，連邦労働裁判所はエアフルトにある。

　各州の州都（●）には，州議会と州政府がある。

Ⅳ 憲法（基本法）

(1) 連邦主義（Föderalismus）

ドイツ連邦共和国という名称がすでに，連邦的構造を物語っている。連邦（Bund）は，基本法前文に列挙された 16 の州（Land）から成っている。連邦的構造はドイツ史の伝統に深く根ざすものである。NS 体制下に 1934 年から 1945 年に選択された「単一国家」の理念は否定された。戦後ドイツは連邦制の伝統に依拠する路線を選択し，西側占領国もそれを望んだ。後述のとおり，連邦参議会には各州の政府閣僚が派遣されており，連邦レヴェルでもフェデラルな性格が制度的に表現されている。

連邦主義は，連邦と州の二元性を採っており，州よりも下位の行政単位は，基本的に連邦ではなく州に組み込まれる。州は単なる地方公共団体ではなく，それぞれ独自の国家権力と独自の憲法（Verfassung）を持った国家（Staat）である。その憲法は，「基本法の意味における共和的・民主的・社会的法治国家の原則に合致しなければならない」。

連邦主義に基づいて，国家権力は，立法・行政・司法の各分野で連邦と州に分配されている。原則としては，基本法が別様の定めを持たない限り，州に立法・行政・司法の権限が留保される（GG 30 条）。以下では，立法および行政に関連づけて，連邦と州との「縦の権力分立」について略説し，司法権については，連邦憲法裁判所（§3⑹）と司法制度（Ⅺ）の説明に譲ろう。なお，基本法は，連邦主義について，2006 年（第一次）と 2009 年（第二次）に改正を行った。第一次改正は主として連邦と州との立法権限分配に関わり，第二次改正の中心を為すのは，連邦と州の財政について国債発行に拠らないことを原則としたことである（109 条 3 項）。

§2 国家構造の基本原理

1. 立法の権限について。30条に定められた原則が70条により立法について具体化されている。すなわち、基本法が連邦に立法権を与えていない場合には、原則として州が立法権を持つ（70条1項）。この文言だけを見れば、立法権について州が連邦に優位するかに見える。しかし実際には連邦の州に対する基本的優位が明らかである。基本法が連邦に立法権を与えている場合とそうでない場合とを分けて説明しよう。

基本法が連邦に与える立法権には二種類のものがある（70条2項）。第一に、外交、国防、国籍、通貨等の事項（73条に列挙）に関して、連邦に専属的立法権（ausschließliche Gesetzgebung）が与えられている（71条）。ただしこの場合でも、連邦が、専属的立法権に属する事項の立法権を州に委ね得ることが留保されている。稀ではあるがそのような場合が生じることはあり、その場合には州ごとに異なった立法が行われることもある。第二に、連邦と州が競合的立法権（konkurrierende Gesetzgebung）をもつ場合がある（72条）。但し、連邦と州とで立法権が「競合」するという表現はミスリーディングである。74条に列挙された競合的立法権の客体の重要なものは、実際には連邦法で定められている。そして州の立法権は、「連邦が法律の形式による立法権限を行使しなかった場合に限り」認められるに過ぎない。また、実際には、連邦と州との立法管轄の分配および序列にかかる定めが存在する場合が多い。連邦と州とがともに立法を行い、その定めが互いに矛盾を来した場合に備え、「連邦法は州法を破る」（31条）と定められているが、この定めが実際の適用を見ることは稀である。

基本法が立法権を明示的に連邦に与えていない事項については、州が立法権を持つ（30条）。このいわば残余的な部分のうちで重

43

IV 憲法（基本法）

要なのは，文化に関する事項であり，たとえば学校・大学制度や放送事業は州の法律によって規律されている（「州の文化高権」）。また，連邦が立法権を行使するさい，州は連邦参議会（州政府の代表から成る）を通じて立法手続に加わることによって，連邦の優位を緩和している。

連邦と州とのあいだでの立法権限の配分は，第一次連邦主義改正により，大きく変更された。特に，かつて専属的立法権，競合的立法権に続くもうひとつのカテゴリーを形成したところの，州の立法活動を枠づける，連邦による大綱的規定（Rahmenvorschriften）の仕組が廃止された。これまで大綱的規定の対象とされていた事項は，基本的には，競合的立法権による対応（とりわけ後述の逸脱可能管轄）に任されることとなった。改正の意図は，主として，州の立法権の強化にある。競合的立法権に係る連邦と州との立法権の配分の全体は，次の3つに整理できる。第一は，連邦に核心的管轄（Kernbereich）が認められる場合であり，民法，刑法，訴訟法等，重要な事項について連邦が立法権を行使した場合は，州は独自の法律を制定することができない。実際には核心領域にはほとんどの場合，既に連邦の法律が存在しており，州の立法権の出る幕はほぼない。第二は，「連邦の全領域に一様な生活諸関係を構築するために，あるいは国家全体の利益に係る法的経済的統一の維持のために，連邦法による定めが必要である（erforderlich）場合には，また必要な限度で」（72条2項），連邦法に立法管轄が認められる（必要性に基づく管轄〔Bedarfskompetenz〕）。外国人の滞在や居住に関する法や社会福祉関連法などがそうした管轄に含まれる。第三に，連邦が立法権を行使した場合でも州がそれとは異なる定めを設けることができる場合がある（逸脱可能

管轄〔Abweichungskompetenz〕)。狩猟に係ること,自然保護と景観保全,区画整備関係,水質保全,大学入学許可および大学修了認定などに係る立法がこのカテゴリーに含まれる。

以上の第一次改正には,改正以前の問題が,別の形をとって継続しているだけであるとする批判が,学界からも実務からも根強い。

2. 法律の執行にさいしては,「基本法がそれとは別のことを定めたり許容したりしない限り」,州が優位に立つ(30条)。連邦主義の本領は,執行にある。連邦の法律と州の法律を含めて,すべての法律が,原則として州の行政機関によって執行されるのである。例外的に連邦が執行まで担当するのは,外交,連邦財政,国防等(87条〜89条までに列挙)である。

執行権に関する州の優位に対しては,連邦の側からその相対化が試みられる場合がある。たとえば87条3項は,連邦に立法権が認められる事項について,連邦直属の行政組織を法律で設けてよいとしている。また連邦と州とで執行実務を巡って無用に摩擦を激化させることも問題である。そこで1969年の改正により,「共同の任務(Gemeinschaftsaufgaben)」のカテゴリーが導入され,以後,拡充されてきた(91a条〜91e条)。爾来,このカテゴリーは,ドイツ行政実務のヨーロッパ化・国際化への対応にも役立ってきた。

州の連邦に対する優位がとくに顕著な領域として,「州の文化高権(Kulturhoheit der Länder)」が語られる場合がある。それは,一般的には正しい。たとえば学校・大学制度や放送事業は州の法律によって規律されている。しかし,91b条1項によれば,①大学以外での学術研究の設備および計画,②大学における学術研

IV 憲法（基本法）

究（Wissenschaft und Forschung）の計画，③大規模施設を含む大学の研究用建物，の3つについて，連邦と州とが協働すること，は「共同の任務」に組み込まれて，連邦と州との協力が予定されている。そのほか文化行政諸活動についても，国際化の度合いが深化を遂げるにつれて，州の高権性が相対化する傾向が生ずるのは，ある程度やむを得ない。文化行政における連邦の影響力の強化と論理的に結びつくわけではないが，たとえば研究と教育の現場の裁量が狭められ，ヨーロッパ化・国際化が謳われながら実際には研究と教育の規格化傾向が帰結される場合が頻繁であるのは確かで，この傾向を厳しく批判する論考が高級紙の論説欄に展開されることも多い。

(2) 民主主義

基本法は，国民主権の原理を実現している。「すべての国家権力は国民に由来する。国家権力は国民によって，選挙もしくは表決により，または立法，執行もしくは司法の各機関を通じて，行使される」（GG 20条2項）。なお，「選挙もしくは表決」と定められているのであって，基本法は，国民主権原理の実現を代表制民主主義にのみ委ねて直接民主制に基づく立法を排除しているわけではないことに注意が必要である。ただし，直接民主制を具体的に実現する仕組が基本法に用意されてはいない。

18歳（成年）に達したドイツ連邦共和国国民（ドイツ連邦共和国の国籍をもつ者）はすべて（1987年からは外国に居住するドイツ連邦共和国国民も，一定の要件を充たす限りで），連邦議会の議員を，「普通，直接，自由，平等，秘密選挙によって」選ぶ。被選挙権も成年（18歳）によって生ずる（38条）。州議会議員，市町村議会議員についても同様の原則が行われている。

(3) 法治国家

法治国家（Rechtsstaat）とは，法（Recht）と国家（Staat）とからなる合成語であり，遅くとも19世紀初頭のドイツに起源をもつ。もともとは，啓蒙主義的な刻印を受けたこの概念は，国家をアリストテレス的な幸福追求的目的論から解き放ち，自由主義的な法の拘束の下に置くという意味をもった。しかし19世紀中葉以降のドイツの政治的保守化と相俟って，法治国家概念は次第に自由主義的な色彩を失い，少なくとも一見すると，脱政治的で技術的概念へと変貌を遂げた。それでも国家のすべての行為は法律に拘束される（形式的法治国家の原理）という含意は，この概念が常に維持してきた。それによって，市民は国家の行為を事前に予測し，その適法性を事後的に吟味することができる。この点はむろん，現在の基本法にも引き継がれている。すなわち，立法権・司法権・行政権の三権を分立させ，後二者を前者すなわち立法権の統御に服せしめ（GG 20条3項），公的権力行使による権利侵害に対して，独立した司法による統御が保障されている（19条4項，97条）こと，がそれである。NS体制期には，かような形式的法治国家原理すら蹂躙された。そのことへの反動から，戦後の基本法においては，法治国家の原理は，実質的・内容的な正義の実現をも含意することとなった。立法権もまた憲法的秩序によって制約されていること（20条3項），基本法第1章の22ヵ条に定められた基本権が，司法権および行政権を拘束するのみならず立法権をも拘束すること（1条3項），を，実質的法治国家原理の具体例として挙げることができる。実質的法治国家原理の擁護者として，連邦憲法裁判所の果たす役割は大きい。なお，基本法において，法治国家はまた，「社会的」でなければならないと明文で規定さ

IV 憲法（基本法）

れているが、これについてはすぐに述べる。

(4) 社 会 国 家

社会国家（Sozialstaat）もまた、社会（sozial）と国家（Staat）とからなる合成語である。近代において国家と社会は分離してゆくと見られる。19世紀中葉以降のドイツにおいて、遅れてかつ急速に展開した産業革命は、国家と分離されたはずの社会において、劣悪な労働条件での労働、大規模産業等における不慮の事故に手当する補償制度の欠如といった「社会問題（soziale Frage）」を惹起した。この「社会問題」にビスマルク時代（とくに1880年代）以降のドイツは、社会保険立法等により、国家的手段を通じて応接をしてきた。ヴァイマル憲法は「社会国家」原則に明示的な言及を行っていないが、その151条において、「経済生活秩序は、すべての者たちの人間としての尊厳ある存在を保障する目的を担う公正の諸原則と合致せねばならない」とされていた。しかしNS体制も、自らの国家をときに「社会国家」と呼ぶことがあったことには注意が必要である。

戦後に入って、基本法は、「社会国家」原則に明文で言及しているし、州憲法にもこの原則を明示で採用するものもある。NS体制を批判したとしても、国家と社会の分離が前提する自由主義だけで現代社会の問題が解決できるわけではないのは自明であった。自由主義に淵源をもつ「法治国家」の概念と、社会に対する国家的介入に多くを期待する「社会国家」の概念とは、必ずしも滑らかに接続しない。「社会国家」の法概念的輪郭も実ははっきりしない。しかしだからこそ、近世以来歴史的に自由主義を抑圧する機能を担った「（公共）福祉（Wohlfahrt）」の語（後述115頁参照）は意識的に避け、「社会（sozial）」の語を選択し、「法治国

家」との両立可能性を探ろうという路線が選択される（20条）。

もとより社会国家原則の存在そのものに疑問を抱く者はいなかった。戦後の荒廃から立ち直るために，社会問題は山積していたから：戦後復興，市場経済を原則とした社会給付行政および労働法制の確立，等々。続いて1950年代半ば以降には，「すべての人々に豊かな暮らしを」が合言葉となる。弱者の保護に特化された原則と見られるきらいのあった社会国家原則は，こうして「すべての人々」に向けた一般的原則としての地位を確立したかに見えた。

しかし，社会国家原則の実現と充実とは，この原則そのものを却って危機に陥れることにもなった。核家族化，高齢化，医療の高額化は，社会国家政策の充実がもたらした個人主義的で豊かな生活の帰結であると同時に，80年代初頭以降の経済発展の頭打ちとも相俟って，社会国家の存立基盤を内側から崩す原因ともなりうる。

80年代末から，ドイツの統一，法のヨーロッパ化およびグローバル化が相次いで深化を遂げた。他方，シリア情勢の悪化は，2015年以降，劇的な難民流入をもたらした。こうしてこれまでは主として国内的な政策的問題と考えられてきた社会国家原則の諸問題に接近するに際して，国際的な視角を導入する必要が増している。

社会国家原則に対する判例の立場は以下の如く整理できよう。社会国家原則は単なるプログラム規定ではなく法命題としての性格を有し，国家に対して社会給付義務を課す義務を負わせる機能を持つが，社会国家原則だけから主観的権利が導かれるわけではない。但し，1条の人間の尊厳条項を20条の社会国家原則と併

IV 憲法（基本法）

せ読むことを通じ，人間の尊厳の最低限度の保障を請求する権利は発生する。

§3 国 家 機 関
(1) 連 邦 議 会

連邦議会（Bundestag）は，日本の衆議院に相当する国民代表機関である。日本の参議院がやはり国民代表機関であるのに対して，ドイツ連邦共和国の連邦参議会は州を代表する連邦機関であるから，国民代表機関は連邦議会だけである。議長は連邦議会議長（Bundestagspräsident〔in〕）。

(a) 選 挙 制 度　連邦議会議員の選挙は，連邦選挙法（BWG）に基づき，小選挙区制（Mehrheitswahl）と比例代表制（Verhältniswahl）の一種の併用によって行われる。それは「人物を加味した比例代表制（personalisierte Verhältniswahl）」とよばれるものである。

連邦議会には，原則として（「超過議席」についての 52 頁説明参照），598 の議席がある。そのうち半数は，連邦全域で 299 を数える選挙区（Wahlkreis）からそれぞれ 1 人ずつ選ばれた議員のものになる（小選挙区制）。選挙にさいして各有権者は，第一に，自己の選挙区から立候補している候補者のうちの 1 人に投票する（第一投票〔erste Stimme〕）。第二に，候補者を立てて選挙戦に加わっている政党のうちの 1 つにも——正確に言えば各政党が州ごとに用意している候補者リスト（これを州リスト〔Landesliste〕という）のうち，どれか 1 つの政党のリストにも——投票する（第二投票〔zweite Stimme〕）。1 枚の投票用紙の左側で第一投票，右側で第二投票を行うようになっている。いずれも，○つきで列記

50

されている候補者名ないし政党名の1つを選んで、その○の中に×を記す方式（×は、支持を意味する）である。ちなみにこれは「記号式」といわれる方式であり、日本で広く行われている、候補者や政党の名前を有権者が自ら書く「自書式」ではない。判読の困難や誤った綴り等に起因する無効票が生じにくいし、また何をもって無効票と判断すべきかの問題も起きにくい。さて、有権者は、第一投票では地域代表を選ぶという側面を持つのに対して、第二投票でははっきりと政党を選ぶことになる。したがって、有権者は、第一投票で選んだ候補者の所属政党と異なる政党に第二投票を与えることもできる。

　各政党が連邦議会で獲得する議席の数は、それぞれの政党が得た第二投票の総数によって決まる。すなわち598の議席が、各政党の第二投票数に比例して、それぞれの政党に配分されるのである（比例代表制）。その際、いわゆる5％条項（Fünfprozentklausel. 阻止条項〔Sperrklausel〕ともいう）によって、議席獲得を妨げられる場合がある。すなわち連邦選挙法によれば、連邦全域における第二投票数の少なくとも5％を獲得せず、または少なくとも3つの選挙区で当選者を出さなかった政党は、比例代表制に基づく議席の配分を受けることができない。これは、ヴァイマル共和国の議会が小党分立のために機能麻痺に陥り、ヴァイマル憲法48条2項による大統領の緊急権発動を促した苦い経験の反省に基づく措置である。この措置は、但し、投票権の平等原則および政党の機会均等の原則と緊張関係に立つ（連邦議会選挙と性質を異にするヨーロッパ議会選挙および町村選挙〔Kommunalwahl〕について、連邦憲法裁判所は5％条項の導入を違憲とした）。

　各政党が連邦全域で獲得した第二投票数に比例して、サン＝ラ

Ⅳ 憲法（基本法）

グ／シェーパース（Sainte-Laguë/Schepers）方式という配分方法（それまでのヘア／ニーマイヤー〔Hare/Niemeyer〕方式よりも適切に獲得票数を議席数に反映させうるという理由で2009年より選択された）によって，各政党に配分される議席数が決まる（たとえば，A党に200議席）。それが，政党ごとに州に配分される（たとえば，Z州のA党に18議席）。政党ごとに州に配分された議席数から，選挙区において（小選挙区制により）当選した者の数が差し引かれる（その当選者は確定的に議席を獲得する）。配分された議席数の残りが，政党の州リストの上位者から順に占められていく（たとえば，Z州の全部で25の選挙区のうち，A党が10選挙区で当選者を出したとすれば，配分された18議席からその10議席を除いた8議席が，A党の州リストの上位者から順に割り当てられる）。選挙区で当選した者の数が比例代表制により配分された数を超えるときは，いわゆる超過議席（Überhangmandat）が生ずる（上の例で，A党に属する候補者がZ州の各選挙区で善戦し，19の選挙区で当選者を出したときは，比例代表制によって配分される議席が18であるにもかかわらず19議席を獲得する）。この場合，連邦議会の議員数は598を超えることになる（ただし，超過議席によって議員になった者がなんらかの理由で辞職しても，この議席の後継を選ぶことはしないので，1議席が減ぜられることとなる）。連邦選挙法の定めるこうした選挙制度は一見きわめて複雑なもののようだが，計算はコンピューターによって迅速に行われ，投票後2〜3時間で最終結果をほぼ正確に予想することができる。

　現在，連邦議会に議席を有しているのは，次の6政党（Partei）。
　キリスト教民主同盟（Christlich-Demokratische Union, CDU）
　キリスト教社会同盟（Christlich-Soziale Union, CSU）

§3 国家機関

ドイツ社会民主党 (Sozialdemokratische Partei Deutschlands, SPD)
自由民主党 (Freie Demokratische Partei, FDP)
左翼 (Die Linke)
90年連合／緑の党 (Bündnis 90/Die Grünen)
ドイツのための対案 (Alternative für Deutschland, AfD)

CSU はバイエルン州だけにある政党で、他の州の CDU に当たるものである。CDU と CSU は、連邦議会では CDU/CSU という一個の院内会派 (Fraktion) を形成している。90年連合は統一過程で旧ドイツ民主共和国に生まれた新政党で、統一後、緑の党と提携した。Die Linke は、旧ドイツ民主共和国の SED (社会主義統一党＝共産党) の後身である民主主義社会党 (Partei des Demokratischen Sozialismus, PDS) が、旧 SPD 党員の一部を含む他の左派勢力を糾合して、2007年6月に新たな政党となったものである。戦後、政治的に重要な役割を担ってきた FDP は、2013年の連邦議会選挙で議席を失ったが、2017年の選挙では復活し、躍進を遂げた。AfD は 2013 年に結党した。「対案」の語は、2010年のギリシャ経済危機に際し、ドイツおよび EU がギリシャに救済措置を講ずる以外に「対案の余地はない (alternativlos)」とメルクル首相が繰り返し訴えたことに端を発する。この救済措置に対し、ひとまず経済政策的観点から反対し「対案」を打ち出そうというのが AfD 結党の初発の動機であった。結党後、AfD はしかし、次第に経済政策以外の領域でもその綱領において国内利益優先の立場を鮮明にし、またムスリムに敵対的で保守的な西欧の価値観を前面に押し出す。2015年以降、難民問題が先鋭な社会問題になるが、ポリティカル・コレクトネスにしばら

Ⅳ　憲法（基本法）

れて対応に手を焼く既存の政党の間隙を突いて，AfD は支持者を得，2017 年の選挙で大きな成果を挙げた。他方，マスメディアからは，AfD は保守というより大衆迎合的極右政党とみなされることも多く，警戒を受けている。

2017 年の連邦議会選挙によって各党が取得している議席は，以下のとおり。キリスト教民主同盟／キリスト教社会同盟：246 議席，ドイツ社会民主党：153 議席，ドイツのための対案：92 議席，自由民主党：80 議席，左翼：69 議席，90 年連合／緑の党：67 議席，無所属：2 議席。合計 709 議席となった（2017 年 10 月現在）。女性議員の数は 219 議席（30.9％）。

政党は，政党法（PartG）によって規律されている。日本においては政党助成法が，国が政党に対して行う交付金による助成について特別に定めている。政党について憲法上の定めもない。これに対し，ドイツにおいては，まず基本法 21 条が政党について原則的な規定を置く。それによれば，政党は自由な結社であり，「国民の政治的意思形成に作用する」。ただし，「自由で民主的な基本秩序」を攻撃する意図をもつ政党は憲法的秩序違反であるとされる。こうした基本法の定めを受け，政党法は，政党についてより詳細に定める。すなわちまず第 1 章で，「連邦または州における政治的意思形成に影響を与える」，法人を含まぬ「市民」による結社であるところの政党が，「自由で民主的な基本秩序における憲法上不可欠な構成要素」であることを明文で定める。そして第 2 章で，政党の内部組織について詳細な定めを置く。そのうえで，第 3 章以降で，国費補助に係る厳格な定めを置いている。もとより自由な結社である政党の活動資金はまずは自前であることが原則である。しかし基本法によれば，政党は政党として実質

的に機能しなければならない。したがって，政党法によって，政党は，憲法的秩序適合的な活動にかかる費用の一部について，年毎に，国費による補助を受けることができる。国費補助配分は，各政党がどれだけ社会に根づいているかによって判断される。すなわちそもそも，国費補助を受ける政党は，最近の連邦議会選挙またはヨーロッパ議会選挙において有効投票総数の 0.5 ％ 以上の，あるいは州議会選挙において有効投票総数の 1 ％ 以上の票数を，獲得していなければならない。そのうえで，国費補助配分は，第一に，各政党がヨーロッパ議会・連邦議会・州議会の議員選挙で獲得した票数に応じて（400 万票までは 1 票あたり 1 ユーロ，それを超えた分については 1 票あたり 0.83 ユーロ），第二に自然人による寄与（党費および寄附）に応じて（収入 1 ユーロについて 0.45 ユーロ，但し 1 人につき寄付の上限は 3300 ユーロまでが考慮される），配分される。但し，全政党に支払われる国費には，上限がある（1 年ごとに上限は定められている。2016 年については年額 1 億 6051 万 9363 ユーロ）。

(b) 連邦議会の機能　　4 年の任期で選挙される連邦議会は──州議会，市町村議会と並んで，連邦のレヴェルで──国民によって選ばれた，すなわち直接に民主主義的に正統化された唯一の憲法上の機関である。したがって，基本法は，連邦議会についての定めをすべての国家機関の冒頭に置いている（GG 38 条以下）。

　連邦議会の任務のうちで最も重要なのは，むろん立法である（立法手続については別に説明する）。連邦法律（Bundesgesetz）は，すべて連邦議会によって採択されることを要する（77 条 1 項 1 段）。連邦議会は，さらに，法律という形式によって国家予算を決定する（110 条 2 項）。それはまた，国債の負担について決定し（115 条

Ⅳ 憲法（基本法）

1項），一定の条約について同意権をもつ（59条2項）。

連邦議会のその他の任務として以下のものが挙げられる。第一に，他の一定の国家機関の選挙ないし選任である。例えば，連邦首相の選挙（63条），連邦憲法裁判所裁判官の半数の選挙（94条1項），国防専門員の選任（45b条），連邦大統領の選挙への参加（54条），および連邦憲法裁判所以外の各連邦裁判所裁判官の選任への参加（95条2項）がある。第二に，連邦議会は，国政調査委員会の活動等によって行政を監督し，世論の場として機能する。第三に，連邦軍の外国派遣の是非を決定する（87b条）。

基本法38条1項2段によって連邦議会議員は国民（全体）の代表者であり，委任や指示に拘束されず自己の良心のみに従うものとされているから，厳格な党議拘束は違憲であり，離党・党籍変更も議席喪失の理由にならない。ちなみに，連邦憲法裁判所によれば，国民全体を代表する議員が企業の顧問になることも，特定の利益と結びつくことになるから許されない。

(2) 連邦参議会

基本法は，連邦議会に続いて連邦参議会（Bundesrat）についての定めを置き，「連邦参議会によって州は連邦の立法と行政，およびヨーロッパ連合の事項に協力する」（GG 50条）ものとしている。

法比較や政治比較の局面で，ドイツは日本と同様に二院制を採用していると言われることがある。ただしBundesratは，連邦議会と相俟って一体となった立法府を形成する機関ではない。従ってまた，第一院たる連邦議会に対する第二院を形成する，と言うことはできない。固有の選挙制度を持たず，国民を代表する機関でもない。本書では，日本の参議院からの類推によって

Stimmzettel

für die Bundestagswahl am 24. September 2017
im Wahlkreis 138 Hagen - Ennepe-Ruhr-Kreis I

（裏へ続く）

○	**NPD**	Ariane Meise, Claus Cremer, Melanie Händelkes, Marcel Haliti, Karl Wilhelm Hubert Weise	9
○	**Die PARTEI**	**Partei für Arbeit, Rechtsstaat, Tierschutz, Elitenförderung und basisdemokratische Initiative** Dr. Mark Benecke, Keno Schulte, Marie Völkering, Olaf Schlösser, Claus-Dieter Preuß	9
○	**FREIE WÄHLER**	**FREIE WÄHLER** Christine Hudyma, Joachim Orth, Sascha Mattern, Stephan Heintze, Markus Krafczyk	10
○	**Volks-abstimmung**	**Ab jetzt...Demokratie durch Volksabstimmung** Dr. Helmut Fleck, Claus Plantiko, Angelika Geerligs, Michael Zissler, Monika Romczykowski	11

		22
heitsfor-schung		Frankenberger, Seda Beyer, Saif Al Basri, Jana Esther Morawetz, Nadi Habib Neama
○	**Tierschutz-partei**	**PARTEI MENSCH UMWELT TIERSCHUTZ** Sandra Ramona Ruth Lück, Jochen Wilhelm Moors, Reiner Bent, Achim Rainer Betticher, Sven Reichert
○	**V-Partei³**	**V-Partei³ - Partei für Veränderung, Vegetarier und Veganer** Michael Thomas Kneifel, Sonja Heitmann, Norbert Vitz, Ines Klein, Tobias Lenz	23

24	**Tropp, Michael** Geschäftsführer Hagen	BÜRGERKANDIDATEN Für Gemeinwohl und Volksentscheid Einzelbewerber	○

2017年9月24日の連邦議会選挙（Bundestagswahl）の投票用紙
——第138選挙区（ハーゲン）のもの——

§3 国家機関

Bundesratを理解する誤りを避けるためにも,「参議会」と訳すことにしよう（なおスイスにおける最高の執行機関はBundesratであるが,「参事会」が定訳とされている）。

かくして,連邦参議会は,連邦主義に由来する連邦機関であり,連邦を構成するすべての州が代表を送っている。その具体的な意味はこうである。すなわち,連邦参議会において,州は,州民数の大小によって3票,4票,5票,または6票の表決権を持ち（51条2項。現在は,ブレーメン,ハンブルク,メークレンブルク・フォーアポメルン,ザールラントが3票,ベルリーン,ブランデンブルク,ラインラント・プファルツ,ザクセン,ザクセン・アンハルト,シュレースヴィヒ・ホルシュタイン,テューリンゲンが4票,ヘッセンが5票,バーデン・ヴュルテンベルク,バイエルン,ニーダーザクセン,ノルトライン・ヴェストファーレンが6票である）,表決権数に対応した数の参議会議員が,（州民や州議会による選挙によってではなく）州政府の閣僚のなかから選ばれている（51条3項1段）。参議会議員は州政府の指示に拘束される（州の首相がみずから連邦参議会議員であるのが通例で,さらに積極的に討議に加わることも,少なくない）。また,ある州がもつ表決権は,統一的にのみ行使される（51条3項2段。たとえば4票をもつ州が3票を賛成に,1票を反対に投ずることはできない）。

連邦参議会の,連邦の任務に対する「協力」の重点は,立法にある。連邦参議会は,法律発案権,すなわち法律案を連邦議会に提出する権利を有している（76条1項）。連邦議会が可決した法律案に対して,連邦参議会は異議（Einspruch）を述べることができる（77条3項）。但し原則的には,連邦議会が,異議に反しても自らの意思を貫くことができる（77条4項）。例外的に,ある

IV 憲法（基本法）

種の法律，とくに州の利害に関わる法律については，連邦参議会の同意（Zustimmung）が必要とされている（立法手続についての説明を参照〔75頁以下〕）。そのほかに，連邦参議会は一定の条約について協力を求められ（59条2項），連邦憲法裁判所裁判官の（連邦議会によって選ばれる以外の）半数を選挙する（94条1項）。

連邦参議会の議員は連邦議会における発言権を持つ（43条2項）。他方，連邦政府の大臣は，連邦参議会における発言権を持っている（53条1段）。連邦政府は，連邦参議会に対し，「事務の執行について常時情報を提供する」ことを要する（53条3段）。連邦参議会の議長は，1950年より継続している慣行に従い，各州の首相が毎年輪番で当たる。議長はまた，連邦大統領代理を務める（57条）。これらもまた，連邦主義に基づく制度である。

(3) 連邦会議

連邦会議（Bundesversammlung）は，「連邦議会議員の全員，およびこれと同数の，各州議会から比例代表制の原則によって選ばれた議員から成る」（GG 54条3項）――つまり，原則として1196（＝598×2）名の構成員を擁する――特別の最高国家機関である。連邦会議の任務はただひとつ，連邦大統領の選挙である（54条1項）。連邦大統領は，連邦会議により選ばれることによって，連邦と各州を等しく代表する立場に立つ。

(4) 連邦大統領

連邦大統領（Bundespräsident〔in〕）は，アメリカやフランスの大統領と違って，統治権力を持たず，ヴァイマル憲法48条によって大統領に与えられていたような緊急権も持たないが，元首（Staatsoberhaupt）である。連邦大統領の任務は，主として代表の機能に関わる。すなわち，連邦大統領はドイツ連邦共和国を国

際法的に代表し，その名において条約を締結し，外交使節を信認・接受し（GG 59条），連邦裁判官，連邦官吏および士官・伍長を（形式的に）任命・罷免し，受刑者に恩赦を与えることができる（60条）。連邦大統領は，さらに，連邦法律が基本法の定める手続によって成立したことを確認（認証）した上で，これを連邦官報に公布しなければならない（82条1項）。連邦大統領は，連邦首相の候補者を1人，連邦議会に提案し（63条1項），また，連邦首相の提案に基づいて閣僚を任命・罷免する（64条1項）。

連邦議会が，連邦大統領により提案された候補者を連邦首相に選ばず，その後2回選挙を繰り返しても議員（議員定数）の過半数で連邦首相を選出するに至らなかったときは，連邦大統領は相対多数を得た候補者を連邦首相に任命するか，それとも連邦議会を解散することを要する（63条4項）。連邦首相が連邦議会に信任投票を要求し，それが議員の過半数で可決されなかったときは，連邦大統領は連邦首相の提案に基づいて連邦議会を解散することができる（68条）。連邦大統領はこのように，ある程度政治的な権利をも有しているが，その反面，連邦大統領の命令や措置には，68条による解散等の場合を除き連邦首相ないし担当閣僚の副署（Gegenzeichnung）が必要である（58条）。連邦大統領の任期は5年。再選は1回だけ可能である（54条2項。2017年2月12日に，フランク＝ヴァルター・シュタインマイヤ〔Frank-Walter Steinmeier, 1956–〕が第12代連邦大統領に選出された）。

(5) 連邦政府と連邦首相

連邦執行部の最高機関である連邦政府（Bundesregierung）の構成と形成は，基本法62条以下で規定されている。連邦議会における与党諸会派との相談によって閣僚候補者を決める連邦首相

Ⅳ 憲法（基本法）

(Bundeskanzler〔in〕) は，連邦政府が形成されてからも自己の責任において基本政綱を決定する（閣僚はこの基本政綱を遵守しなければならない）ことにより，優越的地位を占める (GG 65条)。連邦議会によって選ばれた連邦首相自身は，連邦議会に対してのみ責任を負う。

　ドイツ連邦共和国の建国（1949年）から1963年まではコンラート・アーデナウアー（Konrad Adenauer, 1876-1967）が，また1963年から1966年まではルートヴィヒ・エーアハルト（Ludwig Erhard, 1897-1977）が連邦首相として，CDU/CSU 主体の連邦政府を率いてきたが，1959年のゴーデスベルク綱領で革命路線を棄てたSPD が1966年に初めて政権に加わって，CDU/CSU と共にいわゆる大連立を形成し（首相は CDU のクルト・ゲオルク・キージンガー〔Kurt Georg Kiesinger, 1904-88〕），1969年には SPD のヴィリ・ブラント（Willy Brandt, 1913-92）を首相とする SPD と F. D. P. の連立政権が成立した。この両党の連立は次の首相ヘルムート・シュミット（Helmut Schmidt, 1918-2015）の時代（1974～82年）まで維持されるが，1982年に F. D. P. が SPD と袂を分かって CDU/CSU との連立を選び，CDU のヘルムート・コール（Helmut Kohl, 1930-2017）を首相とする政権が成立した。アーデナウアーとエーアハルトの時代には「社会的市場経済（soziale Marktwirtschaft）」の原則に立脚した経済再建が進捗し，ブラントとシュミットの時代にはケインズ主義的財政・経済運営によって福祉国家路線が推進され，また東ドイツを含む東方諸国との和解が実現した。しかし，シュミット政権の半ばにして成長路線が行き詰まり，まず軍備のバランスをとってから軍縮交渉を始めるべきだという発想から中距離ミサイルの配備を受け入れたシュミットが SPD 内部で孤立したこともあって，市場経済への復帰を唱えるコールの登場となったのである。16年間に及ぶコールの長期政権の後，1998年には SPD のゲーア

ハルト・シュレーダー（Gerhard Schröder, 1944-）を首相とするSPDと90年連合／緑の党の連立政権が成立した。2005年の選挙においては，CDU/CSUが選挙で議席獲得数においてSPDを上回るも議席過半数には達せず，SPDと大連立を形成した（CDU党首のアンゲーラ・メルケル〔Angela Merkel, 1954-〕がドイツ史上初の女性首相となった）。2009年の選挙においてもCDU/CSUは，議席過半数には達しなかったが，大連立は解消し，この選挙で大躍進を遂げたFDPと連立を組み政権を確立した。2013年の選挙においてもCDU/CSUは議席過半数を獲得し得なかった。しかもFDPが議席そのものを失って議会から消えた。そこでSPDと大連立を形成した。2017年の選挙では，CDU／CSUは第一党の座は守ったものの大きく議席数を減らした。はやくから選挙後の連立離脱を表明していたSPDにかわる連立の可能性を，CDU／CSUは，まずFDPと90年連合／緑の党とに見出そうとしたが，11月19日にFDPが交渉離脱を宣言して挫折した。その後，CDU／CSUは再びSPDとの大連立の可能性を探る。しかし，SPDが大連立に向けた交渉を正式に認めたのは2018年1月21日の特別党大会においてのことである。新政権の確立まではなお，前の政権が「暫定政府（geschäftsführende Regierung）」として任務を遂行した。首相として4期目を迎えるメルケルの下，大連立による新政権が正式に発足したのは3月14日のことである。

　連邦政府を倒すには，連邦議会が連邦首相に対する不信任決議を行うとともに後継の連邦首相を選出することを要する（67条1項1段）。これが建設的不信任投票（konstruktives Misstrauensvotum）とよばれる制度であって，ヴァイマル憲法の時代に議会の諸政党が首相ないし政府に反対する点では一致しながら後継者については意見の一致に至らず，国政の麻痺をもたらしたという苦い経験に照らして，考え出されたものである。この建設的不信

任投票は，これまでに2回試みられたが，倒閣の成果が挙がったのは1回だけである（1982年秋に，シュミット首相が不信任され，コールが新首相になった）。

(6) 連邦憲法裁判所

連邦憲法裁判所（BVerfG）も，最高国家機関のひとつだが，この裁判所がドイツ国制史上に登場したのは現在の連邦基本法制定後のことである（GG 93条・94条）。但し憲法裁判所の構想とそれを巡る議論は，19世紀末からヴァイマル期にかけて見出され，戦後における実現にあたって，この時期の議論も活用された。連邦憲法裁判所の組織と手続は，1951年の連邦憲法裁判所法（BVerfGG）によって定められ，同年9月7日に同裁判所は活動を開始する。

この裁判所の任務は，国家のすべての行為について基本法の規定に適合するものであるか否かを審査することにある（詳しくは，BVerfGG 13条）。連邦憲法裁判所の裁判の客体として以下のものが挙げられる：連邦最高機関相互の，基本法によって認められた権利・義務の範囲を巡る争い，連邦と州の間の権利・義務の争い，とりわけ連邦法の州による執行を巡る争い（連邦制的紛争），「自由かつ民主的な基本秩序を除去しようと図る」（参照，GG 21条2項）政党の禁止について，法律や命令が基本法に適合するか否かについて。

法令が基本法に適合するか否かを審査しうるのは連邦憲法裁判所だけである。したがって，その他の裁判所が裁判にさいし適用法規の基本法適合性について疑義をもつときは，手続を中断して連邦憲法裁判所の判断を求めなければならない（GG 100条1項）。具体的な紛争を手掛りとするこの法令審査を「具体的法令審査

§3 国家機関

(konkrete Normenkontrolle)」という。しかし，連邦憲法裁判所は，具体的な紛争があることを前提せず，連邦政府，州政府，または連邦議会議員の4分の1以上（かつて3分の1だったが2009年に改正があった）の提訴によって，連邦法や州法の基本法適合性を審査することもできる（GG 93条1項2号）。これを「抽象的法令審査（abstrakte Normenkontrolle)」という。

　これらの場合，および連邦憲法裁判所法が定めるその他多くの場合においては，連邦憲法裁判所は所定の国家機関の提訴をまって活動するのであるが，それ以外に，何人も（ドイツ連邦共和国の国民たると否とを問わず），公権力によって自己の基本権を侵害されたことを理由として，連邦憲法裁判所に憲法異議（Verfassungsbeschwerde）を申し立てることができる（GG 93条1項4a号）。そのためには，原則として，通常のあらゆる法的手段をとり尽くした，ということが必要である（BVerfGG 90条2項1段。その要件が充たされれば，裁判所の確定判決についても憲法異議の申立てが可能である）。通常の法的手段をとっていたのでは，取返しのつかない基本権侵害を受けるという場合に限って，すぐに連邦憲法裁判所に異議を申し立てることが許される（同項2段）。もとより，憲法異議の9割以上は初めから検討に値しないものであり，3人の裁判官による予備審査を経て，理由を付さずに却下される（BVerfGG 93a条2項）。これは裁判所の手続のあり方として異例の定めではある。連邦憲法裁判所の判決・決定は連邦憲法裁判所判例集（BVerfGE）で公表されるほか，各種の法律雑誌で紹介され，また，とくに法令審査の場合などは判決・決定の主文が法律としての効力をもつものとして，連邦官報で公示される。

　連邦憲法裁判所は審級制度上の最上級審ではなく，基本法の遵

63

Ⅳ 憲法（基本法）

守の有無の問題に特化して裁判する裁判所である。この点で，最高裁判所を頂点とする一般の裁判権に法令審査権を認める日本と異なる。それだけではなく，連邦憲法裁判所は，その活動を通じて，法律に対する憲法の，とりわけ基本権の実質的優位と貫徹とを確保する制度的枠組として自らを位置づけてきた。著名な1958年1月15日のリュト（Lüth）決定は次のように判じた：「第一義的には基本権は市民の国家に対する防御権である。しかし基本法における基本権の定めにおいては，憲法的基本決定として法の全領域に妥当する，ある種の客観的価値秩序が具現されている」。NS体制の記憶がまだ冷めやらぬ当時，かかる判断が世論の支持を得たのも無理はない。しかし客観的価値秩序など存在するはずはなく，それにもかかわらず客観的価値秩序としての基本権という発想が説得力を持ちえたのは，まさしく世論の知的階層がこの発想を支持したからである。連邦憲法裁判所が法秩序の全体を――議会制民主主義に基づく立法権も包括して――操縦する権限を自らに授権したことは，驚くべきことに違いない。

連邦憲法裁判所はその後も，《高度に政治的な》論点にも果敢に判断を下すことを辞さない姿勢を崩さずに，今日に至っている。そこに，政治的問題がともすれば法的な衣裳をまとって姿をあらわすという，近世以来のドイツの議論傾向を見出すことができる。この姿勢に対しては，最近では，学者の側から厳しい批判が寄せられる場合も増えた。ただ，メディアの注目度が極めて高い連邦憲法裁判所が，政治的な問題に踏み込む姿勢は崩さずに，しかし以前に散見された名調子の定式を避けた散文的冷静を以て，穏当で慎重な判断を示すようになっていることは，制度的成熟のあらわれであろう。

連邦憲法裁判所の所在地は，カールスルーエである。この裁判所は2つの部から成り，それぞれの部は8人の裁判官を擁している。裁判官は多くの場合他の連邦裁判所の裁判官ないし大学教授の出身で，連邦議会（その選任委員会）および連邦参議会によって半数ずつ選ばれる。任期は12年（ただし，68歳になれば任期中でも定年）であり，再選は許されない。なお，各裁判官は3人の助手（wissenschaftliche[r] Mitarbeiter[in]）を選んで使うことができる。彼らは優秀な若手法曹（裁判官・官僚〔3〜4年間出向してくる〕や大学助手）であって，裁判官と密接に協働する。このロー・クラーク的経験は彼らのキャリアにとっても有利である。

§4 基本権

　ヴァイマル憲法が「国家の構造と任務」に関する第1部に続いて第2部を「ドイツ人の基本権と基本義務」に充てたのに対し，基本法は，第1章で基本権（Grundrechte）を保障している。NSの不法国家の廃墟に建設される新たな国家においては，国家が人間のためにあり，その逆ではないことを示すためである。

>「(1)人間の尊厳は不可侵である。それを尊重し，保護することは，すべての国家権力の義務である。(2)それゆえドイツ人は，あらゆる人間共同体の基礎，世界における平和と正義の基礎として，侵すことができず，譲り渡すことができない人権（Menschenrechte）の存在を信ずる。(3)以下の基本権は，直接に効力をもつ法として，立法，執行権，および裁判を拘束する」（GG 1条）。

　これによって，基本権の保障は超実定法的な法とされているのである（ただし，基本権が国家権力を「直接的に」拘束するとされてい

Ⅳ　憲法（基本法）

る限りで，それは現実の適用を予定する実定的な権利として扱われている）。基本法が明文で，基本権を法律によって，または法律の根拠に基づいて制限しうるとしているときも，基本権の本質的内容に触れる制限は許されない（19条）。さらに，1条に抵触する基本法改正は許されない（79条3項）。

基本権を規定する第1章の22ヵ条の他に，司法を扱う第9章の101条〜104条も基本権の保障に関する条文である。基本権についてはさまざまの分類が可能だが，ここでは次のように分類しておこう。

(a) 古典的・個人的自由権（人間の尊厳，人格の自由な発展の権利，人身の不可侵，法の前の平等，信仰・良心の自由，意見表明の自由，信書・通信の秘密，芸術と学問・研究と教育の自由，結社の自由，移転の自由，住居の不可侵，外国への引渡の禁止，庇護要求権）

(b) 経済的自由権（財産権と相続権の保障，職業選択の自由）

(c) 政治的参加権（選挙権，集会の自由，報道の自由，請願権，政党の自由，公職に就く権利）

(d) 司法的保障（公権力によって権利を侵害された場合の出訴権，裁判所の独立，適法な資格・権限のある裁判官を求める権利，法的審問を受ける権利，例外裁判所と恣意的逮捕の禁止，罪刑法定主義）

(e) 社会権（婚姻と家族の保護，母性保護，社会権の保障を補うものとして社会国家条項）

これらの基本権のうちで，選挙権，公職に就く権利，集会・結社の自由，職業選択の自由，移転の自由，外国への引渡の禁止は，ドイツ人（ドイツ連邦共和国の国籍を有する者。出生による国籍の取得

は，血統主義による。ただし，国籍法（Ⅴ§4⑷）の記述を参照。そのほか，基本法116条1項によればドイツ民族に属する引揚者と，その配偶者・卑属も，「ドイツ人」とされている。連邦引揚者法によれば，ドイツ民族に属すると主張し，血統・言語・教育・文化のような特徴によってその主張が確認される者は，ドイツ民族に属すると認められる。こうした定めによって，出国規制が緩和されたソ連〔ロシア〕・東欧から多数の「ドイツ人」が帰国した）だけに保障されるが（その意味では，人権ではなく公民権〔Bürgerrechte〕というべきである），その他の基本権は外国人にも保障されている。国籍のいかんを問わず，性質の許す限り広範に人権を保障しようという姿勢から，NSの人権無視に対する反省が読み取れる。その反面，基本法の「自由で民主的な基本秩序」を攻撃するために基本権（表現の自由とりわけ報道の自由，教育の自由，集会の自由，結社の自由，信書・通信の秘密，財産権，庇護要求権）を濫用した者は，連邦憲法裁判所の裁判によって基本権を失うものとされている（18条）。さらに，10条2項によって，「自由で民主的な基本秩序」を守るため，または連邦もしくは州の存立もしくは安全を守るために，法律の根拠に基づき，信書・通信の秘密を本人に告げずに制限し（たとえば電話の傍受），制限に対する不服も議会の設置した機関または補助機関だけに申し立てうるものとする（裁判所への途を閉ざす）ことが認められている（1968年のいわゆる傍受法〔Abhörgesetz, G10 2001〕によって，そのような実務が行われている）。

　公民権とは違ってすべての人間に保障される人権は，普遍的な内容をもつものと解されがちである。しかし，人権の内容は，国によって一様ではない。その例として，信仰の自由を取り上げよう。基本法は信仰の自由を保障し，宗教的立場を理由とした差別

IV 憲法（基本法）

も認められない。属する宗派が，市民としてのまた国民としての権利の享受に際して不利に扱われる根拠となることもあり得ない。長期的近代におけるいわゆる《世俗化》の帰結として，国家と教会の分離も原則として行われている。但し，この分離はドイツ基本法においては徹底されなかった。NS体制下にあって，キリスト教会（カトリック教会と福音主義〔evangelisch. プロテスタント〕教会）は抵抗運動の拠点ともなった。したがって戦後の混乱期に，キリスト教およびヨーロッパの伝統への復帰がドイツ社会の世界観を強く支えたのも無理はない。基本法は，全体として，キリスト教会に親和的な規定を設けた（3条3項，4条1項・2項，7条2項・3項・5項，33条3項，141条；さらに140条によって法技術的に《継受（Rezeption）》されたWRV136条～139条及び141条）。こうして，国家が教会の活動を支援する場合が，一定程度認められることになった。すなわち，公立学校のうち宗派学校においては宗教教育が正規の授業科目とされ（7条3項。これについては教育法の項目〔100頁〕で説明する），多くの大学（州立）に神学部が置かれ，教会に徴税権が認められ且つ国家が教会税（132頁）の徴収を代行する。

　さらに，国家は，教会内部の立法・裁判・聖職者人事・懲戒等の事項に介入することができない。こうした国家—教会関係（これを外的教会法〔äußeres Kirchenrecht〕または国家教会法〔Staatskirchenrecht〕という）の詳細は，カトリック教会との関係では連邦と教皇庁との政教条約（Konkordat）によって，また，福音主義教会との関係では教会協定（Kirchenvertrag）によって，規律されている。なお，教会が立法権や裁判権・執行権を持つというのはとくにカトリックの場合であって，カトリック教会において

はイエス・キリストの教えが法とみなされ，教皇が地上におけるその代理人としてその法を発展させていく任務を負っている（カトリック教会は法的教会〔Rechtskirche〕である）。例えば離婚については，国家法たる民法が破綻主義をとったにもかかわらず，カトリックの信徒は離婚を禁ずる教会法（内的教会法〔inneres Kirchenrecht〕，カノン法〔kanonisches Recht〕）に従わなければならない。福音主義教会は法的教会の批判者として生まれたものであるが，ルター派・カルヴァン派・統一派から成るドイツ福音主義教会（Evangelische Kirche in Deutschland, EKD）の基本規定と，各派の教会会議が制定する規定が行われている。

　以上の法的枠組を前提に，キリスト教会は，戦後しばらくは公的にも活発な活動を行ってきたし，1960年代前半までの世論はこれを大筋で支持していた。こうした社会構造が信仰の自由との原理的な軋轢を生むのではないか，キリスト教会もまた近代憲法秩序に服すべきではないか，という疑問は，1960年代後半以降になると次第に意識され，学問的に論ぜられるようにもなった。しかし統一以前のドイツの司法実務においてこの疑問が顕在化されることはなかった。例えば1968年10月16日の連邦憲法裁判所第一部決定は，宗教活動の自由の担い手を個人のみならず（キリスト教の，また非キリスト教の，教会など）集団にも，寛大に認めて，また宗教活動の自由の内容についても，教会への参集や礼拝のほか，宗教教育などにも及ぶものとしており，実際にはキリスト教会の活動にかなり理解を示す判断を示していたわけである。信仰といえば主にキリスト教であったこともあり，信仰の自由も主として信仰の積極的自由（信仰に基づいた活動の自由）の問題として理解されていた。

Ⅳ 憲法（基本法）

1990年代以降，非キリスト教徒の増加があらわになって初めて，信仰の自由の考察に際しキリスト教以外の宗教も考慮に入れるべきこと，それに伴い国家の宗教的中立性の問題と信仰の消極的自由（自分が帰依しない宗教の活動に関わらない自由）の問題をより精密に考える必要があること，が認識されるようになった。大きな政治的・社会的反響をよんだのは，共同学校を含む国民学校（100頁参照）の教室に十字架（単なる十字架ではなく磔になったキリスト像であることが多い）を掲げることを義務づけるバイエルン州の学校教育令を5対3で違憲とした1995年5月16日の連邦憲法裁判所第一部決定（憲法異議事件）である。憲法異議を申し立てた者は，シュタイナー派の人智学（Anthroposophie）に基づく世界観の持ち主で，自らの娘をその世界観に従って教育しようとしても，学校の教室の十字架が大きな障壁になると考えたのである。連邦憲法裁判所はこの訴えを容れた。宗教的多元性の認められた社会においては，自らの信仰しない宗教におよそ関わらないでいる権利が一般的に認められるわけではないが，個人が特定の信仰の影響からおよそ回避可能でない状況に置かれることは，基本法4条1項が保障する信教の自由に反する。なるほど学校の十字架は，その教室で学ぶ生徒に特定の宗教を強いるわけではないし，世俗科目に係る授業の内容が十字架によって刻印を受けるわけでもない。しかし，生徒の情操教育をも包含する学校教育の場にあって，若さゆえにものの見方もまだ確固としていないため深甚な影響を容易に受け易い生徒に対して，十字架は宗教的な「喚起力を持ち，十字架が象徴する信仰内容を遵守するにふさわしいお手本として示す」ものであり，したがって，生徒の信仰の自由を侵害する。裁判所は大略，このように判じた。

他方で，2003年9月24日の連邦憲法裁判所第二部判決によれば，ムスリムに属する小学校教師が，宗教に基づく服装規律に基づいてスカーフ着用のまま教員として職務遂行を行うことも，一般的には許される。すなわち「教員の任務を負う官吏（Beamte）が，ある特定の宗教団体に自らが属するということを，宗教に基礎づけられた服装規律を遵守することを通じて明らかにすることは許されない，という義務は，〔……〕個人の信仰の自由を侵害する。かかる義務は，当該の者に，本来の公務を遂行するか，あるいは宗教的に従うことが義務であるとかれが考える服装規律に従うか，二者択一をせまることとなる」。ただし，この判決は，州が教員に対し，（文化高権に基づいて）法律で，政治的宗教的世界観的に中立的な外見を採ることを義務づけることまでを否定しているのではなく，そのような法を設けた州もある。

　2011年11月30日の連邦行政裁判所の判決は，ムスリムに属する生徒が休み時間に廊下で，信仰に基づく礼拝行動を行うことに対して，校内敷地の利用法を定める権限が生徒側にではなく学校側にあることを理由として一律に禁ずることは，信仰の自由に反し，学校の秩序が侵害されない限度で許容されねばならない，とした。

　しばらくは，戦後ドイツで伝統的には寛大に認められてきた信仰の（積極的）自由と，近年，ヨーロッパ化・グローバル化と連動して強まる公共施設の中立性要請（および信仰の消極的自由）とのあいだで，繊細な考量を要する判断が司法的に，また立法的に，積み重ねられるであろう。

　なお，基本法第1章が基本権という表題を掲げているにもかかわらず，職業選択の自由および強制労働の禁止（12条）に続いて

IV 憲法（基本法）

　国民（ただし男性のみ）の基本義務としての兵役義務（Wehrpflicht）が詳細に定められているのも，基本法のひとつの特徴であった。しかし，この兵役義務は，2011年7月1日以降「停止」された。「停止」というのは，基本法の定めそのものは維持されているからである。将来に兵役が復活した場合に，再び基本法にそれを拘束させる，という趣旨である。

　基本法における兵役義務に関する規定の基本的な内容は，およそ以下のとおりである。ドイツ連邦共和国では，最初から兵役についての定めが基本法に用意されていたのではない。ただ兵役の義務が禁ぜられていたのでもなく，1956年にまずは法律によって，徴兵制が復活した。その後1968年に基本法12a条が挿入された。現在の定めによれば，18歳（成年）に達したドイツ人男子は，兵役義務を果たさなければならない。しかし，信仰・良心の自由を保障する基本法4条は，その3項で「何人も良心に反して武器を以てする兵役を強制されない」と定めており，それを受けて，12a条2項は，良心的兵役拒否者に代替役務（Ersatzdienst）を課しうるものとしている（基本法では「代替役務」の表現がまだ残っているが，法律レヴェルでは，兵役義務と同等の価値を意味する「市民的役務（Zivildienst）」の表現が用いられるようになっている）。なお，女性は兵役義務に服さない。これは，両性の平等取扱を原則とする基本法の原則の例外をなす。この点，基本法はかつて，武器利用を伴う軍務（Waffendienst）を女性にそもそも禁じていた（「女性は武器を伴う兵役を行うことは決してできない」）。しかし2000年11月のヨーロッパ裁判所判決により，これが両性の平等取扱に反するとされた。そこで同年12月19日の

§4 基本権

　基本法改正により，12a条4項は，「女性は武器を伴う兵役に決して義務づけられない」とされた。

　なお，攻撃（侵略）戦争（Angriffskrieg）の準備等，諸国民の平和共存を脅かす行為は基本法26条1項により禁止されており，国防目的以外の出兵も基本法が明文で許容する場合を除いて認められない（87a条2項。北大西洋条約機構〔NATO〕のような防衛同盟に基づく出兵は，80a条3項によって認められている）。1990年の貿易法改正によって，輸出入制限の違反はドイツの対外的安全・諸国民の平和的統合・ドイツの外交関係を脅かす「おそれのある」場合にまで処罰可能になり，また，ABC兵器関連物資の輸出に関する届出義務を政令によって定めることが可能になった。

　基本権の保障は，とりわけ連邦憲法裁判所への憲法異議申立てによって，制度的に裏付けられている。一例として，信仰上の理由により輸血を拒否したため死亡した女性の夫（同じ信仰共同体に属する）が，輸血を受けるように妻を説得せず，保護義務違反のゆえに200マルクの罰金またはこれに代わる10日間の軽懲役を科せられた（上告も棄却された）という事件で，夫からの憲法異議を認めた連邦憲法裁判所の論旨（1971年10月19日決定）を紹介しておこう。

　「ある具体的な状況において自己の信仰上の確信により行為または不作為を決意する者は，倫理的社会通念とそれに基づく法的義務に違反することがありうる。その行為または不作為が犯罪構成要件に該当するときは，基本法4条1項〔信仰の自由〕に照らして，当該事件の特別な事情の下で刑罰を科すことが，およそ国家による刑罰の趣旨に適合するか否かを問わなければならない。そのような行為者は，遵法精神がな

IV 憲法（基本法）

いために国法に違反したのではないのである。彼も，刑罰によって保護されている法益を守る意思はもっている。しかし，彼は，一般法秩序が個人的信仰の掟と矛盾する限界状況に置かれ，より高次の信仰の掟に従う義務があると感じたのである。この決定は，社会の支配的価値観によって客観的に是認しえないものだとしても，社会の最も強力な武器としての刑法によって行為者に立ち向かうのが正当だと言えるほど非難に値するものではない。こうした事案において刑罰を科すことは，その軽重を問わず，〔応報，予防，更生の〕いずれの観点から見ても，適当な制裁ではない。基本法4条1項が公権力に課している，真剣な信仰上の確信をできる限り尊重すべき義務からして，少なくとも，一般通念上存在する法的義務と信仰の掟との葛藤が行為者を精神的苦境に追い込み，その苦境にかんがみて，行為者に犯罪者たる烙印を押す刑罰を科すことがその人間の尊厳を冒す社会的過剰反応になると思われる場合は，刑法は引き下がらざるをえないのである」。

基本権は，本来，公権力に対抗して主張される性格のものである。しかし，現代の産業社会においては，政党・利益団体・新聞・大企業等のいわゆる社会的権力から個人の自由を守る必要があり，そのために，基本権の第三者効（Drittwirkung）を認めるべきだ（「社会的権力」に対する基本権の主張を許すべきだ），と説かれている。第三者効を基本法が明示的に予定するのは，団結権を制限しまたは禁ずることを目的とする取極めを違法とする9条3項2段のみにすぎない。しかし少なくとも，人間の尊厳に係る，また生命と健康の保護に係ることがらについて，基本権の第三者効を解釈上認めるべきだ，という説は有力に主張されている。こ

の問題はなお争われているが，基本権を保障する趣旨は，少なくとも法律の解釈，とくに一般条項の解釈に生かされ，それによって間接的に私法秩序に影響を及ぼすべきだ，という見方は現在確立されたと言ってよい。

§5 立法手続

法律の発案権（Gesetzesinitiative）をもつのは，連邦政府，連邦参議会，および連邦議会議員のグループ（連邦議会規則76条によれば院内会派，または議員の5％の署名が必要）である（GG 76条）。むろん，法律案の多くは連邦政府によって提出されている（以下においては，政府提出の法律案について基本法76条～78条と実務に基づいて説明する）。法律案は，関係の省の担当官によって起草され，理由書を付して主管大臣から閣議に提出される。閣議の承認が得られた場合は，連邦政府がこれを連邦参議会に提出する。連邦参議会は，この，いわゆる「第一ラウンド」において，賛否の態度を明らかにし，修正を提案することができる。そのような所見を付した法律案を，連邦参議会は，連邦政府を経由して（そのさい連邦政府は，連邦参議会の提案にさらに所見を添えることができる），連邦議会に送付する。

連邦議会は，提出された法律案について，本会議における審議（読会〔Lesung〕という）を3回行う。第一読会の主要目的は，ひとつまたは複数の委員会（後者の場合は主管委員会を決める）を設けて，該当法律案を付議することである（委員会において公聴会が開かれることもある）。委員会における審議の結果が印刷資料としてまとまるのを待って，第二読会が開かれる。第二読会では議員（多くは議員グループや院内会派）から修正案が出され，それぞれ採

Ⅳ　憲法（基本法）

決に付される。原案が過半数（または79条1項・2項により必要なときは3分の2以上の多数）の賛成を得たときは，法律案は第二読会で可決されたことになる。原案も修正案も否決されたときは，その法律は不成立に終わる。そのどちらでもない場合は，さまざまの修正案が印刷資料にまとめられた後，第三読会が開かれる（第二読会でも第三読会でも，大幅な修正案が出されたときは，調整を図るために委員会に付議することが可能である）。

　第三読会ですべての修正案について採決がなされた後，連邦議会議長が最終表決を命ずる。過半数（または79条1項・2項により必要なときは3分の2以上の多数）が賛成すれば，法律案はそのとおりの文言で可決（Beschluss）されたことになる。それはさらに，遅滞なく連邦参議会に送付される（いわゆる「第二ラウンド」）。連邦参議会が同意を与えれば法律は確定的に成立する。同意しない場合は，両院の議員が構成する調整委員会（Vermittlungsausschuss）の開催を求めることができる。調整委員会が修正を提案した場合，連邦議会はこれについて採決し，可決された場合にはそれをさらに連邦参議会の「第三ラウンド」に送る。連邦参議会の同意を要する法律（たとえば，全部または一部が州または市町村の収入になる租税を規律する連邦法律）の場合，連邦参議会がそこで同意を拒めば法律は不成立に終わる。同意を必要としない法律の場合，連邦参議会は異議を述べることができる。連邦議会は，連邦参議会がこの異議を採択したのと同じ多数（過半数のときは過半数，3分の2以上のときは3分の2以上）により，異議を斥けることができる。異議を斥けたときはその法律は成立し，それに成功しなかったときは不成立に終わる。異議を斥けたときには，連邦議会の多数派の政治的意思が連邦参議会の多数派を押しのけて貫徹

§5 立法手続

するわけである。

　成立した法律は，主管大臣または連邦首相の副署を得たうえ，連邦大統領によって認証（ausfertigen）され（なお，法律の正式名称の一部となるのは，原則として認証の日付），連邦官報（Bundesgesetzblatt, BGBl）に公布（verkünden）される。施行（Inkrafttreten）の日が法律に明記されていないときは，法律は公布の日の14日後に施行される。

　このような正常の立法手続の例外を成すのが，防衛事態（Verteidigungsfall）における簡略な手続である（115a条以下）。防衛事態とは，連邦の領土が武力によって攻撃され，または武力による攻撃の差し迫った危険に曝されている状態であって，急迫の程度により（連邦参議会の同意を得た）連邦議会，または連邦議会および連邦参議会の議員から成る合同委員会（Gemeinsamer Ausschuss. 定員48名のうち連邦議会の議員が3分の2を占める。連邦参議会からの16人は，16州から1人ずつ）が防衛事態の成立を認定し，連邦大統領が連邦官報への公布またはその他の方法で公示する。その余裕もないときは攻撃開始と同時に防衛事態が認定され，公示されたものとみなされる。

　防衛事態において，連邦議会および連邦参議会が遅滞なく集会しえないか，または採決不能の状態にある，ということが，合同委員会の投票数の3分の2によって認定されたときは，合同委員会が連邦議会と連邦参議会を兼ねた立場に立って，法律を制定することができる（ただし，基本法の改正は許されない。また，合同委員会が制定した法律は，連邦議会が連邦参議会の同意を得て防衛事態の終了を宣言した後，6ヵ月で効力を失う）。実際には，防衛事態が生ずると同時に合同委員会にかける各種の法律案が，あらかじめ用

Ⅳ 憲法（基本法）

意されていると言われる。

§6 基本法の改正

基本法の重要性にかんがみて，その改正は容易ではないが，不可能とされているわけではない。基本法79条2項によれば，基本法改正のためには連邦議会議員の3分の2以上，および連邦参議会表決権の3分の2以上の賛成が必要である（国民投票は必要とされない）。ただし，次の原理を改めることは，許されない（同条3項）。

(a) 人間の尊厳の不可侵と国家権力によるその尊重（1条1項）
(b) 不可侵・不可譲の人権の信奉（1条2項）
(c) 国家権力の基本権への拘束（1条3項）
(d) 民主的・社会的法治国家の原理（20条1項）
(e) 国民主権（20条2項1段）
(f) 国民が選挙・表決によって，そして立法・行政・司法の機関を通じて国家権力を行使するという原則（20条2項2段）
(g) 立法の，憲法秩序への拘束（20条3項）
(h) 行政と司法の，法律と法への拘束（20条3項）
(i) 州による，連邦の構成（79条3項——州の廃止は許されない）
(j) 州の，立法への原則的協力（79条3項）

基本法は，1949年の制定後1990年の統一までに，すでに35の改正法によって改正されている。ただし，統一以前の実質的に重要な改正は2回だけである。

§6 基本法の改正

　まず，1954/56 年に，北大西洋条約機構への加盟にさいして国防軍を設立し（87 a 条。攻撃戦争は 26 条によって禁止されている），徴兵制を採用した（12 a 条）。第二の重大な改正としては，1968 年，CDU/CSU と SPD の大連立の時代に，いわゆる「非常事態憲法（Notstandsverfassung）」がつくられた（実際には，独自の憲法がつくられたわけではなく，基本法が改正されたのである）。これは，天災地変・暴動・革命・内戦等のいわゆる「内部的非常事態」と，上述の防衛事態，すなわちいわゆる「外部的非常事態」に対処するための改正であり，みずから非常事態に対処する姿勢を示すことによって，1955 年の主権承認にもかかわらず残存していた西側旧占領国の権利（ドイツ連邦共和国に駐留する米・英・仏軍の安全確保のために，これらの旧占領国に留保されていた権利）を——ベルリーンに関する留保を除いて——除去し，完全な主権を確立しようとしたものである。この改正によって，基本法に第 4 a 章「合同委員会」（53 a 条のみ）および第 10 a 章「防衛事態」（115 a 条以下 11 ヵ条）が設けられると同時に，基本法 10 条 2 項も改正され，非常事態に限定されない信書・通信の秘密の侵害，実際問題としては秘密裡に行われる電話の傍受が，大幅に合憲化された（67 頁参照）。

　すでに 1966 年の大連立政権成立（議会内における野党は弱小の F. D. P. だけとなる）を民主主義の危機と見る人々によって展開されていた「議会外反対派」（学生を中心とし，既成の左翼に対しても批判的な，いわゆる新左翼）の運動は，この「非常事態憲法」に対する反対運動として高揚し，その一部が環境保護等を目標とする市民運動と結びついて（多くの州では「緑の党」と称する），やがて 5 ％ 条項の壁を破って議会に進出するに至った（連邦議会には

Ⅳ 憲法（基本法）

1983年から「緑の党」が登場した。2017年現在の勢力分布については54頁参照）。

統一後にも，基本法には何度か改正があり，2017年7月13日現在までで，62回にわたる改正があった。そのうちの主だったものについて紹介しておこう。

統一に伴う基本法の改正については上述したが（38頁以下），その後1992年12月，マーストリヒト条約（227頁）の締結とともに通算38回目の改正が行われ，新たに基本法23条，45条が設けられたほか，6ヵ条が改正されて，ヨーロッパ連合との関係における連邦・州，連邦参議会・連邦議会の権限・機能調整その他につき規定が置かれた。ヨーロッパ統合の進行により，ドイツの連邦主義（42頁以下）が新たな局面を迎えたと言える。さらに，1993年6月には庇護権をめぐる改正が行われた（113頁）。また，同年秋には，統一を契機に基本法の再検討のため設置された連邦議会・連邦参議会の合同憲法委員会の案がまとまり，1994年に環境保護規定の付加などの若干の手直しが実現した。20ａ条として追加された環境保護規定は，その抽象性（「国家は将来の世代に対する責任のためにも，立法ならびに法律と法に従う執行権および裁判によって，憲法秩序の枠内で生存の自然的基礎および動物〔「動物」の語は2002年7月26日の改正によって加えられた〕を守る」）にもかかわらず，積極的・具体的な環境保護との取り組みを支えるものとなっている。とくに，1994年の「循環経済および環境親和的廃棄物処理の促進のための法律」が1996年10月7日に施行され，製造業者に廃棄物の減少とリサイクリングのための重い責任が課せられることになった。

2006年と2009年に，1949年の基本法施行以来最大の改正と目

§6 基本法の改正

される，連邦主義についての改正が行われたことはすでに紹介した（42頁以下）。ここでは，ヨーロッパ統合に関連した論点に触れておこう。本改正により，連邦と州とがそれぞれ独自に立法を行う可能性が拡大したが，このことは，一方において，連邦および州がそれぞれ独自に，EU（ヨーロッパ連合）指令の国内法化を迅速に行うことができるというメリットを持つ。しかしこれは同時に，国内法化が実質的内容についてドイツ全体に統一的に行われるとは必ずしも言えない，ということを意味する。したがって，ヨーロッパ裁判所が国内法化にあたって要請する「法状態の一義性および特定性」をつねに充たすかどうかに，大きな不安定要因を抱えることとなった。連邦主義が要請する多様性と統一性との同時実現という課題の達成はそもそも容易なものではなかった。しかしこの困難な課題に取り組むにあたり，こんにちではさらにヨーロッパ化という外からのインパクトをも考慮要因とせざるをえない。その意味で，ドイツの憲法である基本法が要請する連邦主義もまた，純然たるドイツ国内の問題としてのみ扱われるというわけにはいかなくなったのである。このほか，ヨーロッパ連合に対する債務が生じた場合の，連邦と州とでの負担の比率について，これまで争いがあったが，これを明確にする定めが置かれた（104a条6項，109条5項）。2017年には，やはり連邦主義改正の一環として，財政の観点から，各ラント相互の貧富の差を連邦の立場から適切に是正することを目指した，技術的な改正が行われた。

　2008年に，リスボン条約によって，ヨーロッパ法の補充性原則が強化されたため，そのことを基本法においても反映すべく，2009年に23条1a項が挿入された。それによれば「連邦議会と

Ⅳ 憲法（基本法）

連邦参議会は，ヨーロッパ連合の立法行為が補充性原則に違反したとしてヨーロッパ裁判所（EuGH）に訴えを提起する権利をもつ。」

V　行　政　法

§1　行政法小史

　行政法の観念の生成と展開は，ドイツの近現代史と抜き差しならぬ関係をもつから，歴史的な概観をここに試みておこう（以下の記述は，ミヒャエル・シュトルアイス〔Michael Stolleis, 1941-〕の研究に多くを依拠している）。

　「行政」の観念は，近世において，権力が領邦君主に集約される過程と不可分に結びついて成立する。裁判の主宰者としての君主という静的な像は，政事（Politik）の担い手——行政主体＝官房の長——としての君主という動的な像へ変貌を遂げてゆく（ポリツァイ〔Policey〕の成立）。ややこしい普通法実務の外側に，お上の命令を矢継ぎ早に繰り出し，その効果の程を見定めて次の命令を考案するというスタイルの統治方法が徐々に定着する。かような統治は，領域内の平和，暴力の抑止，円滑な通商，通貨政策，奢侈禁止，人口政策といった，そもそも伝来の普通法の守備範囲でない（地理的にではなくいわば機能的に区分けされた）領域で実現されていく。同時にこうした機能領域はそれぞれに——まさに機能的に——相対的に独立したものだと認められ，かかる個別的機能領域ごとに所轄官庁（Ministerium）が形成され，包括的な官房による統治からの脱却が図られる（所轄主義〔Ressortprinzip〕）。こんにちタテ割り行政と揶揄されることも稀ではない所轄主義には，専門知の効率的利用という積極的意味合いもあった。また無

83

V 行政法

数の命令が学問的・体系的に整備される。ポリツァイのかかる活動は、基本的に司法的統御から自由であった。とはいえ、行政活動によって既得権および自由と所有権に係る侵害が生ずる場合には、かかる行政活動は司法的統御の対象となっており、ここに、法治国家の枠組の萌芽を看て取ることもできる。

神聖ローマ帝国崩壊後、行政は主に、領邦レヴェルで展開され、その伝統はこんにちに及ぶ。行政活動の拡大と専門分化とは、相俟って、従来の方法での司法による行政統御の効果を低下させた。憲法が制定された南ドイツの領邦のなかには、憲法による立法手続の整序と並んでそれと別個に、行政を法的に統御する仕組としての行政法を確立する必要性が感ぜられはじめた。とはいえ、「行政法（Verwaltungsrecht）」がひとつの独立した学問領域として認められるに至るのは、第二帝政期の開始の前後からである。第一に各領邦に相次いで、行政裁判所が設置されはじめ、これに応じて、行政法に係る判例の蓄積が始まる。第二に学問的な営為として、私法学が発展させてきた「法学的方法（juristische Methode）」を一層純化して公法学に応用可能な道具立てが作られる。その道具立ては国法学のみならず行政法総論の構築にも援用された。各領邦ごとに多様な行政活動を、経済的政治的観点といった法外的要素を排除した、特殊に法的で《抽象的》な体系によって、辛くも法的に統御しようと試みたのである。行政法総論の観念の確立のゆえんである。こうして、ポリツァイの伝統とつながり普通「法」から自由であるところに特色があった国家学（Staatswissenschaft）から、行政法学が独立し、逆に国家学は次第に説得力を失っていった。とりわけ、フランス行政法学からも大いに影響を受けた、オト・マイヤー（Otto Mayer, 1846–1924）

§1 行政法小史

によって世紀末に公刊された行政法総論の体系書は，第二帝政期を通じて大きな影響力を誇った。ここに構想された行政法総論の体系は，いわゆる侵害行政（Eingriffsverwaltung）を客体とするにとどまった。それは，当時のドイツが給付行政を知らなかったからではない。ビスマルクによる社会政策はよく知られている。しかし，形式主義的な法概念を駆使することを通じて辛うじて行政の法的統御を試みようという当時の行政法学の戦略は，地方ごとに実施方法が多様で，しかもその正当化が——法的にではなく——目的論的な観点からなされていた給付行政の数々を，捨象することによってむしろ初めて成立したのである。

しかし，第一次大戦後に生まれたヴァイマル共和国において，行政法は質的に変化する。すなわち，戦時政策の名の下に，《社会》に対する国家的介入の効率性が露骨に追求され，古典的自由主義の核心は軽視され，公法と私法との区別は相対化された。この傾向は，リベラルに戻ったかに見えたヴァイマル共和制において，敗戦処理を契機としてむしろ継続深化した。行政法に新たな個別領域が誕生し，それらが独立性を高めていく（労働者保険法〔後の社会法〕，交通法，経済行政法，租税法など）。このような，行政法の新たな個別領域は，完成されたばかりの行政法総論に関連づけられることなく，また民主主義の統御も遠く及ばぬ専門知の領域において，展開される。ドイツ国制を長期に亘って特徴づけた地方自治も，帝国の側からする介入によって，深く浸食される。

こうして，第二帝政期に確立されたばかりの総論の前提になっていた，自律を基礎とする連邦制的市民社会の基盤は急速にその実質を失った。国家的介入の実践的効率性の追求は，法による行政統御の観点の弱体化と表裏一体をなしたかに見えた。NSDAP

V 行政法

の政権掌握後,行政法は,《法学的方法》に貫徹され実務を無視した——それは「生を知らない (lebensfremd)」と表現された——マイヤー流の古典的で《自由主義的な》行政法学から距離を取り,一度克服したはずの国家学と近縁関係を持つ行政学を再評価する傾向をすら見せた。もとより,憲法と区別された行政法は,その専門的技術性ゆえに,NSのイデオロギーに染め尽くされたわけではない。しかしヴァイマル政権からNS政権への移行は,法治国家原理からの離脱を伴うから,法的に見れば大転換を意味した。行政法総論の展開がないままに個別的効率性追求を強めた行政法は,かような国制史的転覆にもかかわらず行政が引き続き機能するための法的基盤を提供する役割を担ったことは否定できない。かかる《国家の全体化》を眼前にして,一時的にはこの傾向に危険なまでに接近しながら,改めて法の独自の機能を省察し,行政《法》学の原理的考察を試みたエァンスト・フォルストホフ (Ernst Forsthoff, 1902-1974) は,実際の行政の任務には侵害行政のみならず給付行政も相当含まれるという認識を基礎とした,「生活配慮 (Daseinsvorsorge)」の理論を展開した。

　遅くとも敗戦後には,「憲法は変わっても行政法は存続する」(オト・マイヤー) という命題の真実性にはもう少し疑念が表されてもよかった。そもそも東西ドイツが分断されたのである。だが,さような疑念は表面化しなかった。当時の西ドイツについて言えば,NS政権に対して完全には順接的関係に立たなかった行政法は,その不透明さゆえに戦後,その関係を免責された。戦後の復興期には,日常が優先されなければならない。行政は直ちに機能せねばならず,行政法はその技術的日常に没頭し,過去に対する原理的省察は後回しにされた。たいていの行政法学者は,マイヤ

ー以来の古典学説への回帰を唱えて乗り切ろうとした。

では東ドイツはどうだったか。社会主義統一党の独裁的体制において，行政法の機能および意義そのものが低減していった。1952年に，行政裁判所制度が廃止される。1958年のバーベルスベルクにおける「国家学及び法学のためのドイツアカデミー」主催会議において，行政法の意義が根本的に否定された。その後，1976年以降，行政法の意義が多少復権し，教科書などが再び刊行されるに至るものの，市民の基本権を実効的に保護する手立てはきわめて手薄だった。憲法そのものさえ形骸化し，一党独裁が正当化された体制にあっては，行政を法的に統御する任務を担う行政法などという観念は，すでに克服された19世紀の《ブルジョア的》思考の産物にすぎなかった。

西ドイツに視線を戻そう。日常の復権と同時に，理論的な面では，第二帝政期に確立した古典学説への回帰の必要と，新しい基本法に定められた基本権の行政法への無媒介の適用に対する懐疑とが，表明された。しかし，1950年前後から，戦後復興が軌道に乗り始める。学問としての行政法学刷新の重要な牽引役はフォルストホフが担った。かれの画期的な行政法総論体系書の初版は1950年に刊行された。それでも行政法の個別分野が繁茂し（自治団体法，経済行政法，社会法，文化行政法，等々），対応する専門の講座が大学に誕生し，個別専門雑誌が刊行される。もとより，法治国家原則は行政法において基本的な枠組をなすと考えられ，この構想は，憲法裁判所と行政裁判所とが制度的に裏打ちした。行政法と憲法との対話の伝統は，ここに確保され，現在も盛んである。とはいえ，本来は緊張関係を孕むはずの法治国家原則と給付行政とが幸福な共存をしえたのは，結局，戦後西ドイツの《経済の奇

V 行政法

跡》に負うところが大きい。社会国家原則の実現と充実とがこの原則自身の基盤に対する危機をもたらしうることについてはすでに触れた（Ⅳ§2⑷参照）。経済的発展の減速とともに，1970年代には，法治国家と給付行政との緊張関係が明らかになってゆく。ドイツの統一は，この問題を先鋭化した。法実務は，法治国家原則を保守すると同時に給付行政における支出をカットし始めた。むろんこれに応じて，すでに専門分化を遂げた行政法各論諸領域が統廃合を遂げたというわけではない。行政法の実際のありかたは，立法・判例，および行政実務そのものによって大幅に規定されるようになった。行政法総論について1976年に連邦行政手続法が成立したこともあり，これまでは行政法総論の確立と構造化に多大な功績のあった行政法学（Verwaltungsrechtswissenschaft）の地位は，相対的に低下した。結果，行政法の全体は見通しが悪くなった。

　法律の内容の執行としての行政という伝統的な考え方自体は，法治国家の原則からしても否定されたわけではないが，行政法の見通しの悪さは，実質的には，行政の法による統御機能の評価を困難にしている。まさに法治国家原則の実質を維持するために，上記の伝統的な理解を反省し，法治国家と給付行政との新たな総合を，とくに手続法的観点を導入しつつ，学問的に試みる向きがある。その危うい足取りが注目される。

　§2　連邦と州の行政分担

　主として行政を担当するのは連邦ではなく州である。「連邦固有行政（bundeseigene Verwaltung）」のうち，連邦が下部組織をも備えて行うものは，外交，連邦財政，連邦水路，航空，連邦国

防，連邦国境警備にすぎない（GG87条1項，87b条，87d条）。最上級連邦官庁とされるのは，連邦大統領府，連邦首相府，連邦各省（労働・社会問題省，外務省，内務省，消費者保護・司法省，財務省，経済・エネルギー省，食糧・農林省，国防省，家族・高齢者・女性・少年関連問題省，保健省，環境・自然保護・建設・原子炉安全省，交通・デジタル基盤整備省，教育・研究省，経済協力開発省。各省の再編成はしばしば行われている），連邦会計検査院等であり，上級連邦官庁として，連邦カルテル庁，連邦保険庁，連邦憲法保護庁，連邦統計庁等がある。中級連邦官庁として位置づけられるのは国税局等であり，その下に税関（税務署は州の官庁）等の下級連邦官庁がある。

このような連邦官庁組織（ないし連邦保険機関のような連邦直属の公法人）によって執行される連邦固有行政を除けば，連邦法律の執行は州に委ねられる。もとより，たとえば連邦高速道路や核エネルギー等，連邦全体の観点からする調整が必要な分野を基本法で定め，これを「連邦委任行政（Bundesauftragsverwaltung）」としている。連邦委任行政については，官庁組織の形成は原則として州の権限とされるものの，連邦政府は連邦参議会の同意を得て一般的行政規則を置くことができ，また，所管の最上級連邦官庁は州の担当官庁に対して，合法性および合目的性に関する指示を与えることができる（85条）。しかし，連邦法律の執行は，基本法にこのような特段の定めのない限り，州法律の執行と並んで「州の固有行政（landeseigene Verwaltung）」とされる（83条）。この場合，官庁組織ばかりでなく行政手続を定める権限も原則として州にある。連邦政府は連邦参議会の同意を得て一般的行政規則を置くことができ，その限りで州による連邦法律の執行を監督す

V 行政法

ることができるが、この監督は合目的性には及ばない。

なお、高度産業社会における連邦と州の「共同の任務 (Gemeinschaftsaufgaben)」(91 a 条)、すなわち、全国民的意義を持つ、地域経済構造の改善、農業構造と海岸保護の改善のための行政を州が担当する場合、連邦はその費用の半額（農業構造改善と海岸保護改善については少なくとも半額）を負担するものとされている (91 a 条)。

州にはそれぞれ憲法があり、立法機関としての議会があるが、州の行政組織の頂点にあるのは、言うまでもなく首相 (Ministerpräsident[in]) を長とし、各省によって構成される州政府 (Landesregierung) である。一般内務行政を管轄する中級州官庁は、県庁 (Regierung) であって、内務省の監督に服する（自治体としての県はない。したがって県議会もない）。州の下級行政単位は、郡に属さない市 (kreisfreie Gemeinde, Stadt)、および郡 (Landkreis) である。

町が州の市町村法に定める一定の大きさに達すると、郡から独立して市になる。市は、自治権をもった地域法人 (Gebietskörperschaft) であり、自治行政を行うとともに州の法律によって委任された事務を担当し、また、本来ならば州の下級官庁が担当すべき事務を——市については州の下級官庁が別に存在しないために——やはり委任行政事務として担当する（たとえば住宅、戸籍、住民登録行政）。こうした委任事務について、市は州（通常は県庁）の指示に従う。郡は、自治権をもった町村団体 (Kommunalverband) であって、同時に州の下級行政単位を成している。すなわち、郡は、個々の町村の財政的・専門的能力を超える（しかし、むろんその郡の範囲に限定された）自治行政（たとえば、生活保護、文

化・福祉行政）を行うとともに，州の委任行政事務（たとえば，郡命令の制定）を担当し，さらに，自治体としての郡とは法律的に無関係に州の下級官庁として，郡長（州により Landrat〔-rätin〕または Oberkreisdirektor〔in〕）によって州の事務（町村の監督，自然保護など）を行う。郡長のほかに，郡の機関として，郡の町村民から選出され自治体としての郡の活動を担う郡議会と，原則として執行機関たる性格をもつ常設の郡委員会（郡議会によって選ばれる）がある。

郡を構成する町村も，それぞれの自治行政のほかに州の委任行政を数多く担当する。しかし，市と同様に町村も，自治権をもつ地域法人である（ここでは，便宜上，Gemeinde を市町村と訳し，一定規模に達して郡の外に出た〔kreisfrei〕ゲマインデを市とよび，郡を構成する〔kreisangehörig〕ゲマインデを町村とよんでいる。町と村の間には，区別がない。そして，郡の外に出ようと，郡に含まれようと，ゲマインデはゲマインデであって，ゲマインデとして自治の権利をもっているのである）。市町村は自治のために住民によって選ばれた市町村議会（Volksvertretung）をもち（議会と市町村長〔Bürgermeister(in)〕との関係は州によって異なる），条例（Satzung）の制定権をもっている。

「州と郡と市町村において，住民（Volk）は，普通・直接・自由・平等・秘密選挙によって選ばれた議会をもたなければならない」（28条1項2段）。「市町村には，地域共同体の事項のすべてを法律の範囲内で自己の責任において規律する権利が，保障されねばならない」（28条2項1段）。地域共同体の事項は，市町村道の建設・維持，電気・水道・ガスの供給，市バス・市電・市営地下鉄の経営（私鉄はほとんどない），建設基準計画（具体的な建設計画

V 行政法

を含む）の決定，劇場・美術館・病院・スポーツ施設の設置・管理等々，多岐にわたる。

§3 行政の法的規制

行政の活動は，司法と同様に，法律に適合したものでなければならない。ただし，司法との比較において行政のもつ特質のゆえに，行政の法律適合性は，伝統的に二段に分けて評価されてきた。第一に，「法律の優位（Vorrang des Gesetzes)」の原則によって，行政は現行の諸法律の定めを決して逸脱できない。第二に，「法律の留保（Vorbehalt des Gesetzes)」の原則によってとくに，ある種の行政の活動には法律の根拠が必要とされる。典型的には，基本権に対する侵害行政には「法律の留保」の原則が妥当する。給付行政の場合には「法律の留保」の原則は一様に適用を見るわけではなく，ある私人への給付の結果，たとえば市場における競争関係に大きな変化がもたらされるなど具体的かつ構造的な憲法的秩序変更を伴う場合に，本原則が適用される（したがって，日本にかねてより見られる，いわゆる行政指導が必ずしも法律の根拠なしに行われて来たという実務慣行も，最近顕著に見られるところの，「国民のために」法律にとらわれない融通無碍な行政実務を推奨するという発想も，ともに，法律を尊重しない行政を肯定する考えに立っており，ドイツ人法律家には奇異の感を与える）。

基本法1条によれば，人間の尊厳を尊重することはあらゆる国家権力の義務である。したがって行政の活動に関しても，市民を単なる客体ではなく主体として扱わなければならない。1976年5月25日の行政手続法（VwVfG）によれば，官庁は，関係者の権利に介入する行政行為（Verwaltungsakt）の決定通告（Erlass. 通

常は，命令・禁止等を内容とする文書の交付）に先立って，原則として，その関係者に対し決定に影響しうる事実について意見を述べる機会を与えなければならない（28条）。さらに，関係者にとってその行政手続（Verwaltungsverfahren. 行政行為の要件審査・準備・決定通告，または公法上の契約の締結に向けられた，外部的効果をもつ官庁の活動をいう）に関わる書類の閲覧が自己の法的利益の主張または防御に必要なときは，原則として閲覧を許さなければならない（29条）。関係者は，自己の秘密，とりわけ私的生活に関する秘密や事業上の秘密を洩らさぬよう，官庁に要求する権利をもち（30条），さらに第三者とくに弁護士を代理人に立てたり，補佐人の助力を得たりする権利をもつ（14条）。

　市民の主体性の尊重を徹底すれば，行政を客観的に法律に拘束するばかりでなく，給付行政の分野でもそれに対応する関係者の権利を認め，関係者が官庁を相手どって，法的義務を守るように裁判所に訴えることができるようにすべきだ，ということになる。連邦行政裁判所はすでにそのような見解を示していたが，これを受けて2003年の社会保障法典第12編（SGB XII）は，「この法律が扶助を与えるべきものとする限りで，扶助に対する請求権が存在する」（17条1項1段）と規定した（もっとも同条2項で，行政による裁量の余地は残している）。

　行政行為によって負担を課された市民，または利益を与える行政行為の決定通告を拒否された市民は，行政裁判所法（VwGO）によって，決定通告から1ヵ月以内に，当該官庁に対し不服審査（Widerspruch）を申し立てることができる（70条。行政行為に行政救済の可能性に関する説明が付されていないときは，申立期間は1年間となる〔58条〕）。当該官庁が不服審査を認めないときは，通常そ

V 行政法

の直近上級官庁が当該行政行為の合法性と合目的性を審査したうえ，不服審査に対する決定を下す。この決定には理由を付し，また法的救済（行政地方裁判所への訴訟提起）の可能性についての説明を付さなければならない（73条）。決定送達後1ヵ月以内に（法的救済の可能性に関する説明が付されていないときは1年以内に），行政地方裁判所に行政訴訟を提起することができる（74条。不服審査の手続を経ないで直接訴訟を提起することは，原則として許されない〔不服審査前置主義〕）。不服審査ないし取消訴訟の係属中は，行政行為の効力は原則として発生しない（80条）。

重要な訴訟類型は，行政行為の取消しまたは変更を求める取消訴訟（Anfechtungsklage. 形成訴訟としての性格をもつ）と，拒否または（申請後3ヵ月以上）放置された行政行為の決定通告を求める義務づけ訴訟（Verpflichtungsklage. 給付訴訟としての性格をもつ）である。そのほかに，行政裁判所法に明文の規定はないが，行政行為の決定通告ではなく官庁の事実上の措置を求める一般給付訴訟（allgemeine Leistungsklage）も許される（これには不服審査前置主義も適用されないし，出訴期間の制限もない）。これらいずれの訴訟も提起しえないときは，行政裁判所法によって確認訴訟（Feststellungsklage）を提起することもできる。公法上の契約に関する紛争も行政裁判権の管轄に属する（Ⅵ§2(3)を参照）。

以上は一般行政についての法的救済の概略であるが，社会保険行政等については社会裁判所法，税務行政については税務裁判所法が，類似の定めを置いている（これらの裁判所については，Ⅺ「司法制度」で説明する）。

行政の法的統御が，以上のように，行政に対して命令と禁止を行う形式の法律への事実のあてはめの形式で，したがって最終的

には司法によって行われる、という理解は現在でも根本的に疑問視されてはいない。しかしその実質的有効性は遅くとも1980年代末以降、相対的に低下していると認識されている。社会の複雑化（技術の進展、専門分化、因果関係的思考の限界、ヨーロッパ化・グローバル化など）は、機能すべく義務づけられた行政各領域において、行政と民間の様々のアクターとの非形式的協働の多様な深化をもたらした。そのことにより公益が実現されるだけでなく、基本権も実質的に保護されるのだと言われる。法学において、こうした各論における発展を総論として、社会学や政治学、経済学の知を利用しつつ総合し、司法中心主義的な伝統的法理論を相対化する試みも有力化してきた。行政の具体的な実現形式は個別の問題領域に依存して確立されてきており、その多様性を、どのように総論に束ねてゆけるかは法治国家概念の基幹にかかわる問題であり、その理論的展開に充分鋭敏である必要がある。

§4 行政法の諸分野

　行政が扱う問題の拡大に対応して、行政法各論の対象となる分野も多岐にわたる。伝統的には租税法、警察法、国防法、公勤務法、地方自治法、教育法、営業法、交通法、建設法、水法、などが存在し、次いで経済行政法、社会保障法、予算法、学問法、外国人法などが成立し、環境法、計画法などが独立の領域となるとともに個人情報保護法、メディア法、生活必需品法のごとき新しい領域が形成された。近年では薬剤法、情報処理法、委託法、規整管理法（Regulierungsverwaltungsrecht）なども注目を集めるに至っている。

　また、行政法の分野でもヨーロッパ統合の結果が顕著になって

V 行政法

いる。法のヨーロッパ化の影響は行政法の周辺部分にもはやとどまらない。たとえば国家賠償法の領域について、ヨーロッパ裁判所（EuGH）の判例は、国家賠償請求権をヨーロッパ法によって基礎づけている。そこでは、個人の法的地位そのものの向上という伝統的観点がもっぱら顧慮されているのではなく、ヨーロッパ法の貫徹も同時にめざされている。

これらすべての問題をここで概観することはむろん不可能なので、ここでは、公勤務法、教育法、規整行政法、外国人法、それに社会保障法と租税法について、ごく大まかにドイツ連邦共和国における制度の特徴を紹介するにとどめよう。

(1) 公勤務法

日本の公務員に相当するのは、公勤務者（öffentliche〔r〕Bedienstete〔r〕）であり、それが官吏（Beamte〔r〕/Beamtin）および裁判官（Richter〔in〕）、職員（Angestellte〔r〕）、労働者（Arbeiter〔-in〕）に分類される。職員と労働者は、いずれも私法上の雇用契約によって公勤務に服する被用者（Arbeitnehmer〔in〕）であって、主として頭脳労働に従事する者が職員、主として筋肉労働に従事する者が労働者とされる。しかし、近年は事務の機械化によって職員も単純労働に従事することが多くなり、逆に生産の自動化によって労働者にも知的能力が要求されるようになっているので、区別の必然性は減少している。いずれにせよ両者は、公勤務に服するとはいえ私法上の被用者にほかならないから、労働法の適用対象となり、労働組合（職員組合ないし労働者組合）に組織されて団体交渉権・争議権を手にし、使用者としての国家・公共団体との間に労働協約を結ぶ（協約の内容は、むろん公勤務の特殊性を反映したものになる）。また、連邦ないし州の公勤務者代表法によって、

職場における代表者を通じての共同決定の権利を認められている（民間の事業所単位の共同決定に相当する）。

他方，官吏は，国家（連邦または州）ないし公共団体に対して，公法上の勤務・忠誠関係（Dienst- und Treueverhältnis）に立つ。このような官吏の特別の地位は，官吏が本来絶対君主に対して忠誠と服従の義務を負う反面，君主によって安定した生活を保障されていたことに由来する。現在でも，国家権力の行使に関わるいわゆる高権的行為は，大部分官吏の職務であるが，職員が高権的行為に携わることがないわけではない。したがって，官吏（および裁判官や大臣，公証人）と高権的行為に携わる職員を一括する必要のあるときは，たとえば公職担当者（Amtsträger〔in〕）という表現が用いられる（一例として，刑法11条1項2号）。

連邦官吏法（BBG. 州の官吏法もほぼ同様）によれば，官吏に任用されるのは，常時「自由で民主的な基本秩序」を擁護することを約束するドイツ人またはヨーロッパ連合構成国の国籍をもつ者で，必要な教育を受け，または必要な経験を有する者である（7条。したがって，それ以外の国籍の者がドイツで公勤務に就く場合には，官吏にはなれず，職員〔または労働者〕として私法上の雇用契約により雇用されることになる。ヨーロッパ連合との関係を除けば，外国人を公権力の行使に関わる公務員に任命しないという原則が維持されているわけである）。各州首相の「過激派決議」によれば，官吏ないし官吏志望者が反憲法的活動に携わったり，反憲法的な目標を掲げる（極右・極左の）組織に加わったりすることは，「自由で民主的な基本秩序」を守る義務と合致しない。連邦憲法裁判所も1975年5月22日の決定で，同趣旨の見解を示した（官吏のみならず，公勤務に服する職員の採用にさいしても同様の考慮を入れてよい，とする）。

V 行政法

官吏は団結権や団体交渉権をもつが，争議権はもたない。その反面，官吏が勤務する国家・公共団体は，官吏とその家族の福利を配慮する。定年後は，40年以上勤務した場合には，俸給の最高71.75％の恩給（Ruhegehalt）を受ける。官吏の定年は，2012年1月以降，それまでの65歳から67歳に引き上げられた。

裁判官（Richter〔in〕）は，その独立性からして，国家・公共団体に対し勤務・忠誠義務を負う官吏とは区別されて，連邦裁判官法（DRiG）によって規律されている（詳細はⅪ「司法制度」を参照）。

(2) 教 育 法

教育法は，幼稚園・学校・職業教育・大学・成人教育について規律する。その中で，初等・中等教育に関する学校法（Schulrecht）と，高等教育に関する大学法（Hochschulrecht）を瞥見しよう。

学校制度の規律は，いわゆる「州の文化高権」に属し，立法・行政とも基本的に州の権限である。ただし，基本法7条は，州による学校制度の規律を拘束する。それによれば，全学校制度は国家（州）の監督に服する（1項）。公立学校における宗教教育は，非宗教学校（宗教教育を行わない学校）を除いて，正規の授業科目である（3項）。教育権者（通常は両親）は，子を宗教教育に参加させるか否かを決定する権利をもつ（2項）。私立学校を設立する権利は，保障される（4項。ただし，実際に存在する私立学校はごく少数である）。そのほかに，もろもろの基本権と，民主的・社会的な法治国家の原理も，州による学校制度の規律を条件づけるものである。

州の「学校高権（Schulhoheit）」の任務は，教育目標の設定，（初等科国民学校に始まる）統一的学校システムの形成，カリキュ

ラムの編成と修正, 成績評価基準の確定, 教材（教科書）の許可にある。こうした任務を果たす責任は州議会と州の文部大臣にあり, 州の学校法およびそれに基づく法規命令や行政規則が制定されている。公立学校の設置者は, 原則として郡または市であり, 通常は建物・設備の費用を負担する（この場合, 州は人件費を負担することになる）。

学校設置者と生徒（および教育権者）のいわゆる「学校関係（Schulverhältnis）」は, かつては「特別権力関係（besonderes Gewaltverhältnis）」とされ, 学校は法律の根拠なしに生徒の基本権に介入しうるものとされていたが, 現在では「法律の留保」の原則が妥当する法的関係とされている。したがって, 生徒の権利が侵害されたときは, 行政救済の途が開かれている。ただし, 州の学校法は, 就学義務（Schulpflicht）を定め, 生徒に義務をも課すのが通例である。それは定刻どおりかつ規則的な通学, 学校行事への参加, 授業への主体的参加, 宿題を行うべきこと, 等を内容とする。両親などの教育権者は子供の就学義務の履行に配慮する義務を有する。このような, 就学義務に対する違反（生徒による場合と教育権者による場合がある）は, 最終的に, 秩序違反行為（Ordnungswidrigkeit）として科料に処せられることがありうる。教師は大部分官吏であるが, 教師としての職務から特別の権利・義務を有する。とくに, 統一的な授業計画の枠の中で, いわゆる「授業の自由（pädagogische Freiheit）」——通説によればこれは大学における講義の自由（Lehrfreiheit）を含む学問の自由（基本法5条3項）には属さない——によって自己の責任で教育を行い, 成績を評価しうるものとされている。その一方, 生徒と教育権者は, 学校の運営にかなり大幅に参加しうることになっており, そ

Ⅴ 行政法

のための代表組織が定められている。

　就学義務期間は6歳から18歳までであるのが通例だが，能力に応じ，5歳からの就学を認める州もある。通常4年制の初等科国民学校（Grundschule）から5年制の高等科国民学校（Hauptschule）を経て，3年制の職業学校（Berufsschule——工業・商業・農業・家政学校）を終えるのが，標準的なコースである。しかし，初等科国民学校から6年制の実科学校（Realschule）に進学し，「中級資格」を取ることもでき，初等科国民学校から8年制（かつては州によって年限が異なっていたが2011年より統一化された）のギュムナージウム（Gymnasium）に進学してアビトゥーア（Abitur）と称する試験に合格し，大学進学資格を取ることもできる。1960年代半ばから，連邦と各州の協力によって進められている学校改革は，高等科国民学校・実科学校・ギュムナージウムの3つのコースを一本化した（ただし，修業年限は異なる）総合学校（Gesamtschule）を生み出したが，その内容は州によって多様である。

　基本法7条3項によって，公立学校における宗教教育が認められている。公立学校は，特定の宗派の教育を行う宗派学校（Bekenntnisschule），宗派による区別はしないが宗教教育を行う共同学校（Gemeinschaftsschule），および一定の世界観に立脚した教育を行う世界観学校（Weltanschauungsschule. 数は少ない）の3種に分類されるが，1960年代の半ばからほとんどの宗派学校が共同学校になった。

　大学制度も——1976年に連邦が大学大綱法（HRG）を制定し，各州の大学法に新たな基礎を与えたにもかかわらず——「州の文化高権」に服する。しかし，大学制度は，基本法5条3項に定め

られた学問の自由にふさわしい仕組をもたねばならないため，連邦憲法裁判所による統御を受ける。州における立法には，大学諸組織の活動の機能化をめざすことと同時に学問の自由を大学教員に対し最大限に認めるべく努める任務が課せられている。州憲法には，大学の自治を保障する明文の規定が置かれている場合もある。大学の財政について，国家には，学問のもつ独自の法則性に奉仕すべき大学の最低限度の活動を可能にすべく大学に財政支援を行う義務が課されている。そこから，研究と教育を国家の財政支出によって左右したり，大学運営資金を競争資金獲得に依存させたりすることには，限度が設定され，その限りで国家は大学への最低限の支出を義務づけられることが，連邦憲法裁判所の判例で確認されている。

私立大学の設立も州によって可能であり，すでに設立されているものもあるが，大部分は依然として国立（州立）であり，公法上の社団である。大学の構成員は，その大学を本務とする公勤務者，およびその大学に登録した学生である。

ドイツ人は誰でも，アビトゥーアに合格しさえすれば，任意の専門分野（Fachbereich. 学部〔Fakultät〕という伝統的名称を復活させる例も増えてきた）を選んで大学に進学できるのが原則である。制限は，大学の任務を達成するため必要やむをえざる場合にのみ許される。実際には，とくに教育設備に厖大な投資を要する自然科学系専門分野の一部で，いわゆる入学定員制（Numerus clausus）が必要になっている。人気のある専門分野では，アビトゥーアで抜群の成績に一歩及ばなかった合格者が，それでも，たとえば医学を学ぶ志を棄てず，ウェイティング・リストに載せられて来年を待つということも珍しくない（法学部生の大学生活につい

V 行政法

ては XII「学生生活と法曹養成」の章に譲る）。

大学大綱法は，教授・研究員・その他の勤務者と並んで，学生にも，大学の自治に参加する権利を認めるが，研究・教育・教授招聘に関する事項については，各グループが選出した代議員から成る会議体において教授グループの代議員が絶対多数を占めるように，定めている。1960 年代末の「学生の反乱」によって一時は大幅に認められた学生参加は，1970 年代の半ば以降，教授たちの研究・教育の自由と両立するところまでおしもどされ，そのようにして定着もした。

(3) 情報処理法（Informationsverwaltungsrecht）

基本権としての人格権（66 頁）は，個人的な情報を原則としてみずから開示し，利用に供する個人の権利を含んでいる（いわゆる情報自己決定権〔Recht auf informationelle Selbstbestimmung〕）。すべての情報をコンピューターに記憶させ，利用することが可能になっている現在，情報自己決定権を尊重すべきことは言うまでもない。だが，この権利も，重要な公益のための制限を免れることはできない（たとえば納税申告）。そこで，制限の要件と範囲を明示し，制限を相当性の枠内にとどめるための法的規制が必要となる。個人の情報を顕名で提供させる場合は，情報の利用目的が正確に特定されていなければならず，要求される情報開示がその目的にとって適当かつ必要でなければならない。得られた情報をその目的以外の利用に供することは，許されない。

これに対して，統計的な目的（たとえば国勢調査）のための情報収集にさいしては，事柄の性質上，目的を具体的に特定することはできない。それだけに，匿名性を保障するための法的規制が不可欠となる。その情報を非匿名的な形で行政に利用するつもりが

あるなら，どの官庁がいかなる目的のために情報を利用するのか，法律に明示しておかなければならない。例えば 1982 年 3 月 25 日の「1983 年国勢調査法」は，連邦憲法裁判所の 1983 年 12 月 15 日判決によって基本的に合憲とされたが，行政官庁が非統計的目的のために情報を利用する可能性を具体的な目的限定なしに認める限りで，人格権を侵害するものとされた（結局，計画された国勢調査は実施されなかった）。

 2003 年 1 月 14 日の改正を受けた 1990 年 12 月 20 日の連邦情報保護法（BDSG）は，個人情報保護のための基本的な法律である。この法律がめざすのは，個人情報の取り扱いにより個人の人格権が侵害を受けぬようにすることである。したがって，法人に関する情報はこの法律による保護の対象ではない。この法律は，情報処理を，その主体およびその行為の性質によって，大きく 2 つに分けた。すなわち情報処理主体が，(a)公共主体であるが公法上の事業として競争に参加するわけではないもの（12 条。私法上の団体であっても公行政の任務を行うものは含まれる），および，(b)競争に参加する次の 2 種の主体すなわち (b-1) 公共主体であるが公法上の事業として競争に参加する事業に属するもの，(b-2) これら以外の「公的でない地位にあるもの (Nicht-öffentliche Stelle)」(27 条) に分類する。この分類に従って，許される情報処理の要件を定めている。(a)の主体による情報処理（記録と伝達）が許されるのは，権限に属する任務を実行するために「要請される (erforderlich)」場合である（14 条）。(b)の主体による情報処理が許される場合についての定めは，これよりも詳細である。すなわち，(b)の主体による債務関係の構築と債務履行のために情報処理が要請され，その情報処理がかかる主体がもつ正当な利益の擁

Ⅴ 行政法

護に合致するとともにそれがもたらす当該個人情報の担い手の利益の侵害が相当程度にとどまり，あるいは，情報がそもそも一般に広く知られている場合である（28条）。公的地位による情報保護法規の遵守を監視するために，連邦（および州）の情報保護専門員（Datenschutzbeauftragte〔r〕）が任命されている。(b)の主体による情報処理行為については監督官庁が監督する（38条）。但し，ドイツ国内に直接効力を持つ2016年5月4日のEU情報保護基本規則（同年5月24日施行）により，本法は，2018年5月24日以降，重要な変更を蒙ることとなっている。個人の特定に係る情報の保護及び当該情報を不正利用した企業に対する経済制裁の強化が目指されている。これに対応して，本法の改正が現在，議会において審議されている。

　私人の情報について行政が不正に取得・利用することは基本権侵害を惹起するが，およそ行政が保持する情報について行政が厳格な非公開管理を行う場合，行政活動の適切性についての制御が効かなくなるおそれがある。したがって，行政手続法は，利害関係人に情報開示請求権や書類閲覧等を認めてきた（93頁）。しかし2006年1月1日施行の情報アクセス自由法（IFG）によれば，各人（民法上の法人を含む）は，行政手続の局面を越えて，連邦の官庁に対しておよそ公式情報へのアクセス権をもつこととなった。情報には紙媒体のもののほか電子的書類，映像や録音も含まれる。もとより，国際関係や国内外の安全保障，経済活動の健全性維持，訴訟の公正な運営といったことがらについて，情報の開示が不利益的影響をもたらしうる場合には，情報アクセス権は認められない。個人情報に係る情報についても情報アクセス権を制限する細かい定めが置かれた。自分の情報アクセス権が侵害されたと

考える者は誰でも連邦情報アクセス自由専門員（Bundesbeauf-tragte〔r〕für die Informationsfreiheit）に相談することができる。情報アクセス自由専門員の任務は連邦情報保護専門員が担う（そのためこの専門員を連邦情報保護ならびに情報アクセス自由専門員〔Bundesauftragte(r) für den Datenschutz und die Informations-freiheit〕とよぶこともある）。

20世紀末以来，情報処理法は，情報化社会の深化とともに，従来のような行政の実体法的統御モデルに深刻な反省を迫る典型的な法領域として認識されている。そもそも行政運営はすべて情報の処理を基礎としている。ところが，もはや公的機関に排他的に情報が集約されるという想定は，明らかに幻想にすぎない。専門分化とメディア技術の革命的進展は，情報の精緻化と拡散，そして統御の絶望的な困難さをもたらした。行政任務の拡大と複雑化は情報の絶えざる更新を行政の円滑な運営のために必要とする（とりわけ環境保護行政）。私人と行政主体とが排他的に対立するのではなく，行政運営に向けて協働することが重要だと指摘される（「公私協働」の一例）。手続法的思考や裁量が注目され，行政行為概念への過度の深入りが批判され，行政組織の，私人との網状的関係の構築が試みられる。裁判所による統御の限界が語られる。アメリカ型の行政学的思考にも視線が集まる。行政法の理論的研究が，そのアクチュアリティと相俟って，とくに興味深く展開されている領域である。

⑷　国籍と外国人法

約8260万人の全人口に対して，900万人を超える外国人を抱え，1950年以降の移住者およびその子孫の割合が人口の2割を超えるドイツ（2017年3月現在）においては，外国人の扱いをめ

ぐる法的規制は，世論を喚起する重要な政治的論点である。なお，日本における在留外国人の人口に占める割合は2％を切る状態（2016年末現在）である。法解釈構成上，基本権はドイツ国民だけが享受できるものと外国人も享受できるものとに区別がある。それは歴史的には市民的権利と人一般に認められる権利との区別におおまかには対応する。ただし，ドイツ国民と外国人とのかような直感的な区別は，国際法およびヨーロッパ法の展開とともに，かなり相対化，というか，法技術化された（国籍の有無自体はむろん一義的に決まらなければならないが，その基準が複雑となった）。このような法技術化は，また，国籍概念そのものの法技術化をも意味する。そこで，ごく簡単にドイツ国籍法に触れたうえで，外国人の法的地位のさまざまを説明しよう。

(a) ドイツの国籍　ドイツ人の国籍の基本原則を定めるのは，1913年7月22日の「国籍法」(StAG) である。従来は血統主義が原則であって，親の一方がドイツ人のときは，嫡出子は出生とともにドイツ国籍を取得するが，非嫡出子の父のみがドイツ人である場合には，父親認知の手続がない限り，子は母の国籍を取得する（4条1項）。しかし，とりわけ1999年の法改正以来，現在では，出生地主義にも重きが置かれている。すなわち，親の一方が8年以上，ドイツ国内に通常生活拠点を持っている場合にも，子は出生とともにドイツ国籍を取得する（4条3項）。他方で，1999年12月31日より後に出生したドイツ人の親を持つ子供が外国で生まれた場合には，原則としてはドイツ国籍が与えられない（4条4項）。

そのほか，ドイツ国籍の取得は，第一に，子供が，19歳になる以前に，ドイツ人の養子となることによっても認められる（6

§4 行政法の諸分野

条)。より重要な，第二のケースとして，帰化による国籍取得も認められている。代表例を列挙するにとどめざるを得ないが，例えば，ドイツ人と婚姻関係またはパートナーの関係に入るためにこれまでの国籍を失う外国人には，十分なドイツ語力を有することを留保して帰化が認められる（9条）し，8年以上ドイツに通常の生活者として滞在し，基本法に定める自由で民主的な基本的秩序の遵守を誓言しこの秩序をないがしろにする行為を行ったり支援したりしないことを意思表示した外国人にも，申し出により帰化が認められる（10条）。

このように，ドイツ国籍取得の方法が多様化したことと対応して，二重もしくは多重国籍者の数は増えた。例えばドイツ国内に8年以上の通常生活拠点を持つ外国人を親に持つ子は，出生によってドイツ国籍を取得するけれども，親の属する国内法により別の国の国籍を持つことが通例である。こうした多重国籍者の数は今後も増えていくことが予想され，多重国籍の是非をめぐって，政治的にかなり白熱した論争が展開されている。ただし，その論争の基礎には，そもそもドイツ国内には，さまざまの出自を持つ者がドイツ人として生活しているという社会学的な基礎があることを，われわれは見落とすべきであるまい。多重国籍取得者には，権利だけではなく義務も複数の国から課せられるため，常に必ず有利だというわけでもない。

国籍の喪失は，主として，ドイツ人が別の国籍取得の申請に成功したうえでドイツ国籍の除去（Entlassung）を申請した場合，外国人を父親とする養子縁組によりもともとドイツ国籍を持つ子が外国国籍を取得した場合，ドイツ国籍を含む多重国籍者がドイツ国籍を放棄した場合に，さらに，生ずる。かつては他国の国籍

V 行政法

を取得した者は，原則として，ドイツ国籍を喪失することとされていたが，現在ではここにいわゆる「他国」から，EU 加盟国やスイス，さらに条約で個別に数多くの国が除外されており，原則としての意義は相当低下した。なお，官吏，裁判官，連邦軍の軍人については，その職務が終了するまで，ドイツ国籍を除去してはならない。

以上のように，「国籍」の概念それ自体，こんにち，閉鎖的ではなくなっている。

　(b) 外国人の法的地位一般　　外国人とは，ドイツ国籍を持たない者である。外国人の権利義務を一般的に定めるのは，2004 年 7 月 30 日の移住受入法（Zuwanderungsgesetz. 正式には「〔ドイツへの〕移住の制御と限界づけおよび連合市民・外国人の滞在と統合を規律する法律」）である。その最重要の部分を形成するのは，2004 年 7 月 30 日の「滞在関係法」（AufenthG. 正式名称は「連邦領域における外国人の滞在，就労活動および同化に係る法律」），および同日の「連合市民移動自由法」（FreizügG/EU. 正式名称は「連合市民の一般的移動自由に係る法律」）である。「連合市民移動自由法」は，2008 年 2 月 25 日に大きな改正を蒙った。

以下では，外国人の滞在権の問題，経済的・社会的・文化的領域における諸権利（たとえば就労権や社会的給付を受ける権利）の問題，政治的参加権の問題の 3 つの問題領域の区分に留意しながら，特徴的な点を解説しよう。

第一に，ヨーロッパ連合を構成する諸国に国籍をもつ者には，連合市民としての地位が与えられている。連合市民には，「連合市民移動自由法」に基づき，連合域内における移動の自由と就労の自由が認められており，ドイツで働くために就労許可を得る必

要はない（ドイツで就労した場合には、申請によって滞在許可が与えられる）。

第二に、連合市民でない外国人について。このグループに属する外国人について原則として妥当するのは「滞在関係法」である。同法によれば、外国人は、原則としてドイツ入国前に、外国人の自国にあるドイツ連邦共和国の在外公館において、査証（Sichtvermerk, Visum）のかたちで、期限の定められた滞在許可（Aufenthaltserlaubnis）を受けねばならない。より長期の滞在を希望する者は、入国後に、長期滞在の目的に対応した期限の定められた滞在許可を受ける必要がある。滞在申請者の生活費が確保されていない場合、またはその滞在がドイツ連邦共和国の利益を害するおそれのある場合には、滞在許可は原則として拒否される。滞在許可のない者あるいは滞在許可の期限が終了した者には、出国の義務が課せられる。

連合市民でない外国人の就労権は、原則として禁ぜられている（就労権は、外国人の人権には含まれない）。滞在がなぜ許可されているかが明示されている滞在資格（Aufenthaltstitel）が就労権を明示で認めている場合に限り、就労権が認められる。滞在資格の種類によっては、法律で自動的に就労権が賦与される場合もある。そうでない場合には、連邦雇用促進庁（Bundesagentur für Arbeit）による許可を受けねばならない。連邦雇用促進庁は、労働市場に対する影響を勘案して許可すべきかどうかを判断する。連邦雇用促進庁は就労許可にあたって、期間や事業所を特定することができる。また、労働市場に悪影響を及ぼすおそれがない場合には、高い資質をもつ外国人（特別の専門知を有する学者、有能な研究者、優れた専門家および職員）に、直ちに居住許可（Niederlas-

V 行政法

sungserlaubnis. 期間の定めのない滞在資格であり、就労権も認められている）を与えることもできる。しかし原則としては、居住許可を得ようという者は、既に5年間の滞在許可が認められてきたことの他に、就労許可を得ている等自ら（および家族の）生活費が確保され、公共の秩序を重んじ、十分なドイツ語能力を保持している、等の様々な要件を具備しなければならない。

「外国人」としての規制対象から除外されるものとして古典的なのは、外交官（大使・公使）と領事をはじめとする公館員およびその家族などである。こんにちでは、滞在関係法1条2項1番によれば、「連合市民（Unionsbürger）」は本法の適用から除外される。また、日本を含む多数の外国の国民については、ドイツ連邦共和国滞在が3ヵ月を超えず、かつ職業活動を行わないときは、滞在許可を必要としない（ただし、ドイツ人と同様に、居住地で住民登録〔Anmeldung〕をしなければならない）。査証の取得は、ドイツ入国後に居住地を管轄する外国人局（Ausländeramt）で行うことができる。なお、1994年9月2日の外国人登録法によれば、連邦内務省下の登録簿管理局は外国人に関する情報をコンピューターで集中管理することができる。

滞在許可を得ている外国人も、滞在許可期間の終了を俟たずに国外退去を命ぜられることがある。国外退去について滞在関係法には、大きな改正があった。かつての三区分、すなわち必要的国外退去（Zwingende Ausweisung）、原則的国外退去（Ausweisung im Regelfall）、裁量的国外追放（Ermessensausweisung）は、2015年末を以て廃止された。2016年以降は、新53条1項の以下のような定めが妥当する：「ある外国人の滞在が、公共の安寧秩序、自由で民主的な基本秩序、あるいはドイツ連邦共和国のその他の

重大な利益を危険にする場合，退去を基礎づける利益と連邦領域への在留を基礎づける利益とのあいだで，個別事例の状況のすべてを顧慮してなされるべき較量の結果，退去を基礎づける公の利益の重みが勝ると判断されたなら，当該外国人には国外退去が命ぜられる」。退去を基礎づける利益（Ausweisungsinteresse）および「在留を基礎づける利益」（Bleibeinteresse）の細目は，54条，55条にそれぞれ詳細に定められている。国外退去が命ぜられ，かつ公共の安寧秩序のために退去の実現を監視する必要がある場合などは，強制出国（Abschiebung）の措置がとられる（58条）が，本人が拷問を受けたり死刑に処せられたりするおそれのある国への強制送還は許されない（60条）。

　政治的参加権については，選挙権に触れておこう。連邦憲法裁判所は，連邦議会議員の選挙権をドイツ人にのみ認める見解を早くに表明していた。さらに，市町村議会議員選挙について外国人に選挙権を認めたシュレースヴィヒ・ホルシュタインとハンブルク両州の立法（SPDのイニシァティヴによる）は，1990年10月31日の連邦憲法裁判所判決によって，基本法20条の「国民（Volk）」主権（および28条によるその州・郡・市町村レヴェルへの拡張）に反し無効である，とされた。そしてその「国民」とは，単に国家権力に服する市民というにとどまるのではなく，民主的に構成された国家権力の担い手としての国民すなわちドイツ国籍保持者を意味する，という考えが示された。但し，1992年12月，マーストリヒト条約（227頁参照）を受けて基本法28条が改正され，連合市民については郡・市町村レヴェルでの選挙権および被選挙権が承認されている。連合市民以外の外国人に対しては，選挙権は現在のところ与えられていない。

V 行政法

(c) 庇護権　　外国人の法的地位一般とは別に，ドイツ法のひとつの特徴をなすものとして，庇護権 (Asylrecht) がある。これについて概説をしておこう。

Asyl とは古代ギリシャ語に起源をもち，歴史的過程のなかでキリスト教にも大きく影響を受けた概念である。原義は「不可侵」といったところであろうか。庇護権は，第二次大戦以前には，国際法的にも公法的にも確立した概念ではなかった。基本法 16 条は，その 1 項において，ドイツ国民に対する国籍剥奪の禁止，および該当者が無国籍にならない場合に限り，また法律に基づいてのみ，国籍喪失が認められることが定められた。続いて 2 項は次のように定められていた：「ドイツ人は外国に引き渡されてはならない。政治的に迫害されている者は，庇護を受ける」。かくて，ドイツ国民の国籍保護，外国への引渡禁止と並行して，外国人の政治的被迫害者に対する庇護権が定められていた。この 3 つの基本権は，要するに NS の経験を反省するなかから，相互に緊密な結びつきを保って生まれたものである。どのような場合に庇護が提供されるかについての実体法を内容とする法律は設けられなかった。庇護手続法 (Asylverfahrensgesetz) が手続を定めたにとどまった。

これとは別にドイツは，1951 年 7 月 28 日の「難民の法的地位に関するジュネーブ条約」に署名，批准 (1953 年) した。この条約はドイツのほか 5 つの批准国（オーストリア，ベルギー，ルクセンブルク，デンマーク，ノルウェー）において，1954 年に発効した。この条約によれば，人種，宗教，国籍，特定の社会的グループへの帰属，特定の政治的確信を理由として，迫害を受けた者に対し，条約加盟国は保護を与えねばならない。基本法に定める庇護権の

解釈に当たっても、この条約に調和的な解釈がなされる必要が生ずるのは当然である。その結果、政治的に迫害された者と難民との区別は難しくなった。

1960年代および70年代と比較して、1980年代以降に庇護申請者が爆発的に増大した（1989年には庇護申請者はすでに12万1318人に達しており、この数は1982年における数の3倍を超えた。1991年に25万6112人、1992年には43万8191人に達した）。政治的迫害を理由としない庇護申請者が増えたのである。庇護申請者は申請することだけを理由として入国でき、一時的滞在権を獲得した。そこで、1993年に、基本法16条2項2段が廃止され、同法16a条が挿入された。その1項には旧16条2項2段の文言がそのまま維持された。2項以下で、庇護の承認に対して実体法上の制限が設けられた。とくに、ヨーロッパ連合諸国をはじめ難民の人権を保障している国を経由しての入国者は庇護権を持たず、強制出国の対象になること、政治的迫害や非人道的刑罰等が行われていないと認定された国からの難民については原則として庇護を拒否しうることが定められた。人権を保障する国同士の協力が目指されたのである。

その結果、庇護申請者数は1993年以降2008年に至るまでは顕著に減少した（2008年の申請者数は2万8018人）。しかしその後、増加に転ずる。とくにシリアやアフガニスタン、イラクにおける激しい紛争状態に端を発する難民が大量にドイツに押し寄せた。2016年の難民申請者は69万5733人にのぼった。そのうち26万人近くに保護認定がなされているが、ジュネーブ条約に基づく難民認定者数がほとんどで、庇護民と認定された者の数は例年少ない（2016年は2120人。なお、ジュネーブ条約に加盟する日本における

難民認定申請者数は，2016年において10901人で，そのうち難民認定者数は28人であるから，認定の割合は0.3％)。

(5) 社会保障法

社会保障法は，個人をさまざまな生活の危機（病気，障害，失業，高齢等々）から守ることを任務とし，社会保障の法的規律の全体に及ぶ。いわゆる給付行政が展開される主要な分野である。

Sozialrecht は直訳すれば社会法であるが，現在，この語が用いられる場合，通常は労働法を含まず，特定的に社会保障法が意味されている。こうした用語法が安定的に確立したのは，第二次大戦後しばらく経ってのことである。法技術的に精緻であるゆえにその特殊性が際立つ社会保障法の歴史を概観する。

近世自然法においては，自然状態を脱した共同社会の法という意味で Soziales Recht の語が用いられた。だが，19世紀のドイツにおいて，産業革命が遅ればせながら，そして急速に，進展する。身分制の崩壊，地方から都市への人口流入，技術革新による生産力の著しい増大，《ローマ法的》な，すなわち個人主義的で脱倫理的な債権法の登場（Ⅱ§3およびⅥ§1を参照），といった諸要因は，社会の自由化を促しただけでなく，「社会問題（soziale Frage)」への注意を喚起した。とりわけゲルマン法学者は，《利己的》で《冷たい》個人主義的自由主義が，正義の実現を深刻に揺るがす階級格差をもたらすに至ったという認識の下，公法と私法の峻別とそれを支える個人主義とを克服すべく，個人間の極端な実質的生活格差の改善を，同胞の意識を拠り所にして（genossenschaftlich），「社会」の側から団体主義的で《有機的》に試みる構想を相次いで世に問うた。実際にはしかし，産業革命の進展を促進しつつそれがもたらす危険を緩和すべく，国家による介入

主義が台頭する。国家は包括的な社会政策の構築に尽力し,「福祉国家 (Wohlfahrtstaat)」が成立した。カントは, Wohlfahrt の語に明瞭に含意される後見的国家による幸福追求という, ドイツ近世以来のポリツァイ国家の伝統を体現する思想を, 啓蒙哲学の自由な個人主義的観点から厳しく拒否したが, かかる近代的切断は資本主義の進展とともに階級間の闘争の激化をも招き, 19世紀末以降, 福祉国家の思想は現代的意匠のもとに復活した。労働者運動は, 1878年の社会主義者鎮圧法 (Sozialistengesetz) によって弾圧される。他方,「社会問題」は, ビスマルクのいわゆる「国家社会主義 (Staatssozialismus)」——これは「国民社会主義 (Nationalsozialismus)」とは区別しなければならない——によって, 解決すべきであるという方途が選択された (いわゆる「菓子パンと鞭 (Zuckerbrot und Peitsche)」の政策)。こうして 1880 年代に相次いで社会保険立法が成立した (83 年の疾病保険法, 84 年の災害保険法, 89 年の障害・老齢保険法)。この 3 つの保険制度は, すべて強制保険制度であるという点で公法的制度であり, 自治権をもつという点では, 団体法的発想は一応保存されたものの, それぞれの保険制度は同時に国庫補助を予定する限りで国家依存的な面を強くもった。

　労働者保護をめざす法的規律は, 1890 年代以降多少の進展を見せた。日曜日の労働の原則的禁止, 女性について 1 日の最大労働時間の上限の設定, 若年者労働にかかるさまざまの規定, 家内労働にかかる規定, などが定められた。但しこれらの規律は公法的な性質をもった。これに対してこんにち労働法といわれる法領域は, 19 世紀には依然として基本的には民事法の一分野たる契約法の枠内で捉えられており, 顕著な展開を見せることはなかっ

V 行政法

た。

　20世紀に入り，第一次大戦におけるドイツの敗戦とその後の世界恐慌は，社会保障制度の機能の強化に拍車をかけた。ヴァイマル憲法は，積極的な社会政策を支持した。このような政治史的文脈において，民法から独立した，労働団体と使用者団体の交渉を定める労働法の領域が確立される（詳細はⅨを参照されたい）。とりわけ敗戦後，一般的に労働者対策および失業者対策が，社会政策の大きな論点となる。労働者の確保が社会政策に必要な資金の確保につながるところ，失業者数が劇的に増大したからである。福祉国家体制は強化された。それは社会政策が良かれ悪しかれ国家の政治に大きく依存することを意味し，結果，さまざまの関連立法と法改正がもたらされたが，それは全体として社会法の見通しを絶望的に悪くした。労働法が学問的な体系化を開始したことと対照的である。

　NSDAPの政権は，社会保障法の諸分野について，ある程度の拡充を行った。給付行政の強化は世論確保の重要な手段だったからである。逆に第二次大戦の敗戦によって，社会保障制度の財源は枯渇した。社会保障法の諸制度の抜本的な改正の余裕はなく，利用できる既存の制度が戦後も温存された。

　戦後，込み入った社会保障制度と労働者保護制度とを統一的に扱おうという見解が説かれたことがあった。しかし，ソ連占領地区でかかる統一的な制度が強力に推進されたことに反発した西側占領地区は，結局，従来の制度を維持した。対応して，労働裁判権と社会裁判権は区別して設けられることになった。基本法は社会国家原則を明確に打ち出し，公法の学問も実務も，この原則を法治国家原則と両立すべきであるという目標には広い見解の一致

を見た。しかし，社会法の学問的体系化は遅々として進まず，これが，すでに学問的体系化が進展していた労働法と雑多な社会保障諸法との乖離を加速させた。

労働法と区別された，社会保障にかかわる諸制度の体系化が始まるのは 1960 年代に入ってからである。社会保険（Versicherung），社会援護（Versorgung），社会配慮（Fürsorge）の三本の柱からなる，「社会保障（Soziale Sicherheit）」に関する一定のまとまりを持った法を想定する必要が実務においても学問においても意識されるようになる。社会保障法学の構築にあたって，パイオニアの役割を果たしたのはハンス・ツァハー（Hans Zacher, 1928-2015）である。1970 年代には，大学の法学部に「社会保障法」の講座が設置され，「社会保障法」をタイトルとする教科書が執筆されるに至る。また，ツァハーの影響もあり，1969 年から，後述の「社会保障法典」（Sozialgesetzbuch, SGB. 直訳すれば「社会法典」だが，労働法が上述の歴史的経緯からして除外されていることに鑑み，実質を採って「社会保障法典」と訳すのが通例となっており，本書もそれに便宜的に従う）の編纂作業が開始された。こうして，社会保障法が全体として統一的な法概念として徐々にその全貌を明らかにするようになってきたのである。

従来，さまざまの個別法律によって規律されてきた社会保障法の諸領域をまとめて 1 つの社会保障法典を編纂する企ては，現在次のように実現を見ている（カッコ内は編数と公布年）：社会保障法典の総則（第 1 編，1975 年，SGB I と略記する。以下も同様），求職者基礎保障（第 2 編，2003 年），雇用助成関係規定（第 3 編，1997 年），社会保険共通規定（第 4 編，1976 年），疾病保険関係規定（第 5 編，1988 年），公的年金保険関係規定（第 6 編，1989 年），災害保

V 行政法

険関係規定（第7編, 1996年），児童・少年扶助法（第8編, 1990年），障害者のリハビリテーションと社会参加に関する規定（第9編, 2001年），社会保障に係る行政手続および社会保障関係情報保護に関する規定（第10編, 1980年），介護保険関係規定（第11編, 1994年），社会扶助関係規定（第12編, 2003年）。

社会保障法の全体を，従来のように上述の三本の柱によって整理する講学上の試みは，一応基本法74条1項の文言にも裏打ちされたものである。しかしこの試みは，20世紀前半の社会保障制度に対応するとしても戦後の社会保障制度の拡充に鑑みもはや利用価値が高くないと批判を受けるに至っており，別の体系的な整理の仕方が，主としてツァハーによって1980年代に提案され，最近では体系書などに広く受容されている。本書でもこの提案に従おう。すなわち(a)社会的配慮（soziale Vorsorge），(b)社会的損失補償（soziale Entschädigung），(c)社会扶助（soziale Hilfe），(d)社会助成（soziale Förderung），である。順次，解説を行う。

(a) 社会的配慮　社会的配慮のカテゴリーを構成する主要な制度は社会保険である。そして社会保険は現在でも社会保障の最も重要な柱である。歴史的沿革から，従来は，例えば公勤務者のうち官吏に関する官吏援護制度（Beamtenversorgung. 近世以来の経緯からこの特殊な名称を持つ）は，社会保険とは別して扱われてきた（後述）。これに対して現在，学説・実務を通じて支配的な考え方によれば，社会的配慮の名のもとに，予見可能な構造的リスク等（疾病，就労不能，高齢，介護，事故，失業など）に対する社会的給付のさまざまが体系的にひろく包摂される。予見可能な構造的リスク等に対して，社会的配慮をあらかじめ行った者について，かようなリスクが実際に生じた場合に，本人（場合により

家族など該当する第三者）に一定の給付が与えられる，というのが社会的配慮の基本的な考え方である。従って，通常は，保険料等の納付金（Beitrag）の支払が義務づけられ，これにより該当する配慮主体（Träger der Vorsorge）に対して，配慮組織構成員権（Mitgliedschaftsrecht）が付与され，また該当するリスク等が実際に生じた場合の給付請求権（Leistungsanspruch）が本人（場合により家族など該当する第三者）に生ずる。社会保険の基本をなすのは，年金保険，疾病保険，介護保険，災害保険，失業保険である（SGB I 4条には前四者のみが列挙されているが，体系的観点から失業保険も社会保険の重要な部分を形成する）。

年金保険（Rentenversicherung）は，典型的には，労働者及び自営者の，定年退職，生業制限，および就労者死亡の場合に，それぞれ本人または遺族に年金を給付する制度である（SGB VI）。生業不能者に対する年金制度は，制度上の問題が多数指摘されたため，現在では1961年1月2日より前に生まれた者にのみ維持されている。すべての被用者は，年金保険に加入する義務がある（SGB VI 1条）。年金の支給を受けるためには一定期間保険料が納付されていることが必要だが，定年退職後の養老年金を受給するためには，2012年以降は，被保険者が原則として67歳に達しており，かつ保険料が60ヵ月以上納められていなければならない（加重された要件の下に，もっと早くから受給することも可能である）。障害者の就業不能保険は，保険料が60ヵ月以上納められていれば支給される（ただし，事故発生前の5年間に36ヵ月以上の保険料を納めていなければならない）。年金の額は複雑な公式によって算定される。保険料は原則として毎年，賃金・物価の水準や生産性に合わせてスライドする。年金の財源は保険料のほか連邦の補助金

Ⅴ 行政法

である。保険料は，被用者と使用者が折半して納付する。年金保険の保険者は，2005年以降，労働者も職員も共にドイツ年金保険（Deutsche Rentenversicherung）である。沿革に由来する，労働者と職員との区別は消滅した。なお，社会保障法典第6編の定めによって，高齢化による国庫負担の増大に対処するために，保険料の額を毎年見直すこととされている。

疾病保険（Krankenversicherung）は，被保険者（および一定の要件の下にその家族）に，医療費（金銭ではなく現物支給が原則である）および必要な場合は入院費，それに休業補償（控除前給与の70％で控除後給与を超えない額。同一の病気では3年間に78週まで）を支給する。ただし，休業補償が失業保険等の給付と重なる場合は減額される。2009年より，給与が一定額を超えない労働者・職員だけでなく，ドイツ在住のすべての者が疾病保険に加入しなければならない，一般疾病保険制度が導入された。保険料は，被用者の給与に応じた額が，保険者たる各疾病金庫（Krankenkasse）によって決められている。被用者と使用者は，保険料を折半して納付する。学生の疾病保険料は通常の7割である。なお，医療費の患者負担はドイツでも増大しつつある。

介護保険（Pflegeversicherung）は，1995年1月1日から施行された新種の社会保険である。狭義の疾病に当たらないが介護を要する者（例えば病気により重い障害が残った者，先天的に障害を持って生まれた者など）の介護には，伝統的には大家族が主に対処しており，慈善的または任意的公益団体が彼らをサポートしてきたが，核家族化，さらに独身生活者の急増によりこうした体制は維持できなくなった。介護職者の増大は，介護にかかるコストの問題を当然にもたらす。こうした事態に対処する必要に迫られて，介護

保険が新たに導入された。疾病保険の被保険者は，当然に介護保険の被保険者となる。身体的・精神的障害によって日常生活の通常の処理に大幅な介護を要することが少なくとも6ヵ月以上に及ぶと思われる者は，介護の必要度（5段階）に応じて在宅介護に対する給付を受ける（給付金による場合は，2017年からは，月額0ユーロ，316ユーロ，545ユーロ，728ユーロ，901ユーロ。現物による場合は原則として月額0ユーロ，最高689ユーロ，最高1298ユーロ，最高1612ユーロ，または最高1995ユーロ。通常の介護者に代わる臨時介護者の費用として，必要度が最も低い場合には0ユーロ，それ以外の場合には，一律で年額最高1612ユーロが支払われる）。従来の給付金，現物の支給に加えて，負担軽減給付という項目が2017年から追加された。介護生活に必要な支出の負担の軽減を目指したもので，必要度に関係なく最高で月額125ユーロが支給される。完全介護を要し，施設での介護を受ける者に対しては，必要度に応じて，月額125ユーロ，770ユーロ，1262ユーロ，1775ユーロ，2005ユーロが支給される。在宅介護では不十分な場合は，部分的または全面的な施設介護のために相応の給付金が，保険者たる介護金庫（Pflegekasse）から支払われる。保険料は控除前給与額に基づいて（上限がある），その1.95％を被用者と使用者が折半して負担する。なお，2001年4月3日の連邦憲法裁判所決定を受けて，2005年1月1日より，養育費の負担がある者とない者とで保険料負担が区別されている。

　災害保険（Unfallversicherung）は，労働災害（Arbeitsunfall. 通勤途上の災害を含む）および職業病（Berufskrankheit）が生じた場合のための保険である。人身損害についての使用者または同僚の賠償責任は，これによって原則的に排除される。幼稚園・学校・

V 行政法

大学における災害,刑務所内の災害,一般的救助活動（たとえば献血）にさいしての災害も,災害保険の対象となる。保険給付の内容は,治療・職業援助・年金・死亡一時金・遺族年金など。災害の内容は,以上のように,雇用労働の場において生ずるものと,雇用労働との関係が希薄なものとの二種類がある。これに対応して,真正災害保険と不真正災害保険とが区別される。真正災害保険は,雇用労働の場で生じた労働者の災害疾病に当たり,保険料は使用者・企業家が負担する。保険者は同業組合（Berufsgenossenschaft）。不真正災害保険は,雇用労働の場との関連を持たない災害に対応する。ここでは保険者は州ないし連邦となり,保険料を負担する。

失業保険（Arbeitslosenversicherung）に関しては,2005年1月1日に発効した大きな法改正があった。失業保険の解説は,叙述の便宜上,(c)社会扶助において併せて解説する。

　(b) 社会的損失補償　　その前身は「社会援護」であり,個人ではなく個々のグループの負担の均衡を図るものである。淵源はプロイセン一般ラント法に遡り,公共の福祉のために犠牲にされた個人の権利の補償,すなわち個人の犠牲的活動に国家が報いようという,法と政治の近現代史において重大な問題をも孕む思想を基礎としている。このかなり抽象的な原則から,まずは,とりわけ戦争や自然災害の被害者の国家による援護の制度が確立される。同じ原則は,近世から近代にかけての官僚制度確立期,国家に依存し奉仕する官吏の俸給を,官吏の身分を保証することにより「援護」する,という,社会保障法から少し離れた制度も生まれた。かくして官吏《援護》制度は,社会保険よりも早くに成立したため,後者の枠組で扱われてこなかった。現在も残る,官

吏や裁判官の俸給や退職後の「恩給」の特殊性については,「公勤務法」の項目において指摘した。官僚制度の確立と並び, 常備軍制度が近世に成立するが, そこから, 国家の兵士 (とその家族) の自己犠牲的活動を特に《援護》するという発想も生まれる。

戦後の社会保障法学の発展は,「援護」の概念にまとわりつく思想的問題に対する鋭敏な感覚を滋養した。社会保障法が, 全体に対する奉仕を個人に強いるものであってはならない。国家に特に奉仕した者の自己犠牲に対し国家が《代替給付 (Ersatzleistung)》を行う, という論理は避けねばならない。社会的損失「補償」の表現が選択された所以である。

現在の法によれば,「健康上の被害を蒙った者について, その被害の諸帰結に対して, そこに見られる個別的犠牲の補塡の意味で, あるいはその他の理由により, 援護法上の諸原則に則って, 国家が責任を負うことになる場合には, その者は」(SGB I 5 条), その医療上の手当に必要な措置および相応の経済的補償を求める権利を持つ。「援護法」の語が残っている点に沿革の記憶が保存されるが, それは法解釈論の継続性の観点からは, 咎められまい。社会的補償は, 社会保障法の一般的原則を構築するものではなく, 社会的補償にふさわしいかどうかは立法府が個別の立法を定立する局面で判断すべきだとされるが, これも, 全体による個の抑圧を避けるための理屈である。社会的補償が認められる例として, 戦争の直接・間接の被害者グループ (戦争犠牲者, 帰還が遅れた兵士や, 東からの移住を余儀なくされた者など), 予防接種の被害者グループ, 兵役及び市民的役務によって被害を蒙ったグループ, などがある。

(c) 社 会 扶 助　　社会扶助 (生活保護) は, 窮乏に陥った

V 行政法

個人に対する公的保護である。社会扶助は，元来，困窮者の生活が他の援助（民法上の扶養義務者，失業保険，公の補助を受けているさまざまの福祉団体からの収入）で維持できない場合補充的に，人間の尊厳を守れるだけの援助を与えようとするものであった。失業保険との関連をつけるためにも，ここで戦後史を概観しておこう。戦後しばらくは，もっぱら「配慮」（Fürsorge）という表現が用いられ，判例法によってめざましく発展する公的扶助と教会を中心とする慈善的な私的扶助の二本立ての時代が続いたが（私的扶助と公的扶助との関係には争いがあった），1961年の連邦社会扶助法（Bundessozialhilfegesetz）により公的扶助が体系的に整備された。同法の1条において，人間の尊厳を守れるだけの援助としての社会扶助の観念が定式化された。なお，慈善的色彩の強い「配慮」の語は「扶助」（Sozialhilfe）に置き換えられた。同法は，ドイツの経済復興期に構想され，理想主義的な内容をもっていた。貧困の問題はやがて解決され，さまざまの身体障害者や浮浪者等の，個別の困窮に専門的な対応がなされるだろうという見通しがあったのである。

後者の見通しは実現したが，貧困の問題は無くならなかった。同法は，度重なる改正を余儀なくされる。技術革新と社会の機械化は職場から多数の人間を追放する効果をももった。貧困と失業問題は一般に，実は西側先進諸国にこそ共通の継続的問題であり続けている。家族構成も変化する。女性が社会に進出し，避妊技術の発達と相俟って，子供の数が減る。単親による育児はドイツではいまや珍しくなくなった。そして，彼ら彼女らにフルタイムの労働を強いることは無理な場合が多い（それをあえて強いれば子供に負担がかかる）。人口における年齢構成が変化する。就労が不

可能な高齢者の人口比が劇的に増加する。さらに高齢者の増大は、経済的援助のみならず介護等の人的支援も要請する。最近に至るまでかなり寛大であった庇護要求権により政治的亡命者ばかりでなく経済難民も国内に多数流入する。期間を限定された保険である失業保険は、継続的失業状態に対しては役に立たない。都市における収入格差拡大は、全国的に見ると低収入と一見言えないような場合でも、実質的な貧困状況が生起する場合があるから、収入額と貧困認定との一義的な関係を失わせる。社会扶助は、原則的には他の社会保障システムに対する補充的（subsidiär）地位しか持たないにもかかわらず、その守備範囲を拡大させていった。

こうした現実の変化に対応して1961年の連邦社会扶助法には数多くの改正がなされてきた。なかでも給付の拡大をもたらした1969年改正、障害者の権利や家庭内介護、更生扶助（Gefährdetenhilfe）を扱った1974年改正は重要である。社会扶助法のこうした拡大は、1984年以降、今度は社会扶助法も緊縮財政の対象になることを余儀なくさせた。必要な生活費用の計算方法が変更された。他方高齢者および単親養育者についての規律が増加した。社会扶助にかかるコストの上限を設定することによる支出削減をめざす方向がはっきりと打ち出されると同時に、就労可能者が（たとえばより好条件の職を得ることを期待して）就職を拒んでいる場合に加えられるサンクションが強化された。

こうした展開を経て、2005年1月1日発効の社会保障法典第12編に、内容的にも大きく改正された社会扶助法が組み込まれることとなった。連邦社会扶助法は失効した。もとより冒頭に紹介した、社会扶助の基本精神は大きく変化してはいない。自助が不可能である者への、補完的な扶助、というのが基本的な考え方

である。この考え方を維持するために，かつて社会扶助法の下に理解されていた制度（代表的には，失業者保険制度や戦争被害者扶助）は，このカテゴリーからは区別された。現在，社会扶助法を構成する主な制度は，固有の意味での社会扶助，老齢者および生計能力を減ぜられた者に対する基礎保障，さらに青少年扶助法である。

新社会扶助法は，同時になされた失業保障制度の改正（これは「求職者のための基礎保障（Grundsicherung für Arbeitssuchende）」として全体としては2005年に発効した社会保障法典第2編に組み込まれている）と緊密に連動している。失業問題はいまや社会全体の問題となった。基本的には，労働市場の改革とリンクさせた上で，就労可能な要扶助者の自己責任を問う構造となっている。したがって，社会扶助を受けられるのは就労が可能でない者に限られる。就労可能な者に対する社会保障は，基本的に，失業保険（Arbeitslosenversicherung）によりカバーされることになったのである。そこで，失業保険について一瞥しよう。

失業保険への加入はすべての被用者の義務である。ただし，65歳以上の者や官吏，兵士のように，失業保険の保護を受ける可能性のない者は，加入義務を免れる。給付は，失業者の生活を支えることだけを目的とするのではなく，失業者の再雇用や被用者に対する職業教育などのためにもなされる。したがって，給付の種類もさまざまである。労働者に向けられたものとして，失業労働者に対する生活費の給付としての失業保険金給付だけでなく，職探しのための旅費，職業教育にかかる費用援助などがあるし，使用者に対する給付として，重度障害者を雇用した場合にかかるコストや職場における職業教育にかかる費用の給付などがある。

就労可能（erwerbsfähig）な者とは，疾病または障害のために

現在または見通しの立つ期間に，労働市場の通常の条件で1日に最低3時間就労することができない，という状態にない，15歳以上65歳未満の者のことである。この者と，同世帯に属す両親，継続的別居関係にない婚姻相手，その者の子，あるいは就労可能な要扶助者と婚姻類似の共同生活を行っている者，その者の子，などは困窮共同体（Bedarfsgemeinschaft）を形成し，失業保険による援助を受けることができる。

　就労可能な者であっても，みずからの労働あるいはみずからに期待できる収益その他の資産により，みずからの，また場合によってはさらに，この者に依存する困窮共同体の，生活を支えることができない者は，要扶助（hilfebedürftig）である，とされる。就労可能な要扶助者には新失業保険金（Arbeitslosengeld II）が，就労可能な要扶助者とともに困窮共同体を形成する就労不可能な要扶助者には社会補助金（Sozialgeld）が，可能な限り両方をひとまとめにして支給される。とりわけここに，社会扶助法と失業保険法との交錯点が存する。

　かつては基本給付（Regelleistung）としては1ヵ月に上限の設定された額が支給されていたが，2011年から，失業者の生活状況（たとえば1人で家計を支えているか，あるいは共同でか，あるいは若年者か，など）に応じて困窮基準規則（Regelbedarfstufe）が設けられた。困窮基準規則1にあたる，独身または1人で子育てをする失業者には，374ユーロが支給されることとなった。その他の超過需要は別途に計算のうえ支給される。支給額は全体として社会扶助のそれと釣り合うように調整される。就労可能な要扶助者に対してはそれぞれに，連邦労働・社会問題省が相談相手を任命し，要扶助者が就労という目的を達成するように，要扶助者およ

びこの者と困窮共同体関係にある者とを包括的に支援する役をあてがう。就労可能な要扶助者が収入が些少であるにもかかわらず就労する場合，または就労状態を維持する場合には，経済的なインセンティヴが，収入の多少に応じて段階的につけられている。

(d) 社会助成　とりわけ第二次大戦後，経済的発展を背景として，（西）ドイツ連邦はあらゆる領域に介入的な行政活動を行ったが，その中には広い意味で社会政策的な含意を有するものも多かった。そのうち，窮乏や疾病，事故や失業といった，当事者の日々の生活の存続そのものに関わる事柄ではなく，国家が全体的な政策的観点から助成にふさわしいと評価するテーマが社会助成という概念のもとに把握されることとされた。教育や学問，文化に関わる法の領域は，結果として社会助成と密接に関連することがしばしばある。たとえば貧しい子弟に対して社会政策的観点から行う教育助成の制度の確立が，貧しくはないが才能ある子弟に対する教育支援制度の確立と同時になされるということがありうる。このように，一般的給付行政活動と社会助成との間に明快な境界線を引くことはできないが，それは，社会助成に特徴的な法領域を具体的に列挙することも難しいということでもある。それでも前述の学問法や教育法などのほかに，たとえば，知的あるいは身体的障害者に人間の尊厳に基づく自己決定を可能にすることを目的とした諸法律（総称として障害者法〔Behindertenrecht〕），育児金，住居促進法（戦後間もなくは住居建設の適正と統制に関わる法と考えられてきたが，住居供給が市場に委ねられたのちには，適正な住居にかかる負担〔家賃など〕が当事者に負担になり過ぎる場合に与えられる補助などを目的とするようになっていった），（障害者の社会復帰のための）就業助成，等々を挙げることはできる。そのほか，か

って社会扶助の一例として捉えられていた失業者保険制度が，貧困概念の多角化と相俟って，再就職に至るまでの一時的支援の制度として再把握され，社会助成制度のひとつと見られるようになった。以下では，育児金制度を概観しておこう。

育児金 (Kindergeld) 制度は，かつてのドイツにおいては多少厄介な制度であった。NS 時代に採られた，出生率向上に向けた政策が，戦後に入って正当にも批判されたからである。しかしそのことが，戦後の人口政策を巡る議論を，他のヨーロッパ諸国と比較して，不活発化させる契機にもなった。育児金制度を規律する基本的な法は，1934 年 10 月 16 日の所得税法（EStG）および 1995 年 10 月 11 日の連邦育児金法（BKGG）であり，後者が施行された 1996 年 1 月 1 日を以て，ようやくその制度構造が安定化した。

受給者の実子，養子，受給者の家計に引き取られた継子または養護子 (Pflegekind)，受給者の家計に引き取られまたは受給者が主たる扶養者である受給者の孫または弟妹はすべて，18 歳に達するまで（就学中の場合は，本人に収入があってもよいが，真摯に就学していることの証明ができる場合に限り，25 歳まで）育児金請求権をもつ。その額は，2018 年からは，第 1 子から第 2 子までは月額 194 ユーロ，第 3 子については月額 200 ユーロ，第 4 子以後についてはそれぞれ月額 225 ユーロである。

なお，1996 年以降，育児金を受給する場合には，未成年扶養に係る税制上の優遇（育児控除〔Kinderfreibetrag〕）を受けることはできないこととされた。扶養者は，育児金の受給か育児控除かのどちらかを選択しなければならない。

そのほかに，子の生後一定の保育期間，自己の家計内で子を保

Ⅴ 行政法

育する者は，2006年12月5日の「親手当および親時間に係る法律（BEEG）」により，親手当（Elterngeld）を支給される。この手当は，子の心身の発達にとって決定的な意味をもつ期間，親が自分で子を保育できるようにという配慮に基づいたものである。また同法は，親手当の支給額の改変を図るのみならず，女性の社会進出がめざましいことに応えて，育児と就労との両立をより容易にするため（それはこれまで統計的に育児に関与することの少なかった父親に育児に関与させる狙いと，育児期間中女性が職を失うことを防ぐ狙いとをもつ）に，育児休暇を意味する親時間（Elternzeit）の拡大も行った。

(6) 租 税 法

租税法（Steuerrecht）もまた，1976年3月16日の公課法（Abgabenordnung）を中心とする総則的定めと，約50を数えるさまざまの租税に関する各論的法令とから成る広範な分野であり，一般行政法から独立して扱われることが多いが，本来は，実力によって裏付けられた前国家的権利の体系を絶対君主の側から破る行政（Policey）の尖兵というべきものであった。もとより，法治国家としてのドイツ連邦共和国においては租税法律主義がとられ，恣意的な課税をできる限り阻止する方途が講じられている。しかし，ここでは，連邦国家に特有な租税法の枠組を概観するにとどめ，租税法総則についての説明は省略する。くわえて，教会税と売上税を取り上げて，簡単な説明を試みる。

(a) 連邦制と租税　連邦国家であった1871年のドイツ帝国では大部分の財政高権が構成諸国に留保されており，逆に，やはり連邦国家であったヴァイマル共和国では財政についての集権化が徹底した。これに対して，ドイツ連邦共和国においては，連

邦と州の間で，中庸を得た財政権限の分配がなされている。すなわち，基本法105条によれば，連邦が財政に関して専属的立法権をもつのは関税と専売（現在は蒸留酒のみ）だけであるが，全部もしくは一部が連邦の収入になる租税，または州の個別的処理に適さない租税については，連邦が競合的立法権をもつものとされている。そして州には，地域的な売上税および奢侈税についての立法権が認められている。

収入の分配についても，連邦と州のバランスを取ろうとする姿勢が見られる（GG106条，107条）。すなわち，所得税・法人税・売上税の収入（それは税収全体の3分の2を超える）は，連邦と州の共同のものとなる。所得税（これについては，まず市町村が一定の分配を受ける）および法人税の収入は，連邦と州で折半される。売上税についての連邦と州の持分は，連邦参議会（州の代表）の同意を要する連邦法律の定めるところによる。専売収入およびその他の租税の収入は，それぞれの定めによって連邦と州に分配される。その上でさらに，税収のバランスのとれた分配の仕上げとして，各州相互の「水平的財政調整（horizontaler Finanzausgleich）」と，連邦と州の間の「垂直的財政調整（vertikaler Finanzausgleich）」が行われるのである。なお，市町村は，土地税・営業税・奢侈税等の収入を取得し，地域の所得税収入の15％の分配を受ける（その代わり，営業税収入の一部を連邦と州の分配のために提供しなければならない）ほか，州の立法により州の税収の分配を受ける。また，国内における税収の分配とは別に，ヨーロッパ連合も，主として関税と売上税の収入から分配を受ける。

2016年のドイツ連邦共和国の総税収は6483億ユーロであったが，連邦に44.6％，州に44.5％，市町村に6.4％，ヨーロッパ

Ⅴ 行政法

連合に 4.5 % の割合で分配された。

　(b) 教会税　　ドイツにおける国家と教会の関係は，中世以来の長い歴史を通じてさまざまに変遷してきた。中世初期，カトリック教会が社会秩序の基本的な骨格であった時代には，「十分の一税 (Zehnte)」を教会に納めることは，いわば当然の義務であった。その後次第に，世俗権力が秩序維持の任務を引き受けるようになってからも，教会は長期にわたって，国家内部の自律的組織であり続けた。ビスマルクが，みずから建設したプロテスタント的ドイツ帝国においてカトリック教会と闘わなければならなかったのは（いわゆる「文化闘争」），そのためである。ようやくヴァイマル憲法が，信仰の自由を保障し国家教会制を否定するとともに，教会を「公法上の社団」として国法体系の中に位置づけ，教会が公法上の社団としての資格で，一般の課税台帳に基づき，州法の規定に従って租税を徴収しうるものとした (136 条, 137 条)。これらのヴァイマル憲法の条文が，基本法 104 条によって，基本法の構成部分とされているのである。

　ドイツ連邦共和国においては，公法上の社団たる宗教団体（カトリック教会および福音主義の教会は，むろんこれに当たる）に属する者は，所得税の 8 または 9 % 相当の教会税 (Kirchensteuer) を自己の教会に納めなければならない。実際には税務署が徴税事務を代行して，得た税収をそれぞれの教会に渡すことになる。夫婦が異なる宗派（いずれも徴税権をもつ）に属する場合，所得を合算して課税所得としているときはその半額が教会税算定の基礎になり，それぞれの所得に所得税が課されているときは教会税も別々に算定される。夫婦の一方のみが徴税権のある宗教団体に属している場合，夫婦の所得を合算してその半額を教会税算定の基礎とする

ことは，1965年12月14日の連邦憲法裁判所判決によれば違憲である。教会に属していない者に対し，配偶者が教会に属しているというだけの理由で教会税の納付を義務づけることは許されない。教会税の納付義務は，教会から離脱することによってのみ免れることができる。

(c) 売上税（付加価値税）　ドイツ連邦共和国において徴収されている数多くの租税の中で，売上税（Umsatzsteuer）による収入は3割を超える割合を占める。売上税は第1次大戦中のドイツにおいて初めて，軍事費の負担を賄うために，まず商品売上税として採用され，1918年からは商品に限らずすべての有償給付について業者に課せられる一般売上税となった。それは，たえず膨脹する財政支出を賄うのに適していると思われたために，多くの国々に広がることになった。もっとも，ドイツ連邦共和国の売上税は，ヨーロッパ共同体の各国売上税同化のための指令に従った1967年の売上税法（Umsatzsteuergesetz, UStG）によって性格を一変し，付加価値売上税とよぶべきものとなった。単に付加価値税（Mehrwertsteuer）とよばれることも多い。なお売上税法はその後も大小の改正を重ねており，現在の売上税法は1979年11月26日になされた全面改正法を基礎としている。

以前の売上税が，同一の商品（サーヴィスを含む広義の商品）について流通のすべての段階で販売価格の全額に課せられた（消費者は多くの段階を経由する商品について高い価格を支払わなければならず，大企業はいくつもの段階を内部で処理することによって競争上有利な立場に立つ）のに対して，現行の売上税は，商品（サーヴィスを含む）流通の各段階において，その段階で付加された価値のみを捉えるものである。各事業者は，自己に商品を供給した者が納付

Ｖ　行　政　法

する売上税を，自己が納付すべき売上税から差し引くことができる。

> 生産者 A がある商品を 100 ユーロで商人 B に売ったとしよう。B は代金の 100 ユーロにその 19％の売上税 19 ユーロを加えて，119 ユーロを A に支払う。A はこの 19 ユーロの売上税を，所轄の X 税務署に納付する。他方 B は，この 19 ユーロという額を，自分の所轄の Y 税務署に，やがて自分がその商品を販売して納付することになる売上税の前納分として，届け出る。その商品を B から 200 ユーロで買った最終消費者 C は，19％の売上税 38 ユーロを加えた 238 ユーロを B に支払う。B はその 38 ユーロの売上税を Y 税務署に納付すべきであるが，すでに 19 ユーロを前納したことになっているので，それを差し引いて 19 ユーロだけを Y 税務署あて払い込めばよい。

　売上税納付が義務づけられる行為のうち主要なものは，国内で行われるすべての供給・給付である。納付義務者は，独立して営業ないし職業活動を行う者（事業者）であって，営利の意図があるか否かを問わない。売上税の税率は，原則として 19％であり，その例外として軽減税率が 7％となっている。軽減税率が該当するのは，ほとんどすべての生活必需品に係る運送，輸入および取得，近距離旅客輸送，書籍および雑誌，特定の芸術作品，などである。輸出（ヨーロッパ連合域内では輸入も）・海上運送・航空運送・国際鉄道運送・医療・社会保険給付・福祉団体の活動・国公立の劇場やオーケストラ，美術館・ユースホステルなどについては売上税が免除される。

VI 民　　法

§1　ドイツ民法の体系的特徴

　民法（bürgerliches Recht, Zivilrecht）は，私法（Privatrecht）の一般法である。こんにちでは講学上，個人と国家権力との関係および国家権力の機関相互の関係を規律する公法（öffentliches Recht）との対比において，私法は個人相互の関係を規律するものである，とされる。その個人の中には法人も含まれるが，個人が自然人を指す限り，それは——近代法において原理的に自由・平等な権利を持つとされる——すべての人間を意味する。

　II「ドイツ法の歴史」で述べたように，ドイツの近代民法は，19世紀のローマ法学者によって，古代ローマ法を素材として体系化されたものであった。この体系は，しばしば「パンデクテン体系」と言われている。その特色は，とくに抽象的な定めを括り出した総則にあると言われるが，あまり適切ではない。19世紀ドイツの法学の講義体系において，パンデクテン（ディゲスタとも言われる）の講義は，法学入門的な性質を持つインスティトゥティオーネスの聴講を終えた大学の法学生に対して提供されるものであった。パンデクテンは，ローマ法大全の中心を形成し，きわめて複雑多岐の内容を持っている。それを網羅的に講義することはできない。サヴィニーによれば，パンデクテンの講義を聴講する学生は，多少の法的知識を持つから，法学教師は多少とも大胆に，体系的な構想に基づいて講義を行うことが許され，それを

Ⅵ 民　　法

手掛かりとして学生は個別の法文に自ら取り組むのがよい，とされた。パンデクテンの体系は，法学教育に際して学生に概観を与える，という観点から構想されたと見るべきである。いわゆるパンデクテン体系の特色は，抽象的規範を総則に括り出した，という点にもっぱらあるわけでもないし，学者の個性により，パンデクテン体系のあり方にはかなり違いが見られた。この体系の内容的な特色があるとすれば，それはなによりも，民法内部のさまざまの領域の関係のつけ方に見出される。この体系は，権利をしばしば支配概念からの類推によって捉えるヨーロッパの長い法的伝統に立ったうえで，人に対しては別の人が包括的排他的な権利をもつことを許さず，人の特定の行為に対する支配権を有するにすぎない（債権）とする一方で，「人」ではない特定有体物に対しては包括的な支配権を認める（所有権を典型とする物権），という観点に立ち，ここから債権と物権とを峻別する。まさにこの峻別を通じてこそこの両者に個人の自由の発想が貫徹するから，両者を包括する概念も必要となり，それが財産権という概念で表象される。同時に，人間が依存的に生活せざるをえない局面（死の要素が誘発する相続の問題，未成年の養育をめぐる，そして愛をめぐる，家族法の問題）について，その法的規律にあたって個人の自由を無媒介に前提できないものの，国家による無媒介の政策的介入をも防ぐ目的から，公法ではなく民法に取り込んだ上でこれを財産法に後置し，家族法・相続法を，個人の自由に基礎をもつ民法の例外と捉えるのである。したがって，財産法に係る総則を，家族法や相続法に無媒介に当てはめるというようなことは，念頭に置かれてはいなかった。

　但し，ドイツ民法に，法律行為をはじめとする抽象概念が多く

§1 ドイツ民法の体系的特徴

見られることは事実であり，これを，英米法の具体性と対比することもできよう。イギリスの社会と法が，17世紀末の名誉革命後，身分制的な特徴を残しながら徐々に近代化されていったのに対して，大陸では，ようやく18世紀末（フランス）ないし19世紀前半（ドイツ）に，身分制的伝統が一挙に清算された。そして，革命によって実践的に身分制を克服するに至らなかったドイツでは，抽象概念によって理論的に，身分制的秩序の具体性（実力の大小によって主張しうる権利の程度が決まるという社会秩序のあり方）を捨象する必要があった。また，州ごとに異なっていた法実務を克服するために，専門法曹の共通言語を確立してドイツ全体の法生活の一体性を確保しようというねらいもあった。その限りで，ドイツ民法の抽象性には，少なくとも歴史的な理由がある。

このような民法の体系は，脱政治的領域として，未だ体系化が行われておらず，政治の直接の影響を受けやすい公法から区別された。他方において，19世紀の後半とくに70〜80年代以降，それまで市民社会の外に置かれていた労働者を含む大衆社会が出現する。法的には，社会法の原理によって近代民法を補充・修正することが必要だと主張する者もあらわれた。ただし，「社会的任務」の視点からする補充・修正が，民法典のなかに包括的に取り込まれたのではない。その限りで民法典は「市民の法」であり続けた。ビスマルクの社会保険立法等による若干の補充，ゲルマン法学者の批判による若干の修正はなされたものの，ローマ法学者が組み立てた近代民法の体系は，ほとんどそのまま1896年8月18日（1900年1月1日施行）の民法典（BGB）として立法化された。すなわち，この民法典は，民法典の外にある特別法による修正を認めていたのである。他方，政治的・経済的・社会的内容にわた

VI 民　法

る規律は，一般法としての民法典とは別して，特別法として定められた。暴利禁止法（1893年），割賦販売法（1894年）などがそれである。この民法典は，1871年のドイツ帝国により統合されたドイツが，民法上も統合されていることを象徴する意味合いをも持った。

　その後，民法典は，学説・判例によって内容的に発展した。法の専門的概念の操作だけから具体的に妥当な結論を導き出せないという批判の声が高まり，民法学は，自由法運動や利益法学等の挑戦を受ける。こうして，民法典は度重なる改正と個別立法による補充（その中には，NS体制下に，人種差別に基づく婚姻法の制定もあった）を受けて，現在に至っている。第二次大戦後，NS体制下の婚姻法に代わって1946年2月20日の婚姻法（Ehegesetz）が制定され，男女（夫婦）の不平等は1957年6月18日の同権法（Gleichberechtigungsgesetz）によって原則的に克服され，なお残存していた家父長主義的色彩も1970年代後半の改正によって払拭された。民法典の定める親族扶養の機能は，大幅に社会保障制度によって代替されている。財産法も弱者保護ないし消費者保護の思想によって修正されている。ドイツ連邦共和国の社会が市場経済の原理に立脚する限り，いわゆる私的自治（Privatautonomie），すなわち契約の自由，所有権の自由，相続の自由を標榜する民法は，私法の一般法としての地位を保ち続けてゆくと思われるが，連邦憲法裁判所の判例が私的自治に修正を加えていることも無視できない（161頁以下参照）し，債権法の大改正により，従来特別法として定められた領域が民法に取り込まれた（具体例につき「§3債権法」で触れる）ことによって，民法における私的自治の原則は，著しく相対化された。

以下においては，民法典の編別（総則，債権法，物権法，家族法，相続法。日本の民法典とは，債権法と物権法の順序が異なる）によりながら現在の民法を概観し，国際私法について補説する。

§2 総　　則

　総則（Allgemeiner Teil）は，人，物，法律行為など，民法の基本概念ないし通則的規定を含んでいる。ローマ法に見られ，他国の民法典にもまま見られるような，調子の高い命題（たとえば「誇り高く生きること，誰にも損害を与えないこと，各人に各人の物を分け与えること」という原則の表明など）は，ドイツ民法典の総則には見られない。特定の価値への帰依を示す表現は，意識的に回避されている。19世紀ドイツの民法学は，法の専門家に対する深い信頼を与件として，日常言語とはいささか切り離されて発展してきた。このことを前提として，比較的汎用性の高い規範をまとめて前置する慣行が，体系書に形成された。いわゆる「パンデクテン体系」は，民法総則を民法典に設けることを必然的に帰結するわけではない。たとえばドイツ民法学の強い影響下に成立したスイス民法典には総則はない。しかしドイツ民法典は，条文の冗長な繰り返しを避ける技術として，総則を置く選択をした。第二次大戦後の早い時期に，民法学者グスタフ・ベーマー（Gustav Boehmer, 1881–1969）が，総則を，民法の各分野に共通する概念や規定を，「数学的に言えば括弧の前に括り出した（vor die Klammer setzen）もの」と表現した。そしてこの表現はのちに漫然と普及した。しかし，この表現は誤解を導くおそれがある。第一に，ドイツ民法典について，総則に含まれる原則は，この数学的表現が示唆する意味で包括的なものではない。第二に，その原

VI 民　法

則は，すべての民法領域に一様に妥当するわけでもない。第三に，ドイツ民法典においては第2編債権法と第3編物権法とについて，日本の民法典の章立てのように生真面目な意味で，債権総則，物権総則が，それぞれ冒頭の章として設けられているわけでもない。

(1) 人・権利能力・行為能力

人 (Person) は，自然人と法人を含む。自然人 (natürliche Person) は，いかなる身分的差別も，年齢・性別・国籍・健康状態による差別もなしに，出生の完了のみによって（ただし，胎児も相続に関してはすでに生まれたものとみなされる）平等の権利能力 (Rechtsfähigkeit) を認められる (BGB 1条)。法的意味のある行為をする能力，いわゆる行為能力 (Handlungsfähigkeit) は，むろん権利能力とは異なる。この行為能力なる概念は，民法典総則が定めている法律行為能力 (Geschäftsfähigkeit) の概念と，債権法の不法行為の節から抽き出される不法行為能力 (Deliktsfähigkeit) の上位概念として，学者がつくったものである。

成年 (Volljährigkeit) は，18歳である (2条)。すなわち自然人は，18歳に達するまでは未成年者 (Minderjährige〔r〕) であり，原則として18歳の誕生日から法律行為能力をもつ。7歳未満の者，精神障害のゆえに自由な意思決定のできない持続的状態にある者は絶対的な行為無能力者であって，法定代理人によらずに意思表示をしても絶対的に無効 (nichtig) である。7歳以上18歳未満の未成年者は制限的行為能力者であって，その意思表示は，もっぱら利益を受ける場合でない限り法定代理人 (gesetzliche〔r〕 Vertreter〔in〕) の同意を要する (106条，107条，114条)。法定代理人の同意なしに締結された契約は不確定的に無効 (unwirksam) であり，その追認があれば遡って有効となる (108条，184条)。

もっとも，未成年者が「お小遣い」によって結んだ契約は，法定代理人の同意がなくても初めから有効である（110条）。

民法典改正を含む 1990 年 9 月 12 日の法律によって，1992 年 1 月 1 日以降，行為能力の剝奪・制限の制度は廃止され，成年者に対する後見・障害監護に代えて世話（Betreuung）の制度が行われている。後見裁判所が精神・身体障害者のために世話人を選任した場合にも，被世話人の行為能力は当然に制限されるのではなく，後見裁判所は必要な場合に限って世話人の同意を得べきものとするにとどまる。ただし，精神障害のゆえに自由な意思決定のできない持続的状態にある者は，やはり行為無能力者である。

自己の不法行為によって他人に生じた損害についての賠償責任を問われることを，学説上，不法行為能力（Deliktsfähigkeit）という。7 歳未満の者，無意識状態にある者，精神障害のゆえに自由な意思決定のできない状態にある者は，不法行為能力がない（827 条, 828 条 1 項）。7 歳以上 10 歳未満の未成年者は，原動機付車両，軌道鉄道または懸垂鉄道（モノレールやロープウェイなど）による事故にさいし他の者に損害を与えた場合には，故意による場合に限り不法行為能力をもつ（828 条 2 項）。また，7 歳以上 18 歳未満の未成年者は，上記以外の加害行為のさいには，責任を弁別するに足りる理解力をもっていた場合に限り不法行為能力をもつ（828 条 3 項）。かつては聾啞者（Taubstumme〔r〕）が 7 歳以上 18 歳未満の未成年者と同列に置かれて不法行為能力を制限されていた。これは聾啞者を有利に扱う趣旨ではあったが，基本法 3 条の平等条項に照らして，未成年者と成人聾啞者とを同列に置くこと自体問題であり，立法権の裁量範囲を超えるとして，削除された。なお，私法上の不法行為能力は，刑事責任能力（Straffähigkeit）とは異なる。刑法典19条によれば，14歳未満の者には責任能力がない。

　法人（juristische Person）は，公法上の法人と私法上の法人に分けられる。公法上の法人（juristische Person des öffentlichen Rechts. 公法人ともいう）は，さらに，公法上の社団，公法上の施設，公法上の財団の3種に分類される。公法上の施設（「営造物」ともいう）は，成員によって構成されるものではなく，利用者を予定することがあるにすぎない点で，公法上の社団から区別され，また，単に設置者（国家その他の公法人）の意向によって設置されるばかりでなくその後も設置者の持続的な影響に服する点で，公法上の財団から区別される。

　公法上の社団（Körperschaft des öffentlichen Rechts）とは，市町村と町村団体（郡），すなわちいわゆる地域法人を始め，大学（州立），同業者団体（弁護士会や医師会），宗教団体の一部（とりわけカトリック教会と福音主義教会）などである。公法上の施設（öffentlich-rechtliche Anstalt）に当たるのは，たとえば連邦銀行（中央銀行）や放送施設（州の施設または各州の連合施設である。ただし，1980年代に入って州の法律により民間放送企業を設立しうることになった）である。公法上の財団（öffentlich-rechtliche Stiftung）は，公的目的のための財産に法人格が認められたものであって，たとえば「ドイツ文化財の助成と保存のためのプロイセン所有文化財ベルリーン財団（Stiftung Preußischer Kulturbesitz in Berlin zur Förderung und Wahrung deutschen Kulturgutes）」がそれである。

　私法上の法人のうち民法典が定めているのは，登記社団（eingetragener Verein, eV）と財団（rechtsfähige Stiftung）である。財団法人を設立するには，財団設立行為（寄附行為〔Stiftungsgeschäft〕)のほかに, 財団の所在すべき州の認可が必要である (80条)。社団 (スポーツ協会, 合唱協会, 伝書鳩協会等々。ドイツ民法典は制定当初から社団に公益性を要求していない) が権利能力をもつ (社団法人〔rechtsfähiger Verein〕になる) ためには, 民法典55条以下の規定する要件を充たして定款 (Satzung) を定め, 管轄の区裁判所の社団登記簿に登記しなければならない。

　民法典の定めによらない社団法人としては, まず, 商事会社のうち株式会社や株式合資会社や有限会社のような資本会社がある。これに対して, 合名会社や合資会社のようないわゆる人的会社は, 商事会社ではあるが社団法人ではなく, 民法上の組合と同様に権利能力のない組合にすぎない (構成員が無限責任を負う限りで権利義務の主体として現れる人的会社に法人格を認めるという発想は, 法人のみを権利義務の主体と認めるドイツには伝統的に存在しない)。他方, 協同組合 (Genossenschaft) は, 厳密な意味での商事会社ではないが, 協同組合法に従って協同組合登記簿に登記されることにより, 社団法人となる。同様に, 保険者と被保険者とが同一人である相互保険会社 (Versicherungsverein auf Gegenseitigkeit) も, 保険監督法に従い, 監督官庁の認可に基づいて, 社団法人となる。

(2) 法律行為

　法律行為 (Rechtsgeschäft) は, 法律効果の発生に向けられたひとつまたは複数の意思表示 (Willenserklärung) から成る。ひとつの意思表示のみから成る一面的行為 (単独行為。それはさらに, たとえば遺言のように受領を要しないものと, 解約告知〔Kündigung〕のように受領を要するものとに分けられる) と, 複数の意思表示から成る多面的行為 (契約〔Vertrag〕。しかし社団法人の社員の決議などもこの範疇に含まれる) とに区別される。法律行為の方式は原則と

Ⅵ 民　　法

して自由であるが，一定の方式が必要な場合もある。たとえば，保証の約束（商事保証を除く）・遺言・1年を超える期間を定めた土地の使用賃貸借契約などは書面によることを要し，土地の売買契約等は公正証書（notarielle Beurkundung. 公証人〔Notar(in)〕が作成する）によることを要する。2001年8月1日の方式規定の改正により，法律による別段の定めのない限り，電子書面も書面として認められることとなった（BGB 126条3項）。その場合には意思表示者は電子書面に氏名を明示し，署名法にとくに定められた方法による電子署名を行わなければならない（126 a条1項）。方式違反の法律行為は絶対的に無効（nichtig）である（125条）。法律の禁止または善良の風俗（gute Sitten）に違反する法律行為，とくにいわゆる暴利行為（Wucher）は，絶対的に無効である（134条，138条）。これに対して，錯誤による意思表示は，無効ではなく，詐欺・強迫による意思表示と同様に取り消しうる（anfechtbar）にすぎない（119条）。しかも，後者が1年間取消し可能である（124条）のに対して，前者は遅滞なく取り消すことを要する（121条）。

　意思表示は，代理人（Stellvertreter〔in〕）によって行い，または受領することができる（164条以下）。代理権（Vertretungsrecht）には，法律に基づくもの（法定代理権）と，意思表示によって与えられる任意代理権（Vollmacht）とがある。後者の場合，授権行為（受領を要する単独行為のひとつ）は，原因たる法律行為（たとえば委任契約）から独立の（無因の）法律行為であり，原因たる法律行為が無効でも授権行為は無効にならない。権限を消滅させるには，改めてそのための意思表示をしなければならない（日本では，授権行為は原因たる法律行為から区別はされるものの，無因

の法律行為とされるわけではない)。他面において,無権代理人が本人の名において締結した契約は,不確定的に無効 (unwirksam) であり,本人が追認すれば初めから本人のために効力を生ずるが,追認が拒絶されたときは無権代理人が契約を履行し,または損害賠償義務を負うことになる (179条1項。日本の表見代理に当たる制度はないが,意思表示の客観的解釈によって信頼保護が図られている)。

民法典総則が提示する基本概念は,日本民法のそれと似ている場合が多いが (たとえば,意思表示や法律行為のような日本の民法用語は,それぞれ Willenserklärung や Rechtsgeschäft の翻訳である),以上に例示した通り,具体的に見ると概念の内容,法的規律の内容が異なることも多く,注意が必要である。

(3) 私法上の契約と公法上の契約

民法典総則は,法律行為の一種としての契約 (Vertrag) が申込み (Antrag) と承諾 (Annahme) というふたつの意思表示によって有効に成立するための要件を規律している (BGB 145条以下)。この契約は,むろん私法上の契約であり,原則的な「契約の自由 (Vertragsfreiheit)」がいわゆる私的自治の核心を成すものとして前提されているのである。ただし,契約の自由は無制限ではない。方式の自由に制限があること,法律の禁止や良俗に違反する契約が無効になることは上述のとおりだが,そもそも契約の締結自体が強制される (顧客の申込みを承諾することが訴訟によって強制される) 場合がある。州や自治体の病院など (公法上の主体であっても,事業遂行のために私法上の契約を締結する) が,こうした締約強制に服する事業の例である。また,契約の内容が法律の禁止や良俗に反してはならないという一般原則も,立法者が社会政策的ないし経済政策的考慮から契約内容を規制することによって細か

VI 民　　法

く具体化されている（たとえば住居の賃貸借，普通取引約款，競争制限等に対する法的規制）。とくに，契約の無効原因たりうるばかりでなく不法行為責任を問う根拠ともなる（826条）「良俗違反（Sittenwidrigkeit）」の観念は，債務履行のさいに遵守さるべき誠実・信義（Treu und Glauben）の原則（242条）と相俟って，経済的強者が自己に課せられたさまざまの制約を免れようとする試みに裁判の段階で対抗するための拠り所となっている。契約内容形成の自由は，そのほかにも，公法上の認可を得る義務によって制限されている（たとえば，農地取引には官庁の認可が必要である）。

　このように私法上の契約の自由が公共的観点から制約される反面，公共目的のための行政の活動が高権的行為としての行政行為によらず契約という手段を用いて展開されることも多い。そのような公法上の契約（公法契約〔öffentlich-rechtlicher Vertrag〕。行政契約〔Verwaltungsvertrag〕ともいう）が締結される典型的な場合として行政手続法55条以下が予定しているのは，行政の裁量に伴う不確実性を和解契約によって除去したり，一定の利益を与えると同時に反対給付を義務づける引換契約（たとえば建築にさいし駐車場設置の義務を免除する代わりに免除金の納付を義務づける契約）によって行政の目的を達成したりするような場合である。公法契約を締結するには，書面によることを要する。公法契約は，同様の内容をもつ行政行為が無効とされるような場合，または同様の内容をもつ行政行為が無効ではないが違法であり，両当事者が締約時にそのことを知っていた場合，または引換契約において給付と反対給付の均衡がとれていないような場合は，無効である。そればかりでなく，民法典の規定（たとえば良俗違反の法律行為に関する138条）を準用すれば無効となるような公法契約は，無効で

ある。公法契約に関する紛争は，行政裁判権の管轄に服する。

公法契約は従来も都市建設法の領域でよく用いられてきたが，近年，元来の公共組織および公共の任務を民間に委ねる，いわゆる民間化（民営化〔Privatisierung〕）傾向が強化されたこと，その重要性が高まっている社会法や環境法などの領域はもともと民間の力をも利用せざるをえないこと，などから，国家が民間との協働（いわゆる「公私協働」）の可能性を模索する必要性が高まり，それが公法上の契約という法形式の利用頻度を高めている。そのためこの領域について従来の学説の再検討も活発に行われている。公法契約の一方の相手方は民間であり，民間が経済的合理性を追求するのは当然だが，他方の当事者である行政は，法律の定める管轄の範囲内で契約締結を模索する義務を負い，そのことによって，公法上の契約の場合にも，公益の追求という重要な課題は維持されるものとされている。

(4) 権利の行使

民法典総則には「権利の行使・自力防衛・自力救済」と題する章が含まれている。日本民法が権利の濫用を一般的に禁じているのに対して，ドイツ民法典は「他人に損害を与えることのみを目的とする」権利行使，すなわちいわゆるシカーネ（Schikane）を禁じているにすぎない（BGB 226条）。それは，民法典に社会法的配慮が欠けていることを示すものでもあるが，そもそもドイツ人にとって，何の妨げもなく権利を行使しうること，必要とあらば実力に訴えてでも権利を実行しうることが，いわば前国家的な権利として意識されているのである。したがって，民法典は，まず総則において，自力防衛（Selbstverteidigung. 正当防衛と緊急避難）についての2つの条文に続いて自力救済（Selbsthilfe）について

VI 民　法

詳細な定めを置いている（日本民法には，自力救済の規定はない。自力救済は刑法においてもっぱら違法性阻却との関係で扱われるにすぎず，自力救済を権利として構成する発想は希薄である）。

> 「自力救済のために物を奪取，破壊もしくは損壊し，または自力救済の目的で逃亡のおそれある義務者を逮捕し，もしくは義務者が受忍すべき行為に対するその抵抗を排除した者は，官憲の適時の救援が得られず，かつ即時の処置なしには請求権の実行が不能または著しく困難になるときは，違法に行為したものとされない」(229条)。

> 「(1)自力救済は，危険回避のために必要な限度を超えてはならない。(2)物を奪取したときは，強制執行がなされない限り，物的仮差押えを申請しなければならない。(3)義務者を逮捕したときは，その者が解放されない限り，義務者を遅滞なく逮捕地の区裁判所に連行して人的仮差押えを申請しなければならない。(4)仮差押えの申請が遅延し，または却下されたときは，奪取した物を遅滞なく返却し，被逮捕者を遅滞なく解放しなければならない」(230条)。

さらに，第3編「物権法」では，占有者に対する自力行使（Eigenmacht）を違法とした上で（858条），より直截な規定で実力による反撃を認めている。

> 「(1)占有者は，違法な自力行使を実力（Gewalt）によって防ぐことができる。(2)占有者は，違法な自力行使によって動産を奪取されたときは，現場で，または奪取者を追跡して，実力によりその物を取り返すことができる。(3)土地の占有者が，違法な自力行使によって占有を奪われたときは，直ちに奪取者を追い払うことによって占有を取り戻すことができる

……」(859条)。

　これらの規定は、実力者たちの共同体に由来するドイツ人の秩序観と権利意識をよく物語るものである。本来一種の前国家的権利であった自力救済権を断念させて平和的な社会秩序を維持することは、合法的な権利行使の途が開かれており、そのための制度（とくに裁判制度）が整備されている限りでのみ可能なのであり、それでもなお実力行使がなされたときは、実力による反撃が正当視される。

§3　債　権　法

　債権法は、ドイツでは債務法（Schuldrecht）とよばれている（民法典第2編の表題では「債務関係法」となっている）が、内容的には変わりがない。

　この法領域については2002年1月1日施行の「債務法の現代化に関する法律」(Schuldrechtsmodernisierungsgesetz) による大がかりな改正があった。この改正はドイツ民法典の施行以来最も徹底した改革だと評されている。この改革は、直接的には、消費財売買および消費財担保のいくつかの局面について定める1999年のヨーロッパ共同体（EG）指令を2002年1月1日までに国内法化する必要に応じたものである。ただし、ドイツ国内においても、多くの特別法と判例によって複雑化した債権法を改正する必要はすでに70年代末から学者の一部により有力に指摘され、これを重視した連邦司法省の下、債権法委員会の改正案も1992年に提出されていた。その後、一度は休止しかけたこの改正案を、連邦司法省が再び取り上げ、EG指令の国内法化と同時に実現することを目論んだのである。この改正によって、まず、給付障害

Ⅵ 民　法

法（Leistungsstörungsrecht）一般がヴィーン国連動産売買条約を範型として体系的に整備された。また，売買および請負契約における瑕疵担保法の多くの特殊な規定が給付障害法の観点から整理され，またかねてより問題のあった消滅時効の規定が現代的なものに改められた。

(1) 給付障害法（附：慰謝料請求権の平板化）

ある債権的関係が存在していて，債務者がかかる債権的関係の所期の目的に沿うような給付を行わないことがある。それは，伝統的には，債務の不履行（Nichterfüllung）という概念で捉えられてきた。そのうえで，不履行の内容が，典型的には，履行遅滞と履行不能，さらに不十分な履行，の3つに分類された。根底を貫くのは，原則的に債務は履行さるべきものである，という視角である。むろん，さまざまの理由で債務が不履行になる場合はある（たとえば履行が不能になる場合，債務履行が事実上あるいは経済的に無意味になる場合，債務履行が債務者に過重な負担をかける場合，不十分な債務履行，履行遅滞，債権者による受領遅滞，等）。問題に応じて，さまざまの解決方法が模索された。すなわち，債権者が債務履行を債務者に求めうるか，あるいは債務者は債務から解放されるか，債権者は解除できるか，債務者に，場合によっては不法行為に基づく損害賠償を課しうるか，というように。見られるとおり，ここには，債権法の総論，契約法，不法行為法といったさまざまの次元の問題が交錯しており，その交錯の仕方は，債権各論，とくに契約の具体的類型に応じてさまざまであり，最終的には信義誠実の概念が力を発揮した。

これに対して，1930年代から，債権的関係を，債務者の行為に着目して義務違反（Pflichtverletzung）の観点から整理する視角

§3 債権法

が強力に浸透した。元来は契約類型に対応した解釈を許していた履行不能の概念が客観化され，履行不能が，債務者における債務負担を除去する典型例とされる一方で，それ以外の場合には，債務者の行為義務を広く認める——そして契約類型ごとの具体的解釈になるべく立ち入らない——解釈が，学説において普及していった。債権総論と各論とが融合する。このように，債務者により大きな負担がかかることとのバランスに配慮してか，1950年代以降から，債権者においても（損害賠償義務を負わない）義務（Obliegenheit）が課せられる，という構成が学説において提案され，普及した。債務者が義務違反からのがれるためには，債務者に帰すべき責がないことが必要とされた。

こうして，債務不履行そのものに着目するのではなく，債務不履行は債務者の義務違反行為による，という基本的理解から，債務者の「給付障害（Leistungsstörung）」という概念が講学上生まれた。債務者における，作為不作為義務違反行為のすべてがこの概念に含まれる。

以上の考え方が，債権法改正によって，貫徹した。債務者には，信義誠実の枠内で，端的な債務履行が要求されるのではなく，客観的なものとして理解された「履行不能」が認識されない限り，「義務」が要求されるに至ったのである。

「債務者または各人にとって不可能である給付を請求することはできない。」（275条1項）

「債務者が債務関係に由来する義務に違反した場合には，債権者はそれによって生じた損害の賠償を請求することができる。ただし義務違反が債務者の責によらない場合には，この限りではない。」（280条1項）

VI 民　法

　改正後の債権法におけるこのような理論的野心がどの程度実務上も浸透しているかを明らかにするには，学説の展開だけでなく判例の展開にも細心の注意を払って分析を加える必要がある。

　慰謝料請求権について，ここで付随的に簡単な解説を加えておく。慰謝料請求権はかつて，不法行為法と緊密に結びついて，ドイツ法の個性を示す制度のひとつであった。しかし 2002 年 7 月 19 日の損害賠償法改正により，慰謝料 (Schmerzensgeld) は第 2 編債権法冒頭の章「債権関係の内容」の 253 条に定められ，不法行為法との関係は切断された。同条の内容は以下のとおりである：

　　「(1) 財産的損害でない損害に基づく金銭賠償の請求は，法律に拠り確定された事例についてのみ，可能である。(2) 身体，健康，自由，あるいは性的自己決定の侵害による損害賠償が求められる場合には，その損害が非財産的損害であっても，衡平な金銭補償の請求が認められる」(253 条)。

　見られるとおり，慰謝料請求権は第 2 項に定められている。かつて第 2 項は不法行為法を定める節のなか，847 条に位置していた。慰謝料請求権は，伝統的には，債権法の例外たる不法行為による損害賠償請求にも増して，損害を蒙った本人と分かち難く結びついた権利であると考えられていたのである。慰謝料請求権は譲渡可能でも相続可能でもなかった。しかし現在では第一に，人格権侵害のように，とりわけ著名な人物の名誉が死後に傷つけられるという場合が法実務上承認されるようになり，その場合には，本人ではなく遺族が慰謝料請求権を持つことが可能となった。また，第二に，慰謝料請求権の譲渡および相続の可能性も認められるようになった。従ってまた差押えの対象ともなるに至った。慰

謝料請求権は，元来は，金銭にならない損害を金銭で解決することに伴うアイロニーを表現した制度であったが，現在では非財産的損害の概念自体が相対化された。

以下ではなお残っている，日本民法との基本的な違いについて触れておこう。相違は何よりも，債権法と物権法の厳格な区別にほぼ対応する法律行為の区別がなされていることにある。

(2) 義務づけ行為と処分行為

総則で扱われる法律行為については，一面的行為（単独行為）と多面的行為（とくに契約）の区別以外にも，重要な区別がなされる。とりわけ重要な意味をもつのが，義務づけ行為（Verpflichtungsgeschäft）と処分行為（Verfügungsgeschäft）の区別である。義務づけ行為は債権債務関係を基礎づける行為であって（たとえば売買契約），それは直接に権利変動をもたらすものではない。これに対して処分行為は，直接に権利変動をもたらす行為である（たとえば所有権の移転，抵当権の設定）。債権法にも処分行為の例がないわけではないが（債務の免除や債権譲渡。なお，取消や解約告知などの形成権行使も，処分行為である），処分行為が広く行われるのは物権法の領域である。

法律行為は，また，無因行為（abstraktes Rechtsgeschäft）と有因行為（kausales Rechtsgeschäft）に分類される。直接的に権利変動をもたらす処分行為（所有権移転や債権譲渡。処分行為とはいっても法律行為であり，事実行為ではない）は，原則として，その基礎にある原因行為とは無関係に効力をもつ。その意味において，無因の行為なのである（ここでは abstrakt という形容詞は，個別からの原理の抽象という哲学的な意味においてではなく，原因行為とは切り離された，という意味で用いられていることに注意）。たとえば原因行為

としての売買契約が何らかの理由で無効だとしても，その履行行為としての売買目的物の所有権移転は無因行為であるから，依然として有効である。買主は，売買契約の無効にもかかわらず，有効な処分行為によって所有権を取得したと主張しうる（ただし，売買契約が無効である以上，売主は買主に対して法律上の原因なき不当利得を理由とする目的物返還請求権をもつのであって，買主が終局的に所有権を確保しうるというわけではない。日本の場合，売買契約が無効であれば所有権は最初から売主のもとにあったことになるから，売主は不当利得返還請求権を行使する必要がないはずである）。

　原因たる義務づけ行為ないし義務づけ契約がつねに債権契約であるのに対し，無因の処分行為は——つねにではないが——主として直接に物権変動をもたらすものであり，その限りで物権行為（dingliches Geschäft）とよばれる。この区別が債権法と物権法の区別と重なって，ドイツ民法典の顕著な特色を成しているのである。

(3) 契 約 法

(a) 売　買　　売買（Kauf）は，民法典が列挙する典型契約の中でむろん最も重要な，有償の債権契約である。売買契約によって，売主は目的物を買主に引き渡し，目的物の所有権を買主に移転する義務を負い，買主は売主に代金を支払う義務を負う。目的物が物（有体物）ではなく権利である場合は，売主は買主にその権利を与える（たとえば売買の対象たる債権を譲渡する）義務を負う。売買契約は債権契約であるから，買主は売買契約だけで目的物の所有権を取得するわけではなく，その履行行為たる処分行為としての所有権譲渡を待って初めて所有権者となるのであるが，ドイツでも日常的な現実売買（Handkauf. 目的物と代金を直ちに交

換する売買)においては,売買契約と所有権譲渡が同時になされるのが普通である。なお,売買契約の方式は原則として自由であるが,土地の売買は公正証書によることを要する。もっとも,公正証書によらない土地の売買は無効だが,履行行為としての所有権移転が済んでしまえば,無効が治癒されて売買契約は有効となる(BGB 311 b条)。土地所有権移転行為も一定の方式によることを要するが,これについては物権変動をもたらす処分行為,すなわち物権行為一般の方式とともに,後述する(168頁以下)。

　売買の目的物に瑕疵があるときは,買主は売主の瑕疵担保責任(Gewährleistung für Sach- und Rechtsmängel)を問うことができる(434条以下)。目的物の瑕疵は,伝統的に,物の瑕疵と権利の瑕疵(たとえば売買の目的物の所有権を売主がもっていない場合,所有権に買主の知らない利用権が設定されていた場合など)とに区分されてきた。そして物の瑕疵について,かつては旧法の第2編第7章第1節「売買,交換」の第2款に詳細な規定が設けられていた。しかし債権法改正を経て,現行法では物の瑕疵は434条に縮約されて規律されている。目的物の瑕疵と権利の瑕疵の違いを越えて,売主の給付義務を満たしたかどうかという給付障害法的な観点が,瑕疵の有無を決することとされた。瑕疵担保責任を追及する買主は,まずは完全履行,つまり瑕疵の修補または代物引渡を請求しなければならない(かつては売買契約を解除して目的物の返還と引換えに代金の返還を要求するか,または目的物を返さずに瑕疵の程度に応じた代金減額を要求するかを選択できた)。完全履行の請求が(たとえばそのためにかかる費用が莫大となり,売主に過度の負担を強いることとなるなどの理由で)結果的に果たせなかった場合に初めて,解除および代金減額請求ができるのである。

VI 民　　法

　実務上は，売買契約を中心に，一般に大量の契約を処理するために普通取引約款（Allgemeine Geschäftsbedingungen）が広く利用されている。約款を規制する特別法たる 1976 年 12 月 9 日の約款法（AGBG）の主要な原則は，債権法改正によって，主として民法 305 条から 310 条までに取り込まれた。約款は顧客がその利用に同意したときに限り契約内容となる。したがって，約款を用いて大量の契約を処理しようとする者（約款使用者）は，契約締結にさいし約款の使用について明言しなければならない（自動販売機などの場合は，約款を掲示しておかなければならない）。顧客が予想しないのも当然と思われるほど常識外の条項は，契約内容にならない。個別的な合意は，約款に優先する。約款の解釈に疑問が生じたときは，約款使用者に立証責任がある。約款の規定は，誠実・信義の原則に反して顧客に著しく不利であるとき（瑕疵担保責任の排除など）は不確定的に無効（unwirksam）であり，それに代わって民法典を始めとする法律の規定が適用される。なお，鉄道運送約款，市電・市バスの運送約款，労働協約などには約款法の規定は適用を見ない。

　民法 307 条から 309 条の定めによれば約款に無効な定めがあり，それが使用されたり推奨されたりした場合には，その使用中止ないし推奨撤回を求めて，消費者団体などは，約款使用者ないし約款推奨者を訴える団体訴訟（Verbandsklage）を起こすことができる。その詳細は 2001 年 11 月 26 日の差止訴訟法（UKlaG）に，旧約款法の定めを取り込む形で規律されている。訴えを提起できる団体とは，法人，商工会議所または適格な施設（qualifizierte Einrichtung）であり，適格な施設は連邦行政官庁の作成するリストに記載される。そのリストは年始の連邦公報（Bundesanzeiger）

§3 債権法

によって公表され，さらにヨーロッパ連合の委員会に送付される。

　民事的な消費者保護立法としては，まず，割賦販売の規制がある。すでに1894年に制定され，1976年に改正された割賦取引法（Gesetz betreffend die Abzahlungsgeschäfte）がそのために活用されていたが，この法律は，まずは，EG指令に基づいて1990年に制定された消費者信用法（Verbraucherkreditgesetz）の一部分へと吸収された。さらにこの消費者信用法は債権法改正により，主として民法491条以下の「消費者消費貸借契約（Verbraucher-darlehensvertrag）」（消費貸借契約の一部）として，取り込まれた。この規制によれば，消費者消費貸借契約は，貸付金の総額（場合によっては貸付限度額）・一時払価格・割賦払の場合の全体価格・支払方法・利息取極および貸付にかかるコスト・実質年利の定め・消費者消費貸借契約との関連で生じた債務等の保険にかかるコスト・担保の特約を含む書面によることを要する（電子書面は認められない）。書式を備えない消費者消費貸借契約は絶対的に無効（nichtig）である。商品を買う旨の買主の意思表示は，買主が契約書の写しを受け取ってから2週間以内に書面で撤回しないか，または目的物を返還しなかったときに初めて効力を生ずる。一時払価格・割賦払価格等の記載を含むカタログによる通信販売の場合は，撤回権に代えて商品の返還権を定めることもできる（商品を受領してから2週間以内の返還権。返送の費用は売主の負担。郵便小包に適しない商品については，書面で引取りを要求するだけでよい）。書面による撤回や，書面による返還権において，書面に理由を明記する必要はない。買主の債務不履行を理由として売主が契約を解除したり，違約金を要求したりできるのは，買主が2回以上連続して賦払金の全部または一部の支払を遅滞し，かつ，その額が

VI 民　　法

販売価格の 10 分の 1 以上に上り，2 週間の期限を付した催告が効果を挙げなかった場合に限られる。

　さらに，訪問販売・街頭販売等の被害を防止するため，これも EG 指令に基づいて制定された 1986 年 1 月 16 日の「訪問取引等の撤回に関する法律 (Gesetz über den Widerruf von Haustürgeschäften und ähnlichen Geschäften)」が，債権法改正により，主として民法 312 条以下に「特殊な販売形式」として，取り込まれた。それによれば，住宅や職場で口頭の説明に基づいて結んだ契約，交通機関の中や公共の道路上で突然話しかけられて結んだ契約，余暇を楽しむ催し（商品販売を隠れた目的とする日帰りバスツアーなど）において結ばれた契約について，2 週間以内の撤回権が認められる。なお，2000 年 6 月 27 日の通信販売法 (Fernabsatzgesetz) も，債権法改正により，民法 312 c 条以下に取り込まれたが，それによれば，電話やインターネットによるものを含む通信販売の業者には詳細な情報の提供が義務づけられ，消費者には大幅な撤回権が認められている。

　このようにこれらの特別法は，2002 年の債権法改正により，民法典中に取り込まれた。それは法の内容に大きな変更を加えるものではなかったが，これまでドイツ民法典が誇ってきた，体系的な見通しのよさは，これら特別法の併呑によって，かなり失われた。特別なタイプの契約関係を，一般給付障害法の観点から多少強引に整序しようとしたからである。かつては特別法に一括して規律されていた条文は，民法典中に散逸することとなり，技術的にも，クロスリファレンスが煩瑣となり，根拠条文を探し出すために法令集を何度も繰らなければならなくなった。

　この法改正の評価は，改正後 10 年を超えた現在も，なお定ま

っていない。それは，ヨーロッパ法と民法との関係，契約総論と各論の解釈論的関係が大いに動揺し，かつ新たな関係が安定的に構築されてはいないこと，など現在のドイツ民法学の状況の反映である。

(b) 賃貸借　　売買契約と並んで市民生活上重要なのは，賃貸借契約，とくに住居の賃貸借契約であろう。民法典は，賃貸借を，目的物（特許権のような権利を含む）の使用と収益（たとえば農場を借りて収穫を得たり，建物を借りてそれを他人に使わせ賃料収入を得る）のための用益賃貸借（Pacht）と，目的物（この場合は有体物のみ）の使用だけのための使用賃貸借（Miete）に分けて規定しているが，一般市民にとって身近なのは，むろん使用賃貸借である。また，土地ばかりでなく建物をも独立の不動産として扱う日本民法とは異なり，ドイツ民法典では土地（Grundstück）だけが不動産（unbewegliche Sache）であり，建物は土地の本質的構成部分（wesentlicher Bestandteil. 分離によって，分離された部分または残った部分が破壊されてしまうか，本質を変えてしまう）にすぎないので，他人の土地を賃借してその上に自己の建物を所有することは不可能である（建物を建てても，それは土地の本質的構成部分として土地所有者のものになってしまう。他人の土地の上に建物を所有するためには，用益物権としての地上権〔Erbbaurecht〕の設定を得て，建物をその地上権の本質的構成部分とするという形式をとらねばならない）。したがって，住居の使用賃貸借には，建物を本質的構成部分とする土地または地上権を使用賃貸借するというケース（いずれも建物をまるごと住居として借りる場合），および建物の一区画たる住居を使用賃貸借するというケースがある。2001年6月19日の法改正により，民法典における賃貸借法は，住居の使用賃貸借関係の法律

Ⅵ 民　　法

をまとめて取り込み，これを住居以外の使用賃貸借と分けて規律した。住居の使用賃貸借契約に関する特別な規律が典型的に妥当するのは，むろん，建物の一区画を使用賃借するケースである。

建物の一区画たる住居の使用賃貸借の場合，建物を本質的構成部分とする土地の所有権者または地上権者から建物の一区画たる住居を使用賃借するというケースのほかに，1951年3月15日の住居所有権法（WEG）によって認められた住居所有権（Wohnungs-eigentum. 日本の区分所有権に当たる。ただし，日本とは違って建物はつねに土地または地上権の本質的構成部分とされるから，住居所有権者は必ず土地共有者または地上権の準共有者であって，土地の共同賃借人ではありえない。なお，住居以外の事務所・倉庫等については，住居所有権と区別し，部分所有権として規律している）を持つ者からその住居を使用賃借するというケースもある。住居所有権法は，さらに，建物の一区画たる住居について継続的居住権（Dauerwohnrecht）なる用益物権を認めているが（住居以外の区画については継続的利用権），その継続的居住権者から当該住居を使用賃借するというケースもある。そのほかに，以上すべてのケースの使用賃借人からさらに転貸を受けるケースもあるし，用益賃借人（各種の所有権者ばかりでなく住居の継続的居住権者から用益賃貸を受けることも可能）から使用賃借するケースもある。たとえば，土地所有者—建物を本質的構成部分とする地上権の権利者—その建物の一区画たる住居の住居所有権者または継続的居住権者—その住居の用益賃借人—使用賃借人—転借人といった長い連鎖もありうる。

住居の使用賃貸借契約にあたっては，通常，印刷された契約書が利用される。貸主と借主の双方に公平たらんとするのは連邦司法省作成の標準使用賃貸借契約に従った印刷書式であって，その

中には，集合住宅の賃借人の「建物利用規定」も含まれている。しかし，建物所有者団体や使用賃借人団体もそれぞれに，自己の利益に合する印刷書式を用意し，その利用を呼び掛けている。民法典は，とくに使用賃貸人の解約告知を制限することによって，使用賃借人の保護を図っている。2001年の改正により，使用賃借人の死後に賃借人たる地位を継承する権利（Eintrittsrecht）が，賃借人と婚姻関係にあった者およびその家族だけでなく，賃借人と継続的に同一の生計において生活する者（たとえば同棲者であるが，同性であるか異性であるかは問われない）にも拡張されている。日本では慣習法に委ねられている敷金（Mietkaution）についても，ドイツ民法典は，明文で賃料の3ヵ月分までと定めている。使用賃貸人は受領した敷金を自分の資産と区別して金融機関の貯蓄預金に通常の利率で預金しなければならない。その利息は使用賃借人のものとされている（551条）。権利金を取る慣習はない。周旋業者は，賃貸住居周旋の手数料として通常賃料の1ヵ月分を取得するが，周旋業者によらず新聞広告によって貸主または借主を見つけるのが普通である。

　(c)　私的自治と憲法　　契約自由の原則を中心とする私的自治は，基本法2条1項が保障する「人格の自由な発展の権利」に属するものであり，したがってそれ自体，基本権であると解されている。ただし，この基本権には，「他人の権利を侵害しない限り」という内在的制約と並んで，「憲法的秩序と良俗規範に反しない限り」という制約が付されている。私的自治の観念そのものが当事者の対等性を前提としているばかりでなく，憲法的秩序には社会国家の原理も含まれるから，弱者保護の諸立法はこの趣旨に沿ったものとして位置づけられる。ただし，立法権は，個別的

Ⅵ 民　　法

弱者ではなく，類型的な弱者を括り出し，法的な保護を与える。

この意味において私的自治の制約を具体化することが，立法ばかりでなく裁判の任務であると感ぜられるときもある。賛否両論を惹起した判例として，連邦憲法裁判所の 1993 年 10 月 19 日決定（憲法異議事件）を紹介しよう。父親が銀行から融資を受けたさいに銀行の求めに応じて保証人となった 21 歳の女性が父親の事業失敗によって銀行から多額の保証債務の履行を求められた事件において，原告女性の保証債務無効確認請求を棄却し被告銀行の保証債務履行請求（反訴）を認容した一審判決を逆転させた二審判決を再逆転させ，控訴棄却の結論を出した連邦通常裁判所（通常裁判権の最高裁判所，284 頁参照）判決を，連邦憲法裁判所は，憲法違反として取り消した。連邦憲法裁判所によれば，

　「契約法においては契約当事者の意思の合致によって利害の適正なバランスがとられる。両当事者は相互的な拘束によって，それぞれの行為の自由を実現するのである。〔しかし〕一方当事者が契約内容を事実上一方的に決められるほど優位にあるときには，それは相手方にとっては他律だということになる。一方当事者が構造的劣位にあることが類型的に明らかなケースであって，契約内容がその劣位者にとって著しく不利である場合には，民事法秩序はこれに対処して修正をほどこさなければならない。それは，私的自治の基本権としての保障と社会国家原理とによるのである。……契約内容が一方にとって著しく不利であり，利害の適正なバランスがとれていないことが明らかなときは，裁判所は〈契約は契約だ〉と言ってすませるわけにはいかない。裁判所は，その定めが交渉力の強さの構造的な不平等の結果ではないかを調べ，必要

な場合には現行民法の一般条項〔良俗条項（138条）および特に信義則条項（242条）〕を使って変更のために介入しなければならない。その具体的なやり方，下すべき結論は，まずは〔憲法を持ち出さずに〕一般の法によって処理すべき問題である。……しかし，契約の対等性の問題が全く無視されたとき，または適切な手段で解決されるに至らないときは，基本権として保障された私的自治が侵されたということになる」。

連邦憲法裁判所はこのように論じて，本件の具体的事実関係に照らして連邦通常裁判所の判決は基本法2条1項に違反したものだと断じ，これを破棄して事件を連邦通常裁判所に差し戻した（連邦憲法裁判所は審級制度上の裁判所ではないにもかかわらず，破棄・差戻し〔aufheben, zurückweisen〕という上訴制度上の用語が使われている）。手続法的に，これでは連邦憲法裁判所はスーパー上告審ではないかという批判も聞かれる。実質的に見ても，私法上の取引においてはおよそ不平等のない場合の方が稀有なのであり，それに一々司法が介入しては切りがない，構造的劣位の有無の判断とその是正の方法は，立法権の判断に委ねるべきである，という批判は重要である。しかし私的自治による法取引であっても，そこに構造的不平等が認定された場合には，連邦憲法裁判所が，民法の解釈にとどまらず基本権侵害という基準を以てかかる法取引に介入することはあり得るというのが，現在の法実務の見解である。

(4) 不法行為

民法典は，不法行為（unerlaubte Handlung）について，いくつかの原則的規定を置いている。

　(a) 絶対権侵害　「故意または過失によって他人の生命，

VI 民　　法

　　　　身体，健康，自由，所有権その他の権利を違法に侵害した者は，それによって生ずる損害をその他人に賠償する義務を負う」(BGB 823 条 1 項)。
　(b)　保護法律違反　「他人の保護を目的とする法律に違反した者も，同様の義務を負う。法律の内容によれば無過失の場合でも法律違反が成り立つときは，故意・過失がある場合にのみ賠償義務を負う」(823 条 2 項)。
　(c)　良俗違反　「善良の風俗に違反して他人に対し故意に損害を与えた者は，その他人に損害を賠償する義務を負う」(826 条)。

このように，民法典はまず 823 条 1 項によって権利侵害の要件を厳格に規定し，同条 2 項および 826 条によってその厳格な態度を部分的に緩和している。但し 2 項の定める保護法律違反の典型例は，刑法典の定める侮辱罪規定・傷害罪規定・詐欺罪規定，といったものだから，緩和の程度は大きくない。823 条 1 項の「その他の権利」とは，対世的効力をもつ絶対権(人格権，物権，知的財産権等)を意味すると解されている。判例はまた，「設立され稼働中の営業についての権利 (Recht am eingerichteten und ausgeübten Gewerbebetrieb)」も直接的な（または当該営業を目掛けた）侵害の対象とされる限りで「その他の権利」に当たるとする（たとえば，ある営業を目掛けたデモによって営業活動を妨害する場合）。これに対しては，営業についての権利を所有権に比せられるほどの明確な権利と認めることはできないとして，批判する有力な学説もある。判例はこの批判を全面的には受け入れていないものの，学説による批判を回避しつつ，営業についての権利に不法行為法が適用可能な場合をどのように一般的に定式化できるか，さまざ

まな可能性を探っている。ここからもわかるように，権利侵害の要件を違法性の要件で代替することによって不法行為を拡張する日本の学説・判例は，権利侵害を絶対権侵害に限定するドイツ民法典にはなじまない。

　もとより，823条1項も，違法性の要件を掲げていないわけではない。しかしそれは，故意・過失の要件と重なるものである。すなわち，故意による絶対権侵害は正当防衛・正当行為等の違法性阻却事由がない限り違法であり，不法行為になる。また，過失による侵害行為の違法性とは，社会的往来（Verkehr）において必要な注意を怠ることと解されている。さまざまの生活領域における注意義務がそれぞれの領域の行動規範として捉えられ，その行動規範に違反することが違法性として理解されるのである。そうした行動規範の中には，学説・判例によって，社会的往来上の義務（Verkehrspflicht）ないし社会的往来保全義務（Verkehrssicherungspflicht〔安全配慮義務〕）とよばれるまでに定着したものもある。たとえば，道路を通行に供する者や道路際の建物の工事を行う者はそれに伴う危険を防止する社会的往来上の義務を負い，医師や運送業者のように社会的往来の中で特別の専門知識ないし注意を必要とする活動に携わる者は，専門知識の欠如ないし不注意によって社会的往来上の義務に違反する。

　民法典は，無過失責任を原則として認めない。しかし使用者責任（公務執行にさいしての加害行為については，基本法34条が国家責任を認める）・監督者責任・動物保有者の責任・土地工作物の崩壊等による土地占有者の責任について，立証責任を転換して加害者に無過失を証明させることにしている。民法典の内部でも，古典的に，例えば（家畜ではなくライオンなどの）動物保有者は，その動

Ⅵ 民　　法

物が他人に与えた損害について無過失賠償責任を負う (833条)。民法典の外側では，1871年の帝国賠償責任法を前身とする1978年の賠償責任法 (HaftPflG) による鉄道事業者等の責任，1909年の自動車交通法を前身として1952年の道路交通法 (StVG) で規定されている自動車保有者の責任，1936年の航空法 (LuftVG) による航空機事故の責任，1959年の原子力法 (Atomgesetz) による原子力施設事故の責任，1957年の水管理法 (WHG) による水質汚染の責任，1976年の薬事法 (AMG) による薬害事故の責任，1990年の環境責任法 (UmweltHG) による環境汚染の責任について，個別の領域で危険責任 (Gefährdungshaftung) の思想が実現されている。いわゆる生産者責任 (Produzentenhaftung) も，社会的往来上の義務の一類型として位置づけられていたが，1989年12月15日の製造物責任法 (ProdHaftG) は，製造物の欠陥による損害について生産者（ヨーロッパ経済領域圏外から輸入された製品については輸入業者も）の危険責任を定めた。社会の産業化・技術化は，生活を便利にすると同時に相応のリスクをももたらす。危険責任とは，こうしたリスクを社会的に制御するひとつの法技術である。

　不法行為の効果は，何よりも損害賠償である。しかし被害者にとっては，加害行為差止め (Unterlassung) の訴えを提起しうること，そして将来にわたって加害をもたらす状態の除去を請求しうることが，しばしば重要な意味をもつ。したがって，所有権に基づく妨害排除請求権を認める規定 (1004条) の類推適用と判例理論によって，絶対権（健康や人格権を含む）に基づく差止めの訴えや妨害排除の訴えも認められている。

§4 物 権 法

物権法 (Sachenrecht) には，日本のそれと異なる点が多い。

(1) 物 権 変 動

所有権の移転を始めとして，物権変動には，原因たる債権契約（たとえば売買契約）とは別個の，直接物権変動をもたらす法律行為（処分行為）が必要である。これを物権行為（または物権契約）という。物権行為の内容は，動産 (bewegliche Sache) の場合と，不動産 (unbewegliche Sache) の場合とで異なる。動産の物権変動をもたらす物権行為は，合意 (Einigung) と引渡 (Übergabe) から成る（その「合意」と，物権変動の原因たる債権契約との混同を避けるために，「物権的合意」という訳語を用いることもある）。

「動産の所有権を移転するためには，所有権者がその物を譲受人に引き渡し，所有権が移転すべきことについて両者が合意することを要する。譲受人がすでにその物を占有しているときは，所有権移転の合意をもって足りる」(BGB 929 条)。

制限物権の設定についても，合意と引渡を要する旨，規定されている（たとえば質権設定について 1205 条。ただし，動産に設定された制限物権を消滅させるには，合意と引渡の要件を充たす必要はない。質権〔Pfandrecht〕の場合，被担保債権の消滅とともに消滅するほか，質物が質権者から質権設定者に返還されることによって消滅し，また質権者が質権設定者に対し質権を放棄する旨の意思表示をすることによって消滅する）。担保の目的で債権者に対して動産の所有権を信託的に譲渡し，債務者がその動産を引き続き占有（して利用）する場合，すなわちいわゆる譲渡担保 (Sicherungsübereignung) の場合には，債権者が占有改定 (Besitzkonstitut) によって間接占有を取得することをもって，引渡とする。

Ⅵ 民　法

　不動産の物権変動には，合意と土地登記簿（Grundbuch）への登記（Eintragung）を必要とする。合意と登記から成る物権行為がなされるわけである（なお，不動産は土地だけであるから〔159頁参照〕，区裁判所の土地登記課に土地登記簿があるだけで，建物登記簿はない。ただし，住居所有権法によって住居所有権・部分所有権が設定されたときは，職権により土地登記簿に住居所有権・部分所有権の用紙〔これを住居登記簿・部分所有権登記簿という〕が備えられ，土地登記用紙は閉鎖される）。

>　「(1)土地の所有権を譲渡し，または土地に権利〔制限物権〕を設定し，またはそのような権利を譲渡したりこれに権利を設定する〔たとえば地上権を抵当に入れる〕ためには，この法律に別段の定めがない限り，物権変動の発生についての権利者と相手方の合意，および物権変動の土地登記簿への登記を要する。
>
>　(2)登記完了前には，〔合意を構成する〕意思表示が公正証書に作成され，または登記官の面前でなされ，または登記官に提出され，または権利者が相手方に土地登記法の規定による登記同意書を交付した場合に限り，関係者〔とくに権利者〕は合意に拘束される」（873条）。

　土地に設定された制限物権をその権利者が放棄するには，放棄（Aufhebung）の意思表示と登記の抹消が必要である（875条）。不動産担保権を放棄する場合には，そのほかに土地所有者の同意が必要である（1183条など。担保権者が放棄しない限り，被担保債権が弁済されても土地所有者が担保権を取得しうるというのが，ドイツ民法典の原則である。174頁以下参照）。このように物権を消滅させる場合は別として，物権の設定・変更には，不動産についても合意と

§4 物権法

公示方法が必要とされているのである。しかし,その合意には特別の場合がある。不動産物権変動の一要件としての合意が——一定の方式による場合に登記を義務づける効力をもつとはいえ——原則として無方式でよいのに対して,土地所有権を譲渡するための合意だけは,譲渡人・譲受人双方が公証人の面前で(または裁判上の和解において)行う意思表示によらなければならない(925条1項)。この方式に従う物権的合意を,アウフラッスング(Auflassung)という。条件・期限を付したアウフラッスングは,無効である。そればかりではない。土地所有権譲渡の原因たる債権契約(売買契約であることが多い)も,目的物が土地であるときは公正証書によってなされることを要する(311 b条)。民法典は,とくに重要な財産である土地の譲渡については,債権契約の段階でもその履行行為としての物権行為の段階でも,とくに明確な意思表示を要求しているのである。

物権行為の無因性については,すでに述べた。物権行為の効力は,原因たる債権契約の効力に依存しない。ただし,有効な物権行為によって取得された物または権利も,原因がなくなれば不当利得(ungerechtfertigte Bereicherung)として返還請求の対象になる。むろん,この返還請求は,取得者からさらに物権行為によって権利を取得した者には及ばないが,取得者自身の取引の安全は,善意者保護の制度(動産の善意取得と土地登記簿の公信力)によって守られる(無因性は,たとえば有価証券の流通性を強めるには有意義な原理である)。

第一に,所有権譲渡(合意と引渡)の対象たる動産が譲渡人の所有物ではなかった場合でも,譲受人が譲渡のさいに善意(in gutem Glauben)であったときは,所有権を取得する(むろん,不

VI 民　法

当利得ということにはならない）。善意とは，その動産が譲渡人の所有物でないことを，重過失なしに知らないことである（932条）。その動産が盗品または遺失物その他所有者の意思に反してその占有を離脱したもの（占有離脱物）であるときは，善意取得は認められないが，占有離脱物が金銭や無記名証券である場合，および占有離脱物を公の競売によって取得する場合は，善意取得が可能である（935条）。第二に，日本民法とは異なり，ドイツ民法典は，不動産の物権変動についても善意者保護の制度を有している。すなわち，登記が物権変動の対抗要件にすぎないものではなく，効力発生要件であり，登記簿に権利者として記載されている者が真の権利者である蓋然性が高いことを前提として，その記載に推定力（891条）のみならず，公信力（öffentlicher Glaube）も認められている。

　「土地に対する権利またはその権利に対する権利を法律行為により取得する者のために，土地登記簿の内容は真正とみなされる。ただし，その真正に対する異議が登記されているとき，または取得者がその不真正を知っているときは，その限りでない」（892条1項）。

動産の善意取得においては重過失なしに善意であることが要件とされるのに対して，不動産の場合は，登記簿の内容が真正でないことを重過失によって知らなかった者も，公信力の保護を受ける。善意・悪意を判断する基準時は，権利を取得するための登記申請の時点である。なお，善意の権利取得者が保護されるばかりでなく，土地登記簿に権利者として登記されている非権利者に何らかの給付（たとえば抵当債務の弁済）を行った者，またはその非権利者が行った何らかの処分行為（たとえば登記されている非権利

者が仮登記に与えた同意）の相手方になった者も，善意だった場合には 892 条の準用によって保護される（893 条）。

(2) 所有権とその制限

「所有権者は，法律に違反せず，他人の権利に抵触しない限り，所有物を意のままにすることができ，他人のいかなる作用をも排除することができる」(BGB 903 条)。

「土地所有権者の権利は，地表上の空間および地下に及ぶ。ただし，所有権者は，排除の実益がないほど高く，または深いところへの作用を禁ずることはできない」(905 条)。

これは，一般的に権利濫用を禁止する途をとらず，「他人に損害を加えることのみを目的とする」権利行使（シカーネ）を禁止するにとどめた（226 条）態度と一貫した規定である。民法典は基本的に，契約の自由・所有権の自由（それに相続の自由）を信奉しているのであって，社会法的理念に基づく自由の制限に積極的であるとは到底言えない。せいぜい，「売買は賃貸借を破る (Kauf bricht Miete.)」とした第一草案を改めて「売買は賃貸借を破らず (Kauf bricht nicht Miete.)」とすることにより（571 条），社会的弱者に対する所有権者の優越的地位を修正するなど，若干の社会法的配慮を示しているにすぎず，それ以外は単に消極的に，所有権者に対し法律に違反しないことを要請しているにすぎない。むろん，他人の権利（とくに所有権）との抵触は権利の限界として意識されている。強者相互の権利領域の境界を明確にした上で，自由な経済活動を展開させようというのが，19 世紀の 70 年代以降民法典の起草に携わった法律家たちの基本的な発想であった。

したがって，民法典の所有権法は，相隣関係についての多くの条文を含んでいる。しかしその意味合いは，民法典制定当初とは

Ⅵ 民　法

大きく変わった場合がある。私的な相隣関係の法的問題に，公法上の観点が介入する程度が高まったからである。その例としてイミシオーンを挙げよう。イミシオーン（Immission）の規定（906条）は，もとは，相隣関係の一環として権利と権利の抵触を調整しようとするものであった。イミシオーンとは，ある者の土地からガス・蒸気・臭気・騒音・振動などが生じて，他者の土地に侵害的作用をもたらすことである。制定当初の906条によれば，こうしたイミシオーンが他の土地から自己の土地に発生しても，それが「自己の土地の利用を妨害せず，もしくは軽微な妨害をもたらすにすぎないとき，または，その作用が地域の通常の用法による他の土地の利用から生ずるときは，その排送を禁ずることができない」。被害を受ける土地所有者はたいていの場合，受忍すべきとされたわけである。実は所有権に基づく妨害排除または不作為請求権（1004条）が大原則として存在するが，これが他の土地所有者の土地利用権を制限しかねないため，この請求権の行使を一定限度で阻止し，一定の程度で，他人の迷惑を顧みずに所有権の客体たる土地を自由に利用する権利を確保する意味を持ったのがイミシオーン規定だった。実際には，近隣の土地に工場などを建てて操業する企業家に有利に作用した。空気汚染や騒音などへの対応は所有権法によってではなく，空気汚染や騒音をもたらし得る設備の利用を希望する者に国家が個別に許可を与えることによって，公法的な処方箋が施された。イミシオーンの概念が環境保護との関係を明確に持つようになったのは，1974年3月15日の連邦イミシオーン防止法（BImSchG）以降のことである。本法律の「目的は，人間，動物，植物，土地，水，環境（Atmosphäre），文化的財およびその他の物を，環境に対する有害な作用から保護

§4 物権法

し，環境に対する有害な作用の発生を防止することにある」(1条)。大気や水，土などの環境に負荷をかける「設備」を利用しようとする者は，あらかじめ許可を受けるものとされている。こうしてイミシオーンの概念は，公法と私法の交錯点となった。その影響は民法の規定にもおよび，現行906条の文言は以下のように詳細かつ複雑になった。

「(1)土地の所有者は，ガス・蒸気・臭気・煙・煤・熱・騒音・振動その他，他の土地から生ずる作用が，自己の土地の利用を妨害せず，または軽微な妨害をもたらすにすぎないときは，その排送を禁ずることができない。妨害が軽微にすぎないと通常認められるのは，法律または規則に従って測定され評価を受けた作用が，当該法規範により定められた限界値または基準値を超えていない場合である。連邦イミシオーン防止法48条に基づいて一般行政命令に定められ，技術の現状を反映した限界値または基準値についても同様に扱われる。(2)重大な妨害が，地域の通常の用法による他の土地の利用から生じ，かつ，そのような利用者に無理なく要求しうる措置によって防止しえないものであるときも，これと同じ。その結果所有権者が作用を受忍せざるをえない場合，その作用が，自己の土地を地域の通常の用法で利用し収益を挙げることが無理なほどの妨害をもたらすときは，所有権者は，妨害発生地の利用者に対し相当額の補償金を要求することができる。(3)特別の導管による排送は許されない」。

この改正にもかかわらず，相隣関係の規律の枠内でイミシオーン（侵入）の発生を抑制することにはもとより限界がある。

なお，ドイツ連邦共和国における土地所有権は，建設法典

Ⅵ 民　法

(BauGB) によって，きびしく規制されている。同法典によれば，市町村は建設基準計画（Bauleitplan）を策定し，とくに住民の参加を得て条例により建設計画（Bebauungsplan. 既存建設地域の外に建設を許すための，詳細な都市計画。建設計画の対象となった地域以外においては，建築は原則として禁止される）を定めるべきものとされているが，計画の実行を確保するために，事前に2年間の現状変更禁止（建築禁止等）を定めることができるなど，さまざまの規制がなされている。こうした規制は，基本法による財産権の保障に抵触するものではない。基本法14条1項は，前段で「財産権（Eigentum）と相続権は保障される」と宣言しているが，すぐに後段で「その内容と限界は法律によって定められる」と規定する。そして，同条2項は，ヴァイマル憲法153条3項を受け継いで，「財産権は義務を伴う。その利用は同時に全体の福祉に奉仕すべきである」としているからである。

(3)　不動産担保権

ドイツ民法典が認める制限物権には日本に見られないものも多いが，その中で重要なのは，不動産担保権の1つとしての土地債務である。しかし，土地債務と密接な関係にある抵当権も，日本のそれとは性質を異にする。

抵当権（Hypothek）とは，債権担保のための不動産担保権（Grundpfandrecht）であり（BGB 1113条1項），物権的合意と登記によって設定される（1115条）。将来の特定の債権または条件付債権のために設定することも可能である（1113条2項）。これに対して，土地債務（Grundschuld）とは，被担保債権なしに土地の担保価値を捉え，その土地から優先的に支払を受ける不動産担保権である（1191条）。被担保債権と関係しない限り，抵当権に関

する規定が準用される。抵当権が設定されるのは，たとえば建築のための貸付を受ける場合であるが，順序としては貸付金の支払前に，貸付を受けようとする者がまず自分の土地に土地債務（被担保債権がない）を設定し（これを所有者土地債務という。1196条によって，所有者土地債務の設定には土地所有者の登記官に対する意思表示と，登記を要する），貸付金支払と引換えにその土地債務を（合意と登記によって）貸付者のための抵当権に転換する，というのが普通である。抵当権が被担保債権に対して附従性をもつのに対して，土地債務はかかる附従性を有しないため，実務において土地債務のほうが抵当権より好まれる傾向がある。

　抵当権にしても，土地債務にしても，土地の担保価値のうちの一定額の枠であると考えれば，土地所有者が自分でその枠をもっている状態を認めることも不自然ではない。そこで，ドイツ民法典は，所有者抵当権（Eigentümerhypothek）および所有者土地債務（Eigentümergrundschuld）の制度を認めている。抵当権ないし土地債務は，所有権との混同によって消滅することにならず（889条によって一般的に，土地上の制限物権は混同によって消滅することがないとされている），したがって後順位担保権の順位も繰り上がらない（なお，所有者抵当権が成立するのは，たとえば土地所有者が他人の債務の物上保証人として抵当権を設定した後，その抵当権付き債権の譲渡を受けた場合である）。このようなドイツ民法典の処理は，土地担保権の流通にとって有利である，とされる。しかし，たとえば，すでに一番抵当を設定している土地所有者が新たに二番抵当を設定しようとする場合，二番抵当権者は，一番抵当の被担保債権が弁済によって消滅した場合に一番抵当権者に上昇することを望み（土地所有者が所有者土地債務により一番の枠を確保することを，

欲しない），土地所有者が将来取得すべき一番枠の所有者土地債務を抹消すべき義務をこれに負わせ，その抹消請求権の仮登記（Vormerkung）をしておくことが多かった（所有者抵当権についても同様）。そこで，1977年の改正によって，後順位の抵当権者・土地債務権利者は，そのような仮登記なしに先順位の所有者土地債務ないし所有者抵当権の抹消を請求しうる（ただし，後順位の担保権設定にさいして抹消請求権を排除する旨を取り決め，登記簿に記載することもできる）ものとした（1179 a条）。かつて日本の学者には，順位確定の原則を近代法の特質と考える向きもあったが，その際に模範とされたドイツにおいてもかかる原則は相対化されたのである。

抵当証券（Hypothekenbrief）は——1990年代前半まで普及しなかった日本のそれと違って——交付されるのがかねてよりの一般原則である。抵当証券が交付される場合は，債権者は合意と登記だけでなく証券の交付を受けることによって抵当権者となる。さらにこの場合，抵当権の譲渡は，書面による譲渡の意思表示を含む物権的合意と抵当証券の引渡によってなされるのが普通である（むろん，合意・登記プラス証券引渡，という方法をとることもできる）。抵当証券の交付が両当事者の合意と登記によって禁じられたときは登記抵当権ということになるが，抵当証券が交付されることが多い。なお，土地債務についても，証券（土地債務証券）の利用が可能である。

抵当権には，両当事者が登記抵当権にする途を選ばない限り抵当証券を利用することが可能な通常の流通抵当権（Verkehrshypothek）のほかに，抵当証券の利用が認められない保全抵当権（Sicherungshypothek）もある。流通抵当権においては，債権者

が登記された額の債権と抵当権をもつものと推定され，抵当権に関する登記簿の公信力もその額について生ずるのに対して，保全抵当権においては，債権者は債権の存在と額を証明しうる限りでのみ抵当権者としての権利をもつ。最高限度額のみが登記される最高額抵当権（Höchstbetragshypothek）は，保全抵当権の一種である（日本民法の根抵当権に相当する）。

§5 家族法

　家族法（Familienrecht）は，民法典第4編で規律されている。民法典の施行以来，家族の構造も，家族法に対する一般の見方も，根本的に変化した。民法典の改正はとりわけこの分野で頻繁に行われた。それは日本における民法典改正についての議論状況と顕著な対照をなしている。基本法3条2項の定める男女（夫婦）の同権，同6条5項が要請する非嫡出子と嫡出子の同権が民法典においても実現された（とくに1970年代後半の数次にわたる改正によって，家族法はほとんど原型をとどめぬほど変貌した）。かつての家父長的家族モデルは解消されて，婚姻は協力関係（パートナーシップ）として捉えられ，また，親は権威をもって子に対するのではなく，子の「独立で責任ある行為をする能力と必要の増大を顧慮」（BGB 1626条2項）すべきものとされる。「親権（elterliche Gewalt）」の概念に代わって，「親による保護（elterliche Sorge）」という概念が用いられている。私生子とその父は血族関係にないとする差別的規定（旧1589条2項）は，1969年に削除された。私生子（uneheliches Kind）という差別的名称も，非嫡出子（nichteheliches Kind）に変わった。非嫡出子という語さえも1998年7月1日以降，法律上の表現としては排除された。法律上は，やや

Ⅵ 民　法

回りくどくはあるが,「結婚した両親の子 (Kind miteinander verheirateter Eltern)」(親の一方が死別することにより婚姻が解消されて 300 日以内に生まれた子供を含む) と, 離婚による婚姻解消後に生まれた「結婚していない両親の子 (Kind nicht miteinander verheirateter Eltern)」(いつ離婚が成立したかは問われない) という表現が用いられることとなった。実質的にも嫡出子と非嫡出子の民法上の区別は消滅した。2015 年現在, すべての出生の約 35 ％ が婚外子である。非婚姻的共同生活 (nichteheliche Lebensgemeinschaft) が広く営まれている (2016 年現在約 291 万に上る) のも, その一因であろう。

　婚姻の概念そのものに大きな変化をもたらしたのは, 同性婚の合法化であろう。2001 年 2 月 16 日の「生活パートナーシップ法」(当初は「同性パートナーに対する差別廃止法」という名称だった) によって, 同性の「生活パートナーシップ (Lebenspartnerschaft)」に対し, 氏の選択, 財産関係, 扶養義務, 相続権等について婚姻関係に準じた法的保護が与えられた (2015 年現在, 約 4 万 3000 組の登録済同性パートナーシップペアが居る)。婚姻関係にある者と同性パートナーシップとのあいだに存在した, 租税法上及び相続法上の区別については, 連邦憲法裁判所が 2010 年以降に相次いで違憲と判じたため, 相次ぐ立法により, ほぼ消滅した。そして 2017 年 7 月 20 日の「生活パートナーシップ法」改正により, 同性婚が合法化された。戸籍官の面前で同性の 2 人の者が生活パートナーシップを生涯にわたり遂行する意思を表示することにより生活パートナーシップは基礎づけられる (同法 1 条 1 項)。さらに戸籍官の面前で, この生活パートナーシップを婚姻 (Ehe) として遂行する意思を相互に表示することにより, 生活パートナ

ーシップは婚姻へと変更される (20 a 条)。なお, これまでは生活パートナーシップには戸籍登録手続が必要とされたが, この手続は2017年9月30日を以て消滅した。

　同性婚の合法化は, しかしまだ完全に異性婚と同等の法的性質を持つに至ったわけではない。「婚姻と家族」を一息に表現する基本法6条は, いままでのところ改正されていない。特に, 同性婚者に, 異性婚者の場合と同様に養子縁組の権利を認めるべきか, 現在も争われている。なお2014年12月10日連邦通常裁判所決定に次のようなものがある。男性同士のパートナーシップが, カリフォルニア在住の女性と代理母契約（ドイツでは禁ぜられている）を締結, パートナーの一方の精子提供により子供が誕生した。カリフォルニアの裁判所はこのパートナーシップに親権を認めた。代理母は親権放棄を宣言した。子供の誕生後にこの同性パートナーシップは子供と共にドイツに帰国し, 戸籍役場に対し出生登録簿に両親としての登録を要請したが, 役場に拒否された。ドイツ国内法では父は認知者, 母は代理母, となるからである（但し代理母はドイツ法では禁ぜられている）。連邦通常裁判所は, 戸籍役場はこの同性パートナーシップを両親とする登録をすべきであると決定した。その理由として, カリフォルニア法とドイツ法の齟齬は, カリフォルニア法のドイツ法への適用を不可能にする程ではなく, 子供および代理母の基本権を尊重すべきである, ということを挙げた。なお, 付言するならば, 婚姻による子供を得ながらその後, 離婚し, 同性パートナーと共同生活を行うというような事情から（その全貌は明らかにはなっていない）, 同性パートナーを親とする子供がいる, という場合は, まだ数は少ないもののすでに存在している。

Ⅵ 民　法

　家族法のめざましい展開にあたっては，連邦憲法裁判所の示した——しばしば立法者とも鋭い緊張関係に立つような——判断の果たした役割も大きい。家族法をめぐる立法は，そのときどきの政治的気分の影響を受けやすいが，遅くとも 1970 年前後を境として，家族の「本質」をめぐる疑似哲学的でイデオロギー的な議論の影響力は弱まった。家族法をめぐる——純粋にアカデミックな見地ばかりでなく政策的見地からするものも含めた——議論では，他の法領域にもまして機能的法比較の手法が頻繁に用いられ，また法学以外の経験科学（社会学，心理学，統計学など）も頻繁に利用される。それは，全体として，イデオロギーから家族法を解放し，劇的な展開を見せる 20 世紀後半の社会と家族の現実に即した家族法の組み換えに貢献した。この結果，ドイツの法律家は，家族法が民法だけでなく労働法・社会法とも構造的に密接な関係をもつことを，意識するようになった。

　(1)　婚　　姻

　婚姻（Ehe）は，婚姻以外の男女共同生活が広く見られる現在でもなお，社会の基本的な構成要素である。ただし，2016 年現在，ドイツの全人口に占める非婚者（配偶者と死別または離婚した者を含む）の比率は，41.1％ である。この数年，全人口が漸減する傾向にあるのに対して，非婚者の数は漸増している。

　婚姻の締結とその要件を定める婚姻法のたどった歴史は，近代ドイツの歩んだ数奇な政治的運命を反映している。婚姻法はもともと 1900 年のドイツ民法典に含まれていた。1938 年に NS は，私的自治の思想に立脚するために国家の政治から相対的な独自性を認められた民法典から婚姻法を独立させ，NS のイデオロギーを色濃く反映させた婚姻法を制定した。第二次大戦の終結後，法

§5 家族法

改正に猶予は許されないと考えられたのは当然であった。1946年2月20日に，早くも新たな婚姻法（Ehegesetz）が成立する。ただし，この婚姻法はヴァイマル時代の——家父長的色彩を完全には払拭していない——定めと多くの内容的な連続性をもっていた。家族は社会の最小構成単位であり，国家との有機的な連関に立つ——たとえば婚姻手続には検察官が関与することとされた——ものとして，特別の規律の下に置かれるべきものである，と考えられた。しかもドイツ再統一が成った1990年に至るまで，婚姻法の改正には第二次大戦戦勝諸国の協議を経る必要があった。それでも，すでに1976年の離婚法改正によって，離婚に関するすべての規定は婚姻法から切り離されて民法典に吸収された。1990年に婚姻法に関する完全な立法権がドイツに戻った後，1998年7月1日に婚姻締結法が施行される。これによって婚姻締結の規定が簡略化されると同時に，それらの規定が再び民法典に収められることとなった。こうして，婚姻法は，民法典の内部に位置づけられ，私的自治を原則とする財産法を核とする民法——すなわち国政の直接の対象から区別された領域——の内部における例外としての家族制度，という構成が復活した。

　婚姻可能年齢は，男女とも18歳（成年）。ただし，相手が成年に達していれば，16歳に達した者は，この年齢要件の免除を家事裁判所（区裁判所家事部）に申請することができる。婚姻は，両当事者が同時に戸籍官（身分登録官——日本のような戸籍簿があるわけではない）の前に出頭して，共に婚姻関係に入る旨の意思表示をすることにより成立する（強制的民事〔世俗〕婚主義）。死別あるいは離婚した妻に再婚禁止期間が課せられたりはしない。結婚式（Trauung）は戸籍官によって行われる（戸籍官が，両当事者それぞ

181

Ⅵ 民　　法

婚姻前	Herr Schmidt　　Frau Müller	
婚姻後		
	別氏　　夫 Schmidt　　　妻 Müller	子 Schmidt または Müller
	同氏（夫婦の氏を Müller とした場合） 　　　夫 Müller　　　妻 Müller 　　夫は Müller-Schmidt または 　　Schmidt-Müller と称すること 　　もできる。	子 Müller
	同氏（夫婦の氏を Schmidt とした場合） 　　　夫 Schmidt　　　妻 Schmidt 　　妻は Schmidt-Müller または 　　Müller-Schmidt と称すること 　　もできる。	子 Schmidt

れに婚姻の意思があることを確認した上，法の名において，2人は今や合法的に結ばれた夫婦であることを宣言する）のであって，神父や牧師が教会で主宰する結婚式は国家法的意味をもたない。

　氏については，法改正および連邦憲法裁判所の決定によって，頻繁に制度が変更されている。具体的に紹介しよう。1994年4月1日施行の改正民法典1355条は次のように定めていた。すなわち，①夫婦は婚姻締結にさいして戸籍官に対し，いずれの「出生時の氏（Geburtsname）」を共通の氏（家族名・婚姻名）とするかを表明することができる，②夫婦の氏につき合意が成立しないとき従前の氏を称すること（夫婦別氏）を承認する（したがってたとえば自動的に夫の氏が夫婦の氏になることはない），③従来の自分の氏が夫婦の氏にならなかった方の配偶者は，従来の氏を夫婦の氏の前または後に付した連結名を称することができる（戸籍官への意思表示による。たとえば，Müller という妻の氏を夫婦の氏にしたときは，夫は Schmidt という従来の氏をその前か後に付けて，Schmidt-Müller

またMüller-Schmidtと称することができる。しかし，この連結名は子には引き継がれない），と規定した。その後，2004年2月18日の連邦憲法裁判所決定は，①について，婚姻名の選択肢を夫婦のいずれかの「出生時の氏」に限定することを，人格の自由な発展の権利に違背するとした。婚姻の相手方の死別や離婚などにより婚姻が解消された後にも，引き続き婚姻名を使用することができる（BGB 1355条5項）のだから，この婚姻名も選択肢に含めるべきだとしたのである。この判決を受けて，2005年2月6日の法改正が行われた。新1355条は，新たな共通の氏を決定する際に，出生時の氏のほか，当事者が決定時までに使用していた氏をも選択肢に加えることとした。

子は夫婦（両親）の氏または（別氏のときは）父母いずれかの氏を与えられるものとされる。連結名は子には認められない（2002年1月30日の連邦憲法裁判所決定によれば，この限定は基本権を侵害しない）。また，同じ婚姻から生まれた第2子以下も第1子と同じ氏を称する。別氏の場合，両親が子の出生後1ヵ月以内に子の氏につき合意できないときは，家事裁判所が両親の一方に決定権を委ねる。決定権を委ねられた親が家事裁判所の定めた期間内に決定できなかったときは，その親の氏が子の氏となる。

両性の実質的権利平等に重きを置く婚姻においては，家政（Haushalt）も相互の了解の下で処理される。一方が家政の担当を任されたときは，自己の責任で（つまり他方の監督に服することなく）これを処理する。夫婦はいずれも，他方の立場・家族の立場を考慮しつつ職業活動に従事する権利をもつ（1356条）。夫が外で働き，妻が家を守るといういわゆる主婦婚（Hausfrau-Ehe）を前提として妻に認められていた日常家事処理権（鍵の権利

Ⅵ 民　法

〔Schlüsselgewalt〕）に代わって，夫婦いずれもが他方に対する効力を伴う日常家事処理権をもつことになった（1357条）。夫婦は互いに，自己の労働と財産によって家族を相応に扶養する義務を負うが，一方が家政を担当する場合は，その仕事によって扶養義務を果たすものとされる（1360条）。夫婦は相互に，家族共通の扶養のための費用を，あらかじめ相当期間分ずつ渡さなければならない（1360 a 条2項2段。たとえば，家事を担当する夫に対して妻は毎朝その日の生活費を乞わせるようなことをしてはならない。1977年の改正前は，家事を担当するのが妻であることを前提として，「夫は妻に対し……」あらかじめ渡さなければならない，としていた）。

　法定の夫婦財産制（Güterstand）は，かつては夫が原則として妻の財産を管理・用益・処分しうる管理共同制であったが，これは夫婦の同権に反するため，1953年から別産制がとられ，さらに1958年からは剰余共同制（Zugewinngemeinschaft）が法定夫婦財産制となっている（1363条以下）。それによれば，婚姻継続中は，夫婦のそれぞれが，婚姻前からもっていた財産および婚姻中に取得した財産を，各自所有する。婚姻終了にさいして初めて，婚姻中に他方よりも大きく財産を増やした方が，自己の財産増加分（剰余）と他方のそれとの差額を他方との間で分ける（夫の増加分が5万ユーロ，妻の増加分が2万ユーロだとすると，差額の3万ユーロを2人で分ける）ことになる。離婚のときは夫婦がそれを折半し，一方が死亡したときは，生存配偶者の相続分を一律に遺産の4分の1だけ増やすことによって清算する（たとえば生存配偶者が被相続人の子とともに相続するときは生存配偶者の法定相続分は遺産の4分の1であるが，剰余共同制の清算分としてさらに4分の1を増額され，合計して遺産の2分の1を取得する）。剰余共同制の下では，夫婦の

一方が他方の同意を得ないで自己の全財産を処分することはできない。

　法定夫婦財産制たる剰余共同制をとらず，夫婦財産契約（Ehevertrag）によって，財産共同制（夫婦の財産の主要部分を合有とする）または別産制をとることもできる（両者が公証人の前に出頭して締結することを要する。法定夫婦財産制をとらないことを善意の第三者に対して主張するためには，夫婦財産制登記簿への登記が必要である）。なお，2001 年 2 月 6 日の連邦憲法裁判所決定により，扶養請求権を放棄する内容を含む夫婦財産契約は，それが一方当事者にとっての顕著で一方的な不利につながる場合には良俗違反とされた。

(2) 離　　婚

　離婚（Ehescheidung, Scheidung）は，婚姻の締結と並んで婚姻法において規律されていたが，1976 年の改正によって再び民法典の中で扱われることになった。この改正の後，離婚の数は一旦大幅に減少した（離婚の要件は緩和されたが，離婚後の相手に対する年金分配の定めがきわめて複雑だったために，離婚を控える者が多かったのであろう）。1980 年代前半に離婚は増加に転じたあと，後半には一旦漸減に転じたが，1992 年から 10 年ほど，じわじわと増加し，その後，この数年は再びやや減少傾向にある。2015 年現在人口 1000 人当たり年間約 2.0 件（日本は，2015 年について 1.81 件）である。

　離婚は，当事者の一方または双方の申立てに基づく裁判所の判決によってのみ認められる（BGB 1564 条）。日本とは違って，裁判によらない届出だけの協議離婚は認められない。この故にドイツでは最初から非婚姻的共同生活を営むことを選択する者もいる。以前は，離婚について有責主義（Verschuldensprinzip）がとられ

VI 民　　法

ていたが，離婚の現実が一層直視されたことのほか，スカンジナヴィア法との法比較も1つの重要な論拠になって1977年に行われた改正以後，破綻主義（Zerrüttungsprinzip）が行われている。夫婦の共同生活関係がもはや存在せず，かつ，その回復が期待できないときは，婚姻は破綻したものとされる（1565条1項）。別居生活がまだ1年に達していないときは，離婚を申し立てられた方の人格に起因する事情からして婚姻を続けることが離婚申立人にあまりにも苛酷だと判断される場合に限り，離婚が認められる。別居が1年以上に及び，夫婦双方が離婚を申し立てたとき，または一方の申立てに他方が同意したときは，婚姻は反証の余地なく破綻したものとみなされる。別居が3年以上に及んだときは，一方が申し立てただけで他方が同意しなくとも（そして他方に何の落ち度もない場合でも），婚姻は破綻したものとみなされる（1566条）。しかし，婚姻が破綻したものとみなされたとしても，婚姻の継続が特別の理由により未成年の子にとって例外的に必要なとき，または，離婚を拒否する相手方の異常な事情（たとえば重い病気）により離婚が相手方にとってきわめて苛酷な結果をもたらし，申立人の立場を理解してもなおかつ婚姻の継続が例外的に要請されるときは，離婚を認めるべきではない（1568条1項。苛酷条項〔Härteklausel〕という）。この苛酷条項の導入にあたってはオーストリア法が参照された。

　離婚にさいし夫婦財産関係の清算が行われるのは当然として，離婚後は男女とも「生計を自らの力で立てねばならない」というのが，基本的な考え方である。ただし，元夫妻の一方が，婚姻時において婚姻および家族生活のために職業生活を断念する選択を行った結果，離婚後，婚姻時と同水準の生活を維持できなくなる

というケースは珍しくない。そこで，他方の，より高水準の生活を送りうる者に対し，特定の場合に婚姻終了後の連帯（nacheheliche Solidarität）に基づく負担を課すこととした。すなわち，婚姻から生まれた子の養育のため，または高齢・病弱等の事情のため自活が不可能な場合にのみ，かつての配偶者に対して扶養（Unterhalt）を請求することができる（1569条2段および1570条以下）。適当な職業を見つけるまでの間（1573条），および何らかの重大な理由によって職業に就くことができず，両者の事情を考慮して扶養の拒否が著しく不公正であるとき（1576条）も，扶養を請求しうる。しかし，上記の理由からしても，婚姻期間が短かったとき，扶養権利者が義務者やその近親者に対して犯罪行為等に及んだとき，扶養権利者がわざと扶養を要する状況を招いたときなどは，扶養請求権の行使はきわめて不公正であるとして認められない（1579条）。自己責任の原則および例外的に認められる婚姻終了後の連帯の原則の二本柱は，有責主義を採らないことの制度的帰結である。

そのほかに，離婚にさいしては，年金分配（Versorgungsausgleich）が行われるが，その規律はきわめて複雑である（1587条以下）。

(3) 結婚していない両親の子

非嫡出子（nichteheliches Kind）は，1970年までは母および母の血族と血族関係に立つにすぎず，父の血族ではない（父に対して一定の扶養請求権をもつにとどまる）とされていたが，1970年7月1日に施行された「非嫡出子の法的地位に関する法律（Gesetz über die rechtliche Stellung der nichtehelichen Kinder)」によって父および父の血族とも血族関係に立ち（ただし，子もしくは父の訴

えに基づく父子関係確認の確定判決,または子の同意を得た上で公正証書等の公文書に作成された父の承認の意思表示が必要),嫡出子の場合と同様の扶養請求権をもつことになった。さらに,すでに紹介したとおり,1998年以降,婚姻に基づく子と基づかない子との法的な区別を廃止し,これに伴い「非嫡出子」の表現をも法文から消去し,「結婚していない両親の子」という表現が用いられることとなった。したがって,「非嫡出子」の概念と結びついた特別の定めもなくなった。すなわち,これまでは非嫡出子に対し「親による保護」(かつての親権に当たる)を行うのは母とされていたが,1998年以降,両親が共同で扶養にあたるという意思表示を行った場合,あるいは子の出生後に両親が結婚した場合には,両親による子の扶養を認めた。また,従来は,父が死亡したときはその嫡出子および生存配偶者が法定相続人であり,非嫡出子は,嫡出であったならば得たであろう法定相続分と同額の相続代償請求権を,これらの相続人に対して行使しうるものとされていたが,1998年以降,相続に関しても嫡出子と非嫡出子の区別は廃止された。

§6 相続法

民法典第5編相続法(Erbrecht)は,遺言または相続契約による任意相続(gewillkürte Erbfolge)と,法定相続(gesetzliche Erbfolge)について規定している。1924条以下に定められている法定相続制度によれば,法定相続人は順位群(Ordnung)——いわゆるパレンテール(Parentel)——に分けられる。第1順位群の法定相続人は被相続人の直系卑属,第2順位群は被相続人の両親と,その直系卑属(つまり被相続人の兄弟姉妹とその直系卑属),

第3順位群は被相続人の祖父母と，その直系卑属（つまり伯叔父母・従兄弟姉妹・その直系卑属），第4順位群は被相続人の曾祖父母と，その直系卑属（つまり祖父母の兄弟姉妹である「おおおじ」や「おおおば」およびその直系卑属）といった具合で，理論的には直系尊属を無限に遡ってX親等の直系尊属とその直系卑属が第〈Xプラス1〉順位群ということになりうる（したがって，近親者がいない場合には，何世代も前の先祖を共通にする遠縁の者が法定相続人となることも，ありうる）。上位の順位群に相続人がいる限り，次順位の順位群の者は相続人にならない。1つの順位群の中では，親等の近い者が相続人となるが，それによって相続すべき者が死亡しているときは代襲相続が行われる（たとえば，第1順位群の相続人がいない場合に初めて第2順位群に属する者が相続人となり，母が存命で父が死亡している場合，母と，父の代襲相続人としての被相続人の兄弟姉妹が——兄弟姉妹の1人が死亡しているときはその子たる甥・姪も——相続人となる）。

　生存配偶者の法定相続分は，第1順位群の相続人と共に相続するときは遺産の4分の1，第2順位群の相続人と共に相続するとき，または祖父母と共に相続するときは遺産の2分の1であり，第1順位群の相続人も第2順位群の相続人も祖父母もいないときは生存配偶者が遺産の全部を相続する。被相続人存命中に法定夫婦財産制としての剰余共同制をとっていたときは，剰余の清算分として，遺産の4分の1が生存配偶者の相続分に加わるから，生存配偶者が子や孫と共に相続するときは遺産の2分の1，被相続人の親などと共に相続するときは遺産の4分の3を相続分として承継することになる。なお，遺言または相続契約によって，遺産をまず相続すべき者（先位相続人）と，その先位相続人に次いで

Ⅵ 民　法

相続すべき者（後位相続人）を指定することもできる（BGB 2100条）。たとえば，生存配偶者を先位相続人に指定し，その死亡によって初めて子が自分の遺産を承継するように，これを後位相続人に指定することができる。遺留分（Pflichtteil）権利者は，直系卑属と生存配偶者，それに両親（むろん直系卑属がいないときのみ）であり，法定相続分の半分が遺留分である。

　なお，2010年1月1日の法改正により，遺留分権利者であっても，この権利者が被相続人本人あるいは被相続人に親密な関係をもつ者すなわち配偶者，被相続人の子供などの命を狙うなどの重大な犯罪行為を犯した場合，あるいはまた被相続人に対して遺留分権利者が負うべき扶養義務に故意に違反したときなどについて，被相続人は相続契約または遺言においてかかる遺留分権利者の遺留分への権利をはく奪することができることとした（2333条）。

§7　国 際 私 法

　国際私法（Internationales Privatrecht, IPR）に関する規定は，民法典と同時に制定された民法典施行法（EGBGB）に置かれている。しかし，民法典と同様，19世紀末に成立したこの法律も，たとえば離婚の準拠法を離婚訴訟提起時の夫の本国法とする旧17条1項のように男女（夫婦）の同権に反する条文を含み，その他の点でも国際私法の動向に照らして不完全なものであった。そこで，1986年7月25日の国際私法改正法（同年9月1日施行）により，とくに婚姻・離婚の準拠法を中心とする改正が加えられた。

　改正後の民法典施行法によれば，婚姻の一般的効果の準拠法と

§7 国際私法

なるのは，夫婦の本国法または夫婦が最後に属していた本国法（この場合は夫婦の一方がなおその本国法に服することを要する）であり，その要件を充たせないときは夫婦の通常の滞在国の法（「常居所地」とされる国の法）または夫婦の婚姻中最後の通常の滞在国（夫婦の一方がなおそれを通常の滞在国とすることを要する）の法となり，さらに補助的に，夫婦が共通にその他何らかの態様で最も密接な関連をもっていた国の法である（EGBGB 14条1項。2項と3項で，一定の場合に準拠法の選択を認める）。離婚の準拠法は，離婚訴訟の係属時における婚姻の一般的効果の準拠法と同じである。その準拠法によれば離婚が不可能であるときは，離婚を申し立てる配偶者が訴訟係属時にドイツ人であり，または婚姻締結時にドイツ人であった場合には，ドイツ法すなわちドイツ連邦共和国の法が準拠法となる（17条1項）。

　家族法に関する準拠法の規定はむろんこれに尽きるものではない。また，相続法および債権法についても準拠法の定めがある。ことに，消費者保護を目的とする「消費者契約（Verbrauchervertrag）」の準拠法規定（29条。動産もしくは役務の給付またはそのための消費者信用を受ける契約の準拠法は，契約一般と同様に当事者の選択に委ねられるが，一定の要件の下に，消費者の通常の滞在国法の強行規定による保護を奪いえないものとする）や，被用者保護を目的とする雇用契約の準拠法規定（30条。雇用契約・雇用関係についても準拠法の選択が認められるが，選択がなされなかった場合に指定されることになっている準拠法——たとえば一時的に外国に派遣されるドイツ人にとってのドイツ法——の強行規定による保護を奪いえないものとする）は，国境を越えた契約が消費者や被用者の利益を害することを防止するものとして，注目される。なお，1999年5月21日の

Ⅵ 民　法

改正によって，不当利得，事務管理，不法行為，物権に関する準拠法が定められた（38条以下）。

これら特別の定めがある場合のほか，一般に，ドイツ法の本質的諸原則，とりわけ基本権の保障と明白に合致しない結果をもたらす外国法規の適用は，公序（öffentliche Ordnung, ordre public）に反するものとして，許されない（6条）。

なお，債権法について，ヨーロッパ連合全体に統一的な定めが2009年以降に設けられた。すなわちこれまでの27条から37条に至る契約による債権債務関係の規定はヨーロッパ連合指令（RomⅠ）によって置き換えられた。同時に38条以下の，契約によらない債権債務関係の規定は同じくヨーロッパ連合指令（RomⅡ）によって置き換えられた。これにより，2009年12月17日以降に締結された契約による債権債務関係については，ヨーロッパ連合に統一的な国際債務契約法に基づくことになった。これは法的経済的諸関係の国際化の進展に対応したものである。

Ⅶ 商　　法

　商法（Handelsrecht）は，本来，身分制的に編成された社会における商人身分の法から発展したものである。したがって19世紀のドイツでは，民法がローマ法学者の手によって体系化されたのに対し，商法はしばしばドイツ固有法の研究に従事するゲルマン法学者によって扱われた。事実，近世以降，商法は都市法や商慣習を通じて成長を遂げてきた。商法の法典化の試みは，1794年のプロイセン一般ラント法にまで遡ることができる。但しそれは，それまでの商慣習を些か未整理のまま収録したという性格を脱していない。また，1807年のフランス商法典は，ライン左岸領域およびバーデンにおいては，ナポレオンの統治終了後も妥当した。こちらの法典は，フランスにおける商法の中央集権的な発達を反映して，身分制的な色彩は薄められている。しかしこれらの法典が妥当しない領域では，都市法や商慣習が雑然と妥当し，補充的に普通法が妥当した。漸く1848年の3月革命において，フランクフルト国民議会は，1807年のフランス商法典を模範とした法典編纂を計画したが，実際には，すでに1847年にドイツ連盟加盟諸国により作成されていた手形法（Wechselordnung）草案が可決されるにとどまった（それは，各加盟国の法律として施行された）。その後，ドイツ連盟の委託に係る委員会がドイツ一般商法典（ADHGB）の草案を作成し（1861年），これが各加盟国に採用されたことによって，商法の（形式的ではないが）実質的な法典

Ⅶ 商　　法

化は民法のそれに先立って実現された（なお北ドイツ連邦の成立後，1869年8月12日の導入法によりADHGBは連邦法となった）。

　ドイツ帝国の成立後も，この手形法と商法典は帝国の法律として行われたが，前者は手形統一条約に基づく1933年の手形法（Wechselgesetz）によって，また後者は1897年の商法典（HGB）によって，取って代わられた。商法典は民法典と同じく1900年1月1日に施行され，何度も大きな改正を受けてこんにちに至っているが，最も重要な変化は，1937年の株式法制定により株式会社に関する規定が商法典の外に出たことであろう。有限会社は，最初から商法典ではなく特別の立法（1898年の有限会社法）によって規律されている。ちなみに，現在のドイツでは，講学上，商法と会社法（Gesellschaftsrecht）が別個に扱われることが多い。

　商取引と企業活動はこれらの制定法や，判例によるその展開によって規律されているだけでなく，商慣習（HGB 346条）によって動いている部分が大きい。国内ばかりでなく国際的な取引においても，たとえばパリの国際商業会議所がまとめた国際商事解釈規則（Incoterms）などが重要な役割を果たしている。しかし，ここでは，制定法によって規律されている商法のごく一部，とくに会社法について概観するにとどめよう。

§1　商　　人

　「商業を営む者」を，商人（Kaufmann）という（HGB 1条1項）。商人の複雑煩鎖な分類に関する規定は，1998年の商法改正によって大幅に簡略化された。

　商人は商号（Firma）をもたなければならない（ドイツの日常用語では，Firmaの語は，「商号」という法概念ではなく，企業〔Unternehmen〕と同じような意味で使われるので注意）。商人は，商号によって訴訟当事者たりうる（17条2項。とくに，法人とは認められない人的会社の場合に意味がある）。商号は，商人であることを示すのに適し，識別に役立つものであればよい（18条1項。氏名を含む必要はない）。ただし，個人商人，合名会社，合資会社といった法的形態を表示することを要する（19条1項）。商人は，また，正規の簿記の原則によって商業帳簿（普通は Handelsbücher と複数形で用いる）を作成しなければならない（238条1項）。連続する2年間について各年の販売収益が60万ユーロを超えず年間黒字が6万ユーロを超えない個人商人にのみ，商業帳簿作成義務は解除される（241 a 条）。

　商人の補助者のうちで最も広範な代理権をもつのは，支配人（Prokurist）である（48条以下）。支配人の権限すなわち支配権（Prokura）は，商人の明示的な意思表示によってのみ，商人の定める支配人に授権される。支配権の内容とは，商業に伴う一切の裁判上および裁判外の行為をすることであって，このような広範な内容は，取引安全をとくに重視することに基づくものであり，法律の強行規定として定められている。支配人の権限に加えられた制限は，第三者に対しては（不確定的）無効（unwirksam）である。ただ土地を譲渡し，または土地に負担を課する行為については，支配人も特別の授権を要する。支配人の包括的な権限に比べて，商事代理権（Handlungsvollmacht）は範囲が狭く，特定の行為に限定できるものである（54条）。商法典はさらに，商業使用人（Handlungsgehilfe）と代理商（Handelsvertreter〔in〕）についても詳細な規定を置いている。このうち商業使用人は，日常的に商事職員（kaufmännische〔r〕 Angestellte〔r〕）とよばれるもので，商人

の被用者であり、これに関する商法典の規定（59条以下）は実質的に労働法の性格をもつ。代理商は独立の商人であるが、商法典はこの場合も代理商の利益を守るために一定の配慮を見せている。

§2 人的会社と資本会社

「会社」と訳されるドイツ語はゲゼルシャフト（Gesellschaft. 女性であるから、代名詞は sie. ドイツの判例に出てくる sie を軽率に「彼女」と訳してはならない）であるが、ゲゼルシャフトとは、「特定の共同目的を達成するために法律行為により設立された私法上の人的結合」であって、社団と組合（民法上の組合もゲゼルシャフトと称する）の両者を含む概念である。したがって、ゲゼルシャフトには、法人と（民法上の組合のように）法人でないものとが含まれる。そして、法人格（権利能力）を認められるのは——財団は別として人的結合の中では——社団だけなので、商事会社であってもドイツ法上社団ではなく組合としての性格をもつとされるもの（合名会社や合資会社）は、法人ではない（しかし、商号によって訴訟当事者になりうる。なお、連邦通常裁判所の 2001 年 1 月 29 日判決は、民法上の組合も取引に加わる場合には——法人としての性質を包括的に具備しないままで——権利能力をもつことを認めた）。他方、登記された協同組合は、ゲノッセンシャフト（Genossenschaft）という名称をもっているけれども社団としての性格をもつゲゼルシャフトであり、したがって法人である（GenG 17 条 1 項）。

社団だけが法人とされるというのは、個々の成員（構成員のことだが、ドイツ語では Gesellschafter）から独立した社団だけが権利・義務の主体として現れるからである。これに対して組合においては、権利・義務の主体として現れるのは個々の成員（組合員

§2 人的会社と資本会社

のことだが,原語はやはり Gesellschafter)であって組合ではない。組合財産は,成員の合有に属する。組合の債務については,成員の合有に属する組合財産だけではなく,成員が各自の個人財産を責任財産として連帯債務者となる。社団法人にあっては,法人の財産は法人のみに属し,成員(社員)の共有ではない(厳密に言えば共有持分の観念もなく,社員は法人に対し請求権をもつにすぎない)。法人の債務は法人だけの債務であり,法人財産だけが責任財産となるのであって,法人の債権者が社員の個人財産にかかっていくことはできない。

その意味で,社団としての性格をもつことと,法人であることすなわち有限責任の原則が行われることとは,緊密に連動している。したがって,日本の商法のように(全面的ないし部分的に)無限責任の原則をとる合名会社ないし合資会社をも卒然と法人と認める考え方(日本の会社法2条,3条)は,ドイツ法では採られていない。典型的なのは,株式法(AktG)1条1項の定めである:「株式会社とは,独自の法人格を備えた会社である。債権者に対して会社債務の責任を負うのは会社財産のみである」。これに対して,たとえば合名会社には商号の下で法律行為を行うことが認められてはいるが,このことが合名会社を法人と認める論拠にはならないというのが,ドイツ法の通説である。ドイツの法人は,歴史的には市町村やツンフト(Zunft)などの公的な社団(成員が権利・義務の主体として現れることはない)から私法上のそれへと拡大されてきたものであり,社団=法人=有限責任の密接な対応関係もそのような歴史的背景に由来する。

商事会社のうちで,社団法人であり,したがって責任財産が会社財産に限定されるもの(株式会社・株式合資会社・有限会社)が資

本会社（Kapitalgesellschaft）とよばれるのに対して，法人格をもたず，個人財産をも責任財産とするもの（合名会社・合資会社）は人的会社（Personengesellschaft）とよばれる（匿名組合は商事会社に含まれない）。人的会社のうちで，合名会社（oHG）は，無限責任社員のみから成り，合資会社（KG）は無限責任社員および有限責任社員から成る（したがって，合資会社は人的会社と資本会社の混合形態とされることもある）。商法典の定めるこれらの人的会社は，本来自然人を社員として予定しているが，実務上は資本会社が人的会社の社員となる混合形態も行われている。とくに，有限会社（GmbH）が合資会社の無限責任社員になる（有限責任社員には，通常その有限会社の社員がなる）有限合資会社（GmbH & Co. KG）が，有限責任主義の利点と人的会社が有する税法上の利点（人的会社は法人ではないから，法人税を賦課されない）を同時に享受させる会社形態として利用されている。そのほかに1つの経営目的のために2つの会社を用いることも広く行われている（たとえば，資本会社が経営を担当し，工場や機械は人的会社が所有してこれを資本会社に賃貸するなど）。さらに，商事会社ではなく民法上の組合たる性格をもつ匿名組合（stille Gesellschaft）も，税法上の利点から，有限会社が営業者となり，その社員等が匿名組合員となるという形で利用されている。

　概念の厳格さを保ちながらさまざまの企業形態を融通無碍に利用してゆく傾向は，1994年10月28日の組織変更法（UmwG）によって一層顕著になった。従来は人的会社と資本会社の境界を越える組織変更が不可能だったが，現行法によれば，資本会社から民法上の組合・人的会社・別種の資本会社・登記協同組合への組織変更，人的会社から資本会社への組織変更，登記協同組合から

資本会社への組織変更，登記社団法人から資本会社・登記協同組合への組織変更，相互保険会社から株式会社への組織変更，公法上の社団または施設（営造物）から資本会社への組織変更が可能である。また，法形態の相違（人的会社・資本会社・登記協同組合・登記社団法人・相互保険会社・民事会社）を問わない合併の定めが置かれている。

なお，ヨーロッパ連合の2つ以上の構成国に属する企業が連結体をつくる場合，合名会社に関する規定が適用される場合が多い。

§3 株式会社

ドイツ連邦共和国においては，株式会社（AG）の数は，比較法的に観察すれば，決して多くはない。1950年から1983年までは株式会社の数は漸減を続けており，1983年にはわずかに2118社を数えたにすぎない。1984年以降，株式会社の数は増加に転じ，2004年には1万6002社に至った。その後，減少傾向に転じ，2012年7月現在には1万1938社を数える。なお，そのうち上場会社の占める割合は1割に満たない。単に数的に見れば，ドイツにおいては後に紹介する有限会社が株式会社を圧倒する。しかしながら，全企業資産・全企業売上の半ば以上が株式会社のものであって，国民経済に占める重みはきわめて大きい。ドイツでは，株式会社は当初より一貫して基本的に大企業のとる法形態なのである。その法律関係は，株式法（AktG）によって規定されている（1994年からは，ヨーロッパ共同体指令を受けた「小規模株式会社と株式法規制緩和のための法律」によって，中小企業が組織変更により株式会社となり，証券取引所に株式を上場できるようになった）。

株式会社は法人であって，その法人だけが会社の債務を負担し，

Ⅶ 商　法

会社財産だけが責任財産となる。株式会社は，株式（Aktie）に分割された基本資本（Grundkapital）を持ち，この基本資本は5万ユーロ以上でなければならない。株式会社の設立には，まず，発起人を明示し，公正証書により定款（Satzung）を作成し，発起人が株式を引き受け，監査役会および取締役の顔触れ，さらに決算検査役を定めねばならない。そうして次に，株式の払込みを行い，商業登記簿への登記を申請することを要する。1994年の法改正以降，発起人は5人以上でなく1人でもかまわない。登記によって，株式会社は法人になる。成立のさいに株式を引き受けた者，および後に株式（株券〔Aktie〕）の譲渡を受けた者は，株主（Aktionär）となる（電子株式は，2001年1月から用いられている）。株券を始めとする証券取引のためには証券取引所（Wertpapierbörsen または Effektenbörse）がある。顧客から株式の寄託を受け，株主総会で議決権を行使したり，株式の売買を手がけたりする，証券業務は，銀行業務のひとつとして銀行が担当する（信用制度法〔KWG〕1条1項5番。日本の証券会社に当たるものはない）。いくつかの大企業は，いわゆる経営社会政策の一環として被用者持株制度を発展させ，被用者との摩擦の解消に努めている。

　株式は株主の社員たる地位を化体する。原則としては，各株式は社員権と株主総会で票を投ずる権利を基礎づける。ただし，最近の資本市場において企業合併などの組織変更が活発化していることを背景として，この原則の例外として，主要株主（多数派株主〔Hauptaktionär〕）による「少数派株主締出し（Ausschluss von Minderheitsaktionären)」の制度が導入された。英米法にいわゆる squeeze out であり，ドイツの文献にこの英語がそのまま用いられることも多い。締出しには複数の種類があるが，ここでは会

§3 株式会社

社法上の締出しと資本市場法上の締出しだけを紹介しよう。まず会社法上の締出しについて。少数派株主の権利の尊重が会社の活動にとって時間的経済的に大きなコストを伴うことがあるが、そのゆえに少数派株主の権利がないがしろにされてはならない。但し株式の大半が1人の主要株主に集中し、他方少数派株主の株式全体に占める割合が極度に減ると、少数派株主の保護が惹起する会社のコストが耐えがたい程度に達することになる。そこで、株主総会は、基本資本の95％以上を取得している主要株主の要求に応じて、その余の少数派株主の保有する株式を、相応の現金補償と引き換えに、主要株主に譲渡することを決することができる、という制度が、2002年に導入された（会社法上の締出し）。その詳細は、株式法327a条以下に定められている。これに対して、資本市場法上の締出しは、制度趣旨が会社法上の締出しと異なる。企業買収を目論む者は、企業引受の枠組において多大な費用とリスクを負うことを通じて、株式の大半を取得する。企業引受が適法に行われた場合、買収の客体たる会社の株式をなお保持する少数派株主に対しては、かれらが少数派であるにもかかわらず自覚的にそうしているという想定が蓋然的に成り立つ。そこで、95％以上の基本資本を取得している主要株主は、企業引受提案を公開で行ったのち、少数派株主に対して相応の（現金とは限らない）補償と引き換えに、裁判所決定を以て、残余の株式を譲り受けることができることとした。この制度は、ヨーロッパ共同体の指令を国内法化することを通じて2006年より導入され、その詳細は2001年12月20日の「有価証券の取得および買付に関する法律（WpÜG）」に挿入された39a条から39c条までに定められている。会社法上の締出しと資本市場法上の締出しとは趣旨が

Ⅶ 商　法

異なるため，主要株主は，どちらの締出しの手続を利用するか選択しなければならない。

なお，少数株主や被用者の利益保護を実質的かつ迅速なものにするために，2003年6月12日の判定手続法（SpruchG）が制定された。これにより，少数株主の締出しや会社の組織変更が行われた場合に，少数株主や被用者に対して適切な補償がなされねばならないが，彼らがその算定に疑義をもった場合に，地方裁判所に迅速な審査請求をすることができる。ヨーロッパ連合加盟国に見られない，ドイツ独特の制度といえる。

株式会社の機関は，取締役・監査役会・株主総会である。

(1) 取　締　役

取締役は，自己の責任において株式会社を運営し，裁判上および裁判外で株式会社を代表する。取締役は1人または複数の成員によって構成され（基本資本が300万ユーロを超える会社の場合には，定款に別段の定めのない限り，複数），株主総会によってではなく監査役会によって，最大限5年の任期で選ばれる（再選は可能）。後述のコーポレートガヴァナンス・コーデクスは，取締役選出にあたり多様性に配慮すべきこと，とくに女性の採用の促進を，勧告している（なお，後述「(2)監査役会」をも参照）。ところで日本法においては，取締役という言葉は，機関を意味する場合とその機関についている者を意味する場合とがあり，この2つの意味ははっきりと区別されているわけではない。その上でさらに，「全ての取締役で組織する」取締役会が設けられており，これが業務執行の決定機関であると同時に，取締役の職務執行を監督する任務をも担っている。これに対し，ドイツ法においては，Vorstandとは機関としての取締役をもっぱら意味する。取締役の構成員

(Person, Mitglied des Vorstands) が複数である場合も，取締役は一体となって（gemeinschaftlich）任務を遂行せねばならない。法文上も構成員を Vorstand とは言っていない。取締役という言葉と別に取締役会が観念されたりしないことに注意する必要があろう。本書ではこの意味で「取締役」という言葉を用いる。さて，取締役が複数の成員から成る場合には，原則として全員で業務を執行し，会社を代表する（合議体原則〔Kollegialprinzip〕）。定款や業務規程により全員一致主義とは異なる定め（例えば多数決主義）を置くことは可能だが，1人または特定の取締役成員が，取締役多数意見に反する決定を行うことを許容する定めを置くことは禁ぜられている。監査役会は，取締役の成員の1人を取締役長に任命することができる。

　株式会社において取締役の果たすべき任務は重く，またリスクを伴う。したがって第一に取締役成員には，その業務遂行に際して，通常かつ善良な業務遂行者としての注意義務が課せられている（AktG 93条1項1段）。第二に，取締役は，自己の利益にではなく，会社および株主の利益に沿う活動を行う誠実義務に服すべきものとされる。注意義務と誠実義務とは法解釈構成上区別され（英米法の影響に基づく），前者を規律する株式法93条1項1段は，有力説によれば一般条項と解されている。取締役成員が注意義務に違反した場合，そのことによって発生した損害を会社に対し賠償する連帯債務を負う（AktG 93条2項1段）。但し，この注意義務の小心な履行を期して，取締役が業務執行に際してリスク回避的な判断を続けると，営業上の（リスクを伴う）好機を捉える判断が回避されることにもつながり，それは株主の利益にも，ということは会社の成長にも，反するであろう。そこで，取締役の企

業家としての決定が，適切な情報に基づき会社の利益に資すことを期してなされた判断であると認められる場合には，取締役は通常かつ善良な業務執行者の義務違反から免責される（AktG 93 条 1 項 2 段）。いわゆる Business Judgement Rule が 2005 年に法制化されたものである。

(2) 監査役会

監査役会（Aufsichtsrat）は株式会社の監査機関であるが，取締役の任免権をも有する。株主や被用者の利益を代表する機関でもある。監査役会の成員は，株主総会によって，4 年の任期で選ばれる（共同決定法が適用される株式会社において被用者によって選ばれる監査役を除く。とくに被用者が 2000 人を超える株式会社では，監査役の半数が被用者によって選ばれる。この制度の意義につき，§6 で触れるほか，Ⅸ「労働法」で再説する）。監査役会は 3 人以上の成員によって構成されることを要し，資本の額に応じて最大限 21 人のメンバーから成る。監査役会は，議長および議長代理を互選する。

2015 年 4 月 24 日の連邦同列配置法（BGleiG）により，2016 年 1 月 1 日以降，上場株式会社であって，且つ監査役の半数が被用者によって選ばれている株式会社については，監査役の少なくとも 30％以上が男性または女性で占められていなければならないこととされた。この監査役はさらに，取締役の男女比率について決定するものとされている。

(3) 株主総会

定時の株主総会（Hauptversammlung）は，少なくとも毎年 1 回，事業年度の 8 ヵ月目が経過するまでに取締役によって招集され，監査役会の成員の任命，定款の変更，それ以外の構造変更，事業報告を承認し利益配当を決定するなど，重要な権限を担って

いる。株主は，総会において取締役に質問する権利をもっているが，取締役を選任・解任することはできない。総会決議が法律または定款に違背すると考える株主は，典型的には，決議に反対する旨の当該株主の意思表示が総会議事録に記録された場合に，地方裁判所に決議取消の訴えを起こすことができる。取消の訴えは，総会決議の内容的手続的合法性と少数株主の保護とをめざすものである。ドイツには，かつて日本でひろく見られた総会屋問題は，そのままの形ではもともと存在しなかった。ただし，少数株主が，取消の訴えを起こすことをちらつかせて自らの株を多数株主に高く売りつける，といった現象は実際に生じている。判例は濫用法理の構築に努めているし，立法も望ましい制度利用のために腐心している。会社の解散・定款の変更等については，4分の3の多数決が必要とされる。

　株式会社の諸機関には，以上のような伝統的な役割が認められるのだが，そのほか，近年の社会変動に伴い，新たな役割が期待されたり，かねてよりの任務がさらに細分化されたりしている。1998年5月1日施行の「企業の監視および透明性確保のための法律」は，資本市場の国際化に対応して，以下のような規制を導入した。第一に，株式会社の取締役は適切なリスク管理と企業の内部改革に努める義務を負うものとされ，また，将来計画について監査役会に報告を行う取締役の義務が従来よりも強化された。第二に，監査役の1人が受任票を含めて行使できる表決権は10票までとされ（議長の票は2票として数えられる），会計士を選任する権限は取締役から監査役会に移された（マネージメントと監査業務との引き離し）。監査役会に対して損害賠償請求を行う可能性も大幅に拡大された。第三に，株主である金融機関が他の株主から

Ⅶ 商　法

授権されて総会における議決権を行使するための要件が，厳格化された（当該会社の株式の5％以上を保有する金融機関が自己の議決権を行使する場合，授権された議決権を行使することは許されない）。他方で，ストック・オプションの規制は緩和された。第四に，会計士が特定の資本会社の会計監査によって得た過去5年間の報酬が全収入の30％（従来は50％）を超える場合，その会社の監査を担当できないことになった。会計士の損害賠償額も引き上げられた。

　環境問題に対する意識の高まりも見逃せない。取締役が競争制限禁止法に配慮せねばならないのは当然だが，最近では，環境保護法に反して会社の利潤を追求する行為も，会社の合法的活動への配慮に対する違背として，取締役の責任が問われるようになった。株式会社に限らずすべての形態の企業について，1993年6月29日のヨーロッパ共同体規則に基づく環境監査制度への自発的な参加の途が開かれている（1995年の環境監査法〔Umweltauditgesetz〕は，企業や官庁から独立の環境監査士〔Umweltgutachter(in)〕の制度をスタートさせた）。

　なお，ドイツ・コーポレートガヴァナンス・コーデクス（Deutscher Corporate Governance Kodex）を紹介しておく。これは2001年に政府内で組織された「コーポレートガヴァナンス・コーデクス委員会」が，上場会社について，責任意識をもつよりよい企業運営のための，国内的にも国際的にも慣習として認知された基本的な標準を《コーデクス》（codex. Kodex の語の使用に，ユスティーニアーヌス法典以来の法典編纂の伝統——実は近世以降に強く意識されるに至った伝統——が殆ど無意識に浮上する）にしたものであり，2002年にインターネット上で公表された。この公表後も当該委員会は存続しており，このコーデクスの内容のアップデイトを図

っている。現在のところ，最新版のコーデクスは2017年2月7日版である。このコーデクスに含まれる定めは，外見的には法令のような表現を採っているが，それ自体として法的効力をもつものではなく，お手本にすぎない。ただし，2002年に置かれた株式法161条によると，上場会社の取締役と監査役会とは，連邦司法省が連邦電子公報に公開したドイツ・コーポレートガヴァナンス・コーデクス委員会の勧告に従ったかどうか，そして，従わなかった場合はどの勧告に従わなかったのか（過去），また，今後とも従わないのか（未来），について，毎年明らかにしなければならず，しかもこの意思はつねに株主が知りうるように表示されていなければならない。現実には，コーデクスに含まれる基準から大きく乖離することの意思表示は，資本市場を通じた社会的評価において，かかる上場会社に対する否定的評価と結びつくため，基準の実際上の影響力は大きい。ソフト・ローなどとも云われる商慣習の現代的な展開の一例と見ることもできよう。

　株式法は，株式会社のほかにも，人的会社と株式会社の混合形態としての株式合資会社（Kommanditgesellschaft auf Aktien）について規定している。これは，少なくとも1人の無限責任社員と，有限責任の株主とから成る会社であって，無限責任社員の人的信用と株式発行による資本調達の利点を結合し，併せて税法上の利益を享受しようとするものである。しかし，この会社形態は，こんにちではあまり利用されていない。

§4　有限会社

　有限会社（GmbH）は，長い歴史をもつ他の商事会社と違って，中小企業に対し株式会社ほど複雑でなく費用のかからない有限責

Ⅶ 商　　法

任の会社形態をとる途を開くために，1892年の有限会社法（GmbHG）によって新たにつくり出されたものである。この制度は，資本市場への参入の可能性をほとんどもたないにもかかわらず（それが株式会社との大きな違いである），ドイツ連邦共和国において大いに利用されている。有限会社は一人会社として設立することも可能だが，資本は2万5000ユーロ以上でなければならない。各社員の基本出資額は100ユーロ以上。有限会社の機関は1人または複数の業務執行者（任免権は社員にあるが，労使の共同決定が行われる有限会社では監査役会にある），社員の全体，および（共同決定制度によって必要とされる場合を除き任意的な）監査役会である。有限会社の社員持分は，株式とは違って証券として取引されることがなく，公正証書による売買・譲渡のみが可能である。

　ドイツの有限会社がヨーロッパ連合構成国のさまざまの会社形態と伍して競争できることを期して，2008年に大きな法改正が行われた。ドイツの有限会社法を，ヨーロッパ連合構成国全体に対して，魅力的なものにしようとしたわけである。改革のうち3点を紹介しよう。①「有限会社（GmbH）」とは区別された「有限企業家会社（Unternehmergesellschaft〔haftungsbeschränkt〕）」という名称での有限責任会社設立を認めて，この形式の場合には，最低基本資本が1ユーロでも良いこととした。これによって，第三者は，みずからの取引相手が通常の有限会社か有限企業家会社かを確認できることになった。② 他方，債権者保護の観点から，この形態の有限責任会社においては年度決算額の4分の1を法定準備金とすべきことを義務づけた。③ 有限会社の名称の濫用に対しては，刑事罰の構成要件を拡充することで対処した。さらに有限会社のドイツ国内営業所の住所を商業登記簿に登録して会社

§4　有限会社

との連絡可能性を確保すべきものとした。

　この大きな法改正の引き金になったのは，2003年9月のInspire Art Ltd. 事件に係るヨーロッパ裁判所の判決である。この判決によると，連合構成国内の任意のある国内法に基づく有限責任会社は，その根拠法に基づく法的意義を認められた会社として，他のどの連合構成国においても活動できるものとされたのである。イギリス法によると有限責任会社を安易に設立できるため，ドイツで実質的には活動する有限会社がイギリス法に基づいて設立される事態が相次ぎ，2006年にはドイツの企業設立者の4分の1近い数がイギリス法に基づく有限責任会社を設立するに至ったのである。ただし翌2007年にはその数を減ずるに至っていた。おのずと，ドイツ法に基づく有限会社設立の比率は再び高まる。実はイギリス法による有限責任会社は，その設立手続は簡便だが，その後，毎年イギリス法に基づく貸借対照表の策定およびイギリスの会社登記所（Companies Hause）への提出に多大な手間と費用が掛かることが判明したからである。また2007年から翌年に至る金融危機は，市場原理そのものに対する信頼を揺るがした。法のヨーロッパ化が必ずしも一直線に進むわけではないことを，以上の経緯は示している。

　なお，複数の弁護士が共同で弁護士業を営む場合，従来は民法上の組合とする途しかなかったが，近年の判例はいわゆる弁護士有限会社を設立することも許されるとしている。しかし，弁護士や医師などの自由業の分野における共同事業のためには，1994年7月25日のパートナーシップ会社法（Partnerschaftsgesellschaftsgesetz. 1995年7月1日施行）がある。パートナーシップ会社は，有限会社とは違って一種の人的会社であり，社員（パート

209

Ⅶ 商　　法

ナー）は会社債務について連帯責任を負うことになるが，約款によって，業務執行から生じた損害の賠償義務を責任ある立場の社員に限定して負わせることもできる。ただし，弁護士事務所がパートナーシップ会社の形態をとる場合，250万ユーロの責任保険を掛けることが義務づけられている。こうした条件の下で，弁護士事務所が株式会社形態をとることも可能になった。

§5　協 同 組 合

登記協同組合（eG）は，19世紀後半の協同組合運動の成果が1889年5月1日の協同組合法（GenG）によって制度化されたものである。同法は，2006年に大きく変更を受けた。その1条によれば，協同組合とは「共同の事業経営によって成員の生業，家政，あるいは社会的文化的事業を助成することを目的とする，成員数を限定しない〔ただし，設立には3人以上が必要〕ゲゼルシャフト」である。かつては協同組合の活動は経済活動に限定されていたが，いまはそれに限られない。協同組合のうちで重要な役割を演じているのは，信用組合（普通銀行としての性格をもつ）および農産物ことにワインの販売協同組合等である。しかしそれだけでなく，困窮する成員の援助や記念碑の保護といった活動のためにも協同組合を活用できるようになっている。

協同組合を設立するには，3人以上の組合員が規約を定めて，区裁判所に設置されている協同組合登記簿への登記を申請することを要する（株式会社や有限会社とは異なり，資本を定める必要はない）。登記によって協同組合は社団法人となる。協同組合の最高機関は総会であり，総会において理事会と監査役会の成員が選ばれる。総会における組合員の表決権は，各人の出資額と無関係に

1人1票である。

§6 コンツェルン企業

コンツェルン企業 (Konzernunternehmen) とは，株式法が結合企業 (verbundenes Unternehmen) の一種として規律するものであり，1つまたは複数の法的には独立した企業が，それに直接または間接に影響を及ぼしうる他の企業によって，経済的に統一的に運営されている組織全体をいう。しかしコンツェルン自体は法人格をもたず，株主ないし社員ももたず，固有の機関もない。しかし，ドイツ連邦共和国における株式資本の7割を超える部分が，コンツェルン関係に組み込まれており，その経済的意味はきわめて大きい。コンツェルン関係は，原則として，支配企業が従属企業の資本の大部分を所有するか（多くはこの形式であるが，さらに，編入型のコンツェルンと契約型のコンツェルンに分類される），またはその他の仕組（従属企業の監査役会に自己の関係者を送り込むなどの人的つながり）によって形成される。後者の場合には，企業の結合において明白な支配従属関係をもたない水平コンツェルンを形成する場合もある。

会社法，とくに株式法の一分野としてのコンツェルン法の任務は，企業結合が企業債権者や少数株主に不利をもたらさないように，そして会社法の規律をコンツェルン関係に対応させるように（とりわけ租税法上の調整は重要），配慮することにある。こうした目的のために，株式法は，支配企業に対し，従属会社の少数株主と債権者を保護すること，従属会社の株主に対する配当保証またはかかる株主の求めに応じて相当の代償を与えて株式を取得すること，などを義務づけた。また，商法典は297条以下で，コンツ

ェルン計算についてのさまざまの規制を行っている。他面において、労働法の観点からは、被用者の共同決定権を個々の企業において認めるにとどまらず、企業活動に関する主要な決定が下されるところ、すなわちコンツェルンのトップのレヴェルで共同決定権を行使する途を開くことが必要になる。そこで、2000人を超える被用者を擁するコンツェルンには、労使対等の構成をもつ監査役会が置かれている。これにより、経営ばかりでなく労働条件なども監査役会において考慮されるのであるが、最近のヨーロッパ化により、ヨーロッパの他の国のコンツェルンとの競争において不利ではないか、という批判も見られる。しかし、それでも労使対等の構成の監査役会はやはり評価すべきだとする意見がドイツではなお広い支持を失っていない（Ⅸ「労働法」で再説する）。

§7　ヨーロッパ法と商法・会社法・資本市場法

　商法（商行為法）との関係でとくに大きな意義をもつのは、グローバルな、そしてとりわけヨーロッパ規模の、「ソフト・ロー」である。これは、法的な拘束力をもつ規定ではなく、民間のさまざまの規格設定機関の、事実上の効力をもつ勧告である（これを、「規制緩和」を支える現代的私的自治＝自律〔Privatautonomie〕の１つのあり方と見ることもできよう）。そのような機関としては、国際的な規模で意義を有するISOの他、ヨーロッパを主として念頭に置くCEN, CENELEC, ETSIなどがある。これらの機関の勧告は、きわめて大きな競争圧力を生む。ソフト・ローの無視がドイツ商法典347条１項の「通常の商人の注意義務」の懈怠とされ、ソフト・ローが346条の商慣習と認められる可能性もある。

　会社法の分野では、多数のヨーロッパ連合指令がドイツ会社法

のあり方に影響を及ぼしている。そのことに基づいて，100条を超える条文がドイツ商法典に追加されたし，株式法や有限会社法も改正されたことについては既に触れた。

1993年11月1日に発効したマーストリヒト条約は，ヨーロッパ連合構成国間の資本移動と決済を自由化した。資本移動には，直接投資のほか土地取引業務・証券業務・銀行業務・信用業務・担保業務等が含まれる。これによって生まれた一個のヨーロッパ・ファイナンス圏のなかで，企業は任意の取引所に上場し，「連合市民」としての個人はどこでも証券を購入できることになった。銀行と保険会社は，子会社や支店をもたなくとも，域内市場の随所で自己の商品を販売できる。ヨーロッパ連合指令とヨーロッパ裁判所の判例がこれを具体化している。ドイツでは，それらの指令が，1999年9月9日の取引所資格認定法と第1次から第4次までの4度に及ぶ金融市場促進法（1989年，1994年，1998年および2002年）として国内法化されている。

なお，構成国の国内法ではなくヨーロッパ法の直接的適用を受けることをめざして，ヨーロッパ株式会社，ヨーロッパ社団法人，ヨーロッパ協同組合，ヨーロッパ相互会社が，壮大に構想されている。ここではそのうち株式会社について，簡単に触れておこう。2001年10月のヨーロッパ連合理事会において，直接ヨーロッパ法に服するヨーロッパ株式会社（Societas Europaea〔SE〕）の設立を一定の要件の下に認めるヨーロッパ共同体規則が制定され，2004年10月に施行された。Societas Europaea はラテン語であり，同規則のドイツ語版のタイトルでは，これをヨーロッパ会社（Europäische Gesellschaft）としている。しかしその法文では，SE は，ヨーロッパ株式会社（Europäische Aktiengesellschaft）と

Ⅶ 商　法

翻訳されている。SE は，任意の連合構成国に所在地を有し，法人格を備え，株式に分割された資本をもち（基本資本金は 12 万ユーロ），その資本の限度が会社債権者に対する債務の引当となる。この点，ドイツ法と相違はない。しかし，SE は，ドイツに伝統的な，取締役と監査役会の二元的システムをとるか，英米法に見られるような，両者が融合した一元的システムをとるかを選択できる（一元的システムを採る場合には，監査役会に係る共同決定制度を免れることもできる）。ヨーロッパ会社規則（SE-VO）が直接の根拠規定であるが（ヨーロッパ連合規則の法的効果については 233 頁以下を参照），この規則に定められていない事柄については，所在地の国内法の定めが補充的に適用される。これは実際にはヨーロッパに共通の法的基礎を人工的に作出することはなお困難であることを示すもので，ヨーロッパ株式会社のドイツ版やイギリス版，フランス版，といった形態が生ずることになるのは，しばらくは避けられない。また，SE は国境を越える企業結合への適用を目論むが，実際には資本会社が国境を越えて結合することを，SE という形式を採らなくとも可能にする判例，立法が形成されてきてもおり，これが SE と競合する。しかし全体としては SE を利用する企業の数は堅調に増え続けており，2017 年 3 月 31 日の時点で，ヨーロッパ連合において 2757 の企業（その中にはドイツの著名な企業ポルシェなども含まれる）が SE の形態を選択した。ドイツではこの法形式は歓迎されている。監査役会における被用者の共同決定を回避しうるからであろう。

Ⅷ　経済法

　経済法（Wirtschaftsrecht）は，とりわけ第一次大戦後に形成された分野であるが，その概念についてはドイツでも争いがあり，今なお明確な定義がなされていない。しかし通常，経済法は経済私法と経済行政法に分けられ，前者では商法・会社法・知的財産権法・不正競争防止法など，また後者では競争制限禁止法（カルテル法）やさまざまの業法，それに経済助成のための給付行政法（たとえば補助金に関する法）が扱われる。以下においては競争制限禁止法・不正競争防止法・知的財産権法を概観した後，ドイツ連邦共和国の経済団体，およびヨーロッパ共同体（ないしヨーロッパ連合）の法について説明する。

　§1　競争制限禁止法
　ドイツ連邦共和国は，社会的市場経済（soziale Marktwirtschaft）の理念に合する経済秩序の形成・維持をめざしてきた。それは，一方では国家が社会的（社会国家的）理念に従って経済を導いていくことを意味し，他方では計画経済を拒否して市場における自由競争に需給関係の調整を委ねることを意味する。市場メカニズムが円滑に機能するためにこそ，国家が社会的理念を掲げて独占形成を阻止し，自由競争の前提条件を維持していかねばならない，とされるのである。そのための法的用具が，競争制限禁止法（GWB）である。競争制限禁止法はカルテル法の基盤を形

Ⅷ 経済法

成する。

　カルテル（Kartell）とは、複数の独立の企業が相互の競争を中止または制限しようとする協定である。たとえば、条件カルテルは統一的約款を作成し、価格カルテルは最低価格を統一し、顧客確保カルテルや地域カルテルは一定の顧客や地域を個々の企業の守備範囲として確保し、請負カルテルは入札のさいの談合を行う、など。ある生産物の販売価格・販売条件・販売量について協定し、一定の販売施設のみを通じてこれを販売する強力なカルテルは、とくにシンディケート——ドイツ語ではジュンディカート（Syndikat）——とよばれている。競争制限禁止法はこうしたカルテルを原則的に禁止しているが、多くの例外を認める。たとえば、構造危機カルテル（需要の持続的な変化による売上減に対処するための協定）や、合理化カルテル（統一的な規格の適用のみを目的とする協定）については、一定の要件の下にカルテル官庁の許可が与えられ、中小企業のカルテルは競争を著しく制限せず参加企業の生産性向上に役立つ限りで（カルテル官庁が3ヵ月以内に異議を唱えないことによって）許される（カルテルが合法的とされる場合は、書面で協定を結び、これを連邦カルテル庁備え付けのカルテル登記簿に登記しなければならない）。他方で、契約に基づくカルテルだけでなく事実上の協調による競争制限も、規制の対象とされている。

　競争制限禁止法は、垂直的な競争制限をも禁止している。たとえば再販価格の指定は原則として禁止されており、推奨価格を定めることしか許されない（出版物については例外的に再販価格指定が認許される）。独占企業ないし寡占企業による「市場支配的地位（marktbeherrschende Stellung）」の濫用も、競争制限禁止法によって禁止されている。ある企業が供給者または需要者としての立

場において格別の競争に曝されていないとき,または,競争相手との関係で市場において圧倒的な優位に立っている(市場占有率・資金力・調達市場ないし販売市場へのルート・他の企業との結合関係・競争相手の市場参入の法的または事実上の制限などが考慮される)ときは,市場支配的な地位にあるものと認定される。市場支配的な地位を生み,または強化するような企業合併は,原則として連邦カルテル庁により禁止されるが,連邦経済・エネルギー相は,全体経済的ないし公益的観点から申立てに基づいて許可を与えることができる。なお,競争相手に打撃を与えるために供給停止やボイコットを呼び掛けること,カルテルや再販指定企業や独占・寡占企業が,たとえば商取引の相手方企業AとBとを,とくに具体的に正当化できる理由なしに,平等でなく差別的に取り扱うことも,禁止されている。

　カルテル法もヨーロッパ化とは無縁でなく,ヨーロッパ連合加盟国内部で国境を越える商行為を害するようなカルテルがあった場合には,ヨーロッパ法上のカルテル禁止規定(ヨーロッパ連合の作業方法にかかる条約101条)が優先的に適用されるべきこと,これに対して市場支配的地位の濫用の場合には,同条約101条よりもドイツ競争制限禁止法19条から21条の定めのほうが厳格であるゆえに,後者が優先適用される。また,企業合併については,企業合併に係るヨーロッパ連合規則(2004年)によりヨーロッパ委員会が排他的管轄権をもつので,ドイツカルテル法の適用は排除される。

　市場の適正な競争を担保する連邦レヴェルの官庁として,連邦経済・エネルギー省の管轄下に,ボンに連邦カルテル庁(Bundeskartellamt)が設けられ,一州に限定されない競争制限を監視し

Ⅷ 経済法

ている（一州限りの競争制限防止は，州のカルテル庁の管轄に属する）。強制のための手段は主として高額の過料であるが，連邦カルテル庁の活動の重点は，近年，企業合併の監視に置かれるようになっている。こうしたカルテル官庁の処分（カルテルの許可や禁止，過料処分，情報開示命令等）は，行政行為たる性格をもつにもかかわらず，それを争うには行政地方裁判所ではなく通常の高等裁判所に抗告すべきものとされている。高等裁判所の裁判に対しては，連邦通常裁判所への上告が可能である（裁判所制度については，後に述べるところ〔284頁以下〕を参照）。この種の事件の処理は特別の専門知識を要するものであるから，高等裁判所においても連邦通常裁判所においても「カルテル部」が設けられている。

§2 不正競争防止法

自由な市場経済に加わろうとする者を不公正な競争者から保護するのが，不正競争防止法（UWG）である。1909年6月7日の旧法は，2004年7月4日の新法によって置き換えられた。その後，2008年にも大きな改正を蒙った。その1条は，判例によって認められた3つの保護領域（競争者・消費者・公共の利益〔Interesse der Allgemeinheit〕）を明示した：「この法律は，競争者，消費者およびその他の市場参加者を不正競争から保護することを目的とする。この法律はまた，偽りでない競争に向けられた一般の利益をも保護する」。一般条項は3条に規定されているが，頻繁な改正の対象となってきた。旧法では不正競争行為は良俗違反と考えられており，したがって不正競争行為と認定されるためには，単にフェアでないというだけでなく積極的に反倫理的（ethisch anstößig）とみなされる行為であることが必要とされ，これがド

イッ法の特色をなしていた。しかし2004年の新法では行為の反倫理性は要求されず、それに換えて、競争侵害の程度の「軽微でない (nicht unerheblich)」ことだけが求められることとなった。2008年の改正後の第3条は、その1項を次のようにかなりシンプルに定めている：「不正な取引行為は許されない」。この改正の背景としては、消費者概念の理解の変化がある。まったく不注意な消費者には法的保護は与えられず、平均的な情報を具備し、状況に適切に応対できる、いわゆる平均的消費者 (durchschnittlicher Verbraucher) だけが保護されることになった。すなわち同条4項1段によれば、「消費者に対する取引行為の評価に際しては、平均的消費者か、特定の消費者団体に向けられた取引行為の場合には、当該団体の平均的成員を、基準とする」。この条項は一般条項としての意味を持つ。

具体的にいかなる行為が競争侵害をしていると言えるかは、業種によって一様ではない（たとえば自動車メーカーの広告と縁日の露天商の広告とでは、おのずから、競争侵害の程度を判断する基準を異にするであろう）。しかし、不正競争にあたる行為の具体例が、3条3項による詳細な附則と、3a条から7条までに列挙されている。市場における行為規範を定めた法に違背した行為、買い手に圧力をかけ、または不安を抱かせる広告、子供が取引の経験を持たないのを利用する広告、購買欲を刺激するための措置（おまけなどのプレミアをつけること）を悪用して真の商品の価値を曖昧にすること（2001年に廃止された「景品に関する命令」〔後述〕はここにその一部が残存している）、競争相手の従業員の買収や競争相手に対する中傷、他社製品との比較広告のうち客観的裏づけを持たないものや行き過ぎたもの、誇大広告などが軽微ならざる競争侵害行為

の一例である。さらに比較的新しい類型として，市場参加者に対する「度を越えた迷惑行為（unzumutbare Belästigung）」がある。たとえば電話やファックス，電子メールなどでの宣伝活動は，受け手の許可がない場合には，度を越えた迷惑行為であるとされる。

　他方，かつて全面的に禁止されていた閉店処分売出し・在庫処分売出し・夏物（冬物）一掃売出しは，2004年の新法ではその一部を除いて認められることとなった。不正競争を防止するための「景品に関する命令（Zugabeverordnung）」および割引法（Rabattgesetz）も，2001年6月26日の法律によって廃止され，それまで原則として禁止だったおまけ付きの商品や表示価額の3％を超える割引売りも，原則禁止ではなくなった。その結果，ドイツでも，かつては見られなかったポイントカードやマイレイジカードなどの，いわゆるボーナスカードのたぐいのサーヴィスが広く見られるようにもなった。こうして不正競争防止法改正は，公正な限りでの競争の自由化を促進する意味をも担っている。

§3　知的財産権法

　知的財産権法（Immaterialgüterrecht）は，精神的創作物で財産的価値をもつもの（および営業上の標識）についての権利を規律する。たとえば，著作権（Urheberrecht）や特許権（Patentrecht）がそのような精神的創作物であるが，これを営業上の権利保護という観点から見れば，経済法の一分野ということになる。

　著作権については1965年9月9日の「著作権および著作隣接権に関する法律」，略称著作権法（UrhG）がある。著作，学問的成果，芸術作品の作り手を保護することがこの法律の目的である。著作権は，もともと近代の民法が嫌ったところの，有体物以外の

客体に対する財産権である。産業革命の進展に伴う技術の向上が、無体物すなわち観念的なものに経済的な価値を付与し、これが著作権というものを認める動力になった。1965年の著作権法では、著作物の作者、学問的成果の担い手、芸術作品の作者（音楽、造形芸術、絵画など）といった、比較的古典的な著作権者の保護だけでなく、写真や映画といった技術が生んだ芸術の作者も保護されている。さらに1993年以降、コンピューター・プログラムも言語による創作物のひとつとして保護している。

著作権の存続期間は、著作者の死後70年（写真の著作権は原則として発表後50年、演奏家等の権利はレコードやテープ、CD、DVD等の発売後50年または発売後50年後にも演奏家等が生存する場合は死亡時まで）である。著作物を私的利用のために複製することは許されるが、著作者は一定の権利代行団体を通じて、複写機メーカー、録音・録画テープのメーカー、テープレコーダー・ヴィデオレコーダーのメーカーなどに報酬の支払を要求できるものとされている。2001年の情報化社会時代における著作権の調和化に係るヨーロッパ共同体指令を受け、2003年と2007年とに大きな改正がなされた。この改正は、情報化時代における技術発展に直面して、インターネットにおける著作権保護の強化に力を注ぐと同時に、利用者に正当な限度でのコピー利用を認めるものである。とくに2007年の改正においては、利用者の私的利用目的のためのコピーを認めたことと引き換えに、著作権者に認める包括的報酬の額の柔軟かつ公正な算定の仕方に工夫が見られるとともに、学術利用目的のため、図書館に蔵書の電子媒体を通じての公開が一定限度で認められるに至った（それに伴い、出版社の利益にも配慮した）。2018年にも、学問や教育、あるいは文化施設（博物館や図書館な

ど）における，著作権で保護された客体の利用の一定限度での簡便化を目指す改正が見込まれている。この分野におけるヨーロッパ法の意義は顕著であって，この 30 年間におけるドイツ著作権法の改正がほとんどすべてヨーロッパ共同体指令（初期の重要なものとしては，半導体保護に関する指令〔1986年〕，コンピューター・プログラムの法的保護に関する指令〔1991年〕などがある）とヨーロッパ裁判所の判決に促されたものだった。

特許権は，1980 年 12 月 16 日の特許法（PatG）によって保護されている。特許権を賦与するのは連邦司法省の管轄下にミュンヒェン，イェーナ，ベルリーンに設けられたドイツ特許・商標庁（Deutsches Patent- und Markenamt）。特許庁の処分は行政行為である。一般の行政裁判権に服さず，ミュンヒェンの連邦特許裁判所（Bundespatentgericht），さらに連邦通常裁判所でこれを争うことができる。特許裁判所の裁判官には，法律家としての裁判官だけでなく，自然科学を専攻する裁判官（技術裁判官〔technischer Richter〕とよぶ）も含まれている。特許権の存続期間は申請の時から 20 年である。なお，特許権も，ヨーロッパ化を免れない。ある発明がミュンヒェン所在の「ヨーロッパ特許局」に申請され，受理されれば，ヨーロッパ連合構成国の特許庁に二重の申請をする必要はない。ドイツ法上，ヨーロッパ特許権があれば各国の特許権は無意味だということになった。

§4 経 済 団 体

ドイツにおける工業化の進展に伴い，すでに 19 世紀中葉から，経済団体の形成が始まった。たとえば，保護関税を待望する鉄鋼業界と棉業界の共通の利益から 1876 年のドイツ産業家中央連盟

(Centralverband deutscher Industrieller) が生まれ，輸出産業は1895年のドイツ産業家連盟 (Bund deutscher Industrieller) に結集した。第二次大戦後，西側占領地区ではまず各種の業界団体が生まれ，さらに1949年には，ドイツ産業団体全国連合会 (BDI) が設立された。こんにち多くの業界団体 (自動車工業会や製糖協会など) と約10万の企業を傘下に収めるドイツ産業団体全国連合会は，議会や政府や政党等に対して，そしてまた国際的レヴェルで，ドイツ連邦共和国の産業の利益を主張している。

他方で，労働問題に関する企業家共通の利益は，ドイツ使用者団体全国連合会 (BDA) の傘下にある各使用者団体 (Arbeitgeberverband) によって主張される。業種別・地域別に組織されているそれらの使用者団体は，労働組合の相手方として労働協約を結ぶ当事者である。それはまた，労働組合と同様に，労働裁判所・社会裁判所・社会保険機関に，代表者を送っている。

商工業者の利益を代表するのは，地方レヴェルで業種を超えて組織され，意見をとりまとめて意見書を提出するなどの活動を行っている商工会議所 (IHK) および手工業会議所 (Handwerkskammer) であり，それぞれの全国組織はドイツ商工会議所連合会 (DIHK) およびドイツ手工業会議所連合会 (DHKT) である。

最後に，工業・手工業・商業・銀行業・運送業等の各業界全国団体は，基本的な意味をもつ共通の利益を主張するために，ドイツ商工業共同委員会 (Gemeinschaftsausschuss der Deutschen Gewerblichen Wirtschaft) に結束している。

§5 ヨーロッパ法

ヨーロッパ諸国がヨーロッパ連合に結集した現在，各国の法は，

VIII 経済法

ヨーロッパ連合との関連なしでは理解できないものとなっている。ドイツ法もその例外ではなく、ヨーロッパ法の影響下に立たない法領域は、いまやないといって良いこと、本書でもそのつど個別に指摘している。以下においては、ヨーロッパ連合の形成過程と構造、そしてEU法（ヨーロッパ法〔Europarecht〕ともいう）の主要な法原理について、ドイツ法を理解する上で最低限必要なことがらについて、概観をしておきたい。

(1) 前　史

ヴェストファーレン条約以降、ヨーロッパにおける政治的な発展と変動の前提となっていたのは、それぞれに主権を主張する国民国家の存在であった。日露戦争における日本の勝利、第一次大戦の惨禍は、ヨーロッパに端を発する国家単位の国際秩序に対する疑念を生み出すことにもなった。早くも1923年には、「ヨーロッパ合衆国」の建設を提唱した、東京生まれのオーストリア人リヒャルト・クーデンホーフ＝カレルギ伯（Richard Coudenhove-Kalergi, 1894–1972）が汎ヨーロッパ運動（ただしイギリスとロシアは除外）を主導した。このアイディアにはアメリカとソ連とのあいだで第三の勢力を打ち出す狙いもあった。1929年にはフランスの外相アリスティード・ブリアン（Aristide Briand, 1862–1932）が、ドイツの外相グスタフ・シュトレーゼマン（Gustav Stresemann, 1878–1929）の支持を得て、ジュネーヴの国際連盟においてヨーロッパ連合の建設を提案した。しかし、一方で国家を単位とする国際関係が明証性を失い、他方でそれを越えようという構想の孕む地政学的な利益対立が露骨になってきた1930年代に、ヨーロッパ理念は大きな説得力を持つことはできなかった。ヨーロッパ統合の考え方は、構造的には、カール・シュミット（Carl

Schmitt, 1888-1985) の, 国家を超える《大空間 (Großraum)》の理論と同時代性を持ったことにも注意すべきであろう。満州事変後の日本が採ろうとした, 国家の枠組を超える外交政策 (汎アジア主義) の正当化の試みにも, 一定の影響を与えた。

　第二次大戦後, 東西の対立が激化し, 冷戦が現実となったときから, 英米にも後押しされるかたちで, 本格的なヨーロッパの統合への歩みが開始された。ヨーロッパ諸国には, 古典古代の素材の解釈に基づく共通法＝普通法 (Ius Commune) すなわちローマ法と教会法を基礎とする共通の法的基盤があり, そこから人権概念や民主主義を支える自然法と国際法とが発生した, という, それ自体としては理想主義的ではあるが, ヨーロッパ内部での深刻な戦争体験を踏まえて切実な歴史的見通しも, この統合の実現を後押しした。

　むろん, ヨーロッパの統合は, 実現の容易な部分, とりわけ経済協力の基礎の確立から開始された。すなわち, 1948 年にはアメリカのイニシァティヴによって, 諸国間の貿易自由化をめざすヨーロッパ経済協力機構 (OEEC) が設立された (OEEC は 1960 年に発展的解消を遂げて OECD〔経済協力開発機構〕となった)。1949 年, ヨーロッパ諸国はアメリカ, カナダと集団的安全保障協定を結んだ。北大西洋条約機構 (NATO) がこれである。同じ年に, ヨーロッパの 10 ヵ国は, ヨーロッパ評議会 (Europarat) と称する緩やかな政治的連合体を形成した (今日のヨーロッパ評議会は 47 ヵ国を擁する)。ヨーロッパ評議会は経済・文化・社会政策・法の分野で多くの条約を生んだ。とりわけ 1950 年 11 月 4 日の「人権と基本的自由の保護のためのヨーロッパ条約」(ヨーロッパ人権条約) は, 理念史的にも重要な達成であろう。この条約によってストラ

VIII 経済法

スブールにヨーロッパ人権委員会とヨーロッパ人権裁判所が設置され,人権に関して必要最低限度の水準を保つための超国家的な権利保護制度として機能することになった。

現実政治的には,1951年4月18日に締結され,1952年7月23日に発効したヨーロッパ石炭鉄鋼共同体条約が決定的であった。冷戦構造にかんがみ,もはやドイツとフランスのあいだに伝統的に存した政治的対立の再燃を防ぐべきだというような消極的態度にとどまらず,両国に共通の経済的利害に基づく緊密な提携関係を積極的に構築すべきだ,という認識に立脚して,国家間の条約を基礎とする伝統的な国際関係を超えた組織としてのヨーロッパ石炭鉄鋼共同体(EGKS。構成国はベルギー,ドイツ,フランス,イタリア,ルクセンブルク,オランダの6ヵ国)が結成されたのである。当時のフランス外相ロベール・シューマン(Robert Schuman, 1886–1963)とその協力者ジャン・モネ(Jean Monnet, 1888–1979)がその立役者であった。これがやがて現在のヨーロッパ連合(EU)へと発展してゆく。ヨーロッパ連合の発展に伴い,ヨーロッパ石炭鉄鋼共同体はその役目を終え,2002年には消滅した。

石炭鉄鋼共同体の構想とほぼ並行して1952年に構想されたヨーロッパ防衛共同体は最終的に,フランスの反対に遭って1954年に挫折した。進んだのは経済・技術の領域の統合である。1957年に,ヨーロッパ石炭鉄鋼共同体の6ヵ国が,ローマ条約を締結し,それによって設立されたのが,共通エネルギー政策のためのヨーロッパ原子力共同体(EURATOM),および,共通経済政策のためのヨーロッパ経済共同体(EWG)である。以上の3つの共同体からなる「ヨーロッパ共同体(EG. ただし複数形 Europäische Gemeinschaften で表示される〔英語では European Communities, EC〕)」

においては，経済活動の全分野が，超国家的な共通のルールと手続に服することになった。1965年には合併条約により，それまでにすでに上記の共同体設立諸条約によって萌芽的には存在した3つの機関（理事会・委員会・議会。これについては後述）を，ヨーロッパ共同体全体に係る機関として再編成した。こうして，国境を越える経済交流の障壁を撤去した共通経済市場を創出し，共通関税率を定め，第三国に対する共通貿易政策を展開するための前提条件が整えられていった。構成国の数は次第に増加して（1973年にはデンマーク，アイルランド，イギリスが，1981年にはギリシャが，1986年にはスペインとポルトガルが，1995年にはオーストリア，フィンランド，スウェーデンが加入。さらに2004年に一挙に以下の10ヵ国が加入した。すなわちキプロス，チェコ，エストニア，ハンガリー，ラトヴィア，リトアニア，マルタ，ポーランド，スロヴァキア，スロヴェニアの諸国。2007年にはブルガリアとルーマニアの2ヵ国，2013年にはクロアチアが加入した。現在，トルコ，マケドニア，モンテネグロ，セルビアが加入申請をしており，加盟の是非をめぐって激しい議論が起こっている。アイスランドは2015年に加入申請を撤回した），現在のEG/EU構成国は28ヵ国に上っている。ただしイギリスは，2016年6月23日の国民投票が連合離脱を支持する結果をもたらし，2017年3月29日にイギリス政府は連合に対し，離脱の意図を表明した。なお，離脱の手続終了まで，法的に見るとイギリスは現在なお加盟国である（2018年2月1日現在）。

　90年代に入ってからは，ヨーロッパ諸国の結束の展望がさらに大きく開けてきた。すなわち，製品・サーヴィス・資本・会社・個人の「移動の自由」を保障する一個の共通域内市場が創出されたのである。すなわち1993年11月1日に発効した「マース

Ⅷ 経済法

トリヒト条約」(「ヨーロッパ連合設立条約」。それを修正するアムステルダム条約は 1999 年 5 月 1 日発効) は, (a)ヨーロッパ経済共同体の後身としての「ヨーロッパ共同体」(EG。かつての 3 つの共同体条約に基づく複数形の Europäische Gemeinschaften とは異なる, 単数形の Europäische Gemeinschaft, EG である), (b)「共通外交・安全保障政策」, (c)「ヨーロッパ内務・司法政策」(アムステルダム条約で「刑事警察・司法協力」と改称) の 3 本柱に支えられた「屋根」としての「ヨーロッパ連合 (EU)」を設立した (EG は EU の 3 本柱の 1 つであり, EG 法は当然に EU 法に含まれるが, 他の 2 本の柱は EG 法の守備範囲の外にあり, 後述のヨーロッパ裁判所の管轄は, EG 法のみである)。EU のいわゆる「連合市民 (Unionsbürger)」の法的地位は高められ, EU は社会政策と雇用市場政策, 産業政策, 外交・安全保障政策と内務・司法政策の分野における権限を拡大した。

マーストリヒト条約の定める「ヨーロッパ共同体」において, 経済通貨連合の構想が正式に打ち出された。その結果, フランクフルト・アム・マインにヨーロッパ中央銀行 (Europäische Zentralbank) が 1998 年 6 月 1 日より業務を開始した。通貨統合に加わる各国 (1999 年当時 15 ヵ国中, イギリスを始めとする 4 ヵ国は未参加) では, 1999 年 1 月 1 日からヨーロッパ共通通貨の Euro (オイロ／ユーロ) が各国通貨に代わる決済手段として用いられることとなった。2002 年 1 月 1 日からユーロ紙幣・硬貨が通用し, 各国通貨は同年 3 月 1 日以降流通しなくなった (その後も, 紙幣は各国中央銀行で――1 マルク＝0.51 ユーロの固定レートで――交換される)。法的には, ヨーロッパ法の補充性原則〔内容につき後述(3)〕が明文化されたことが重要である。

1999 年のアムステルダム条約, 2003 年のニース条約は, それ

それ根本的な制度改革をめざしたものではなかった。これまでの組織改革は，EU の拡大という視座に規定されたものであり，より広い視野に立った制度改革の必要性が痛感された。こうした脈絡のもとで，ヨーロッパ憲法の構想が浮上した。ヨーロッパ共同体設立条約および連合設立条約に換わる「ヨーロッパ憲法条約」の内容は，2003 年夏に確定し，これに 2004 年 10 月 29 日にローマにおいて加盟国首脳による署名がなされた。憲法の施行のためには加盟国による批准が別途必要であるところ，2005 年に，フランスとオランダが相次いで批准を拒否した。そこで 2 年間にわたる熟慮期間が設けられた。2007 年 6 月の EU 首脳会議は，政府間会議を新たに設け，2007 年末までに制度改革の見取図をまとめることを約した。この政府間会議は早くも同年 10 月には文書をリスボンでまとめ，このリスボン文書に 27 加盟国首脳は 12 月に署名した。この文書は，ヨーロッパの諸制度が，グローバル化，人口構造の変化，気候変動，維持可能なエネルギーへの需要，新たな安全保障制度の確立，といった課題に対応できるものになるような提案を行っている。この文書は 2009 年 12 月に「ヨーロッパ連合にかかる，またヨーロッパ共同体設立条約の変更にかかる，リスボン条約」として発効した。この条約においては，憲法条約構想とは異なり，基本的な諸条約が一本の文書にまとめられてはいない。ヨーロッパ共同体は解消され，ヨーロッパ連合は，上記の 3 本柱のすべてについて，権利能力をもつ組織，すなわち国際法上国家に並ぶ権利義務の帰属主体となった。ヨーロッパ原子力共同体は差し当たり存続させることとしている。なお，このリスボン条約に定められた，新たな安全保障制度の確立という論点については，2017 年 11 月 13 日に常設組織的協力体制

Ⅷ 経 済 法

(PESCO) 設立通知書に連合構成国中の 23 ヵ国の代表が署名した。その後，さらに 2 国が賛同し，現在全部で 25 ヵ国がこの体制に加わっている。同体制の具体化にあたっては，トランプ政権下のアメリカが NATO に対する貢献の軽減策を採用したことと，EU からのイギリスの離脱とが，大きなきっかけとなっている。

現在，ヨーロッパ連合は，2010 年のギリシャ経済危機，2016 年 6 月 23 日のイギリスの国民投票で，連合離脱賛成派が僅差で勝利をおさめたことなど，大きな問題にたびたび直面している。根本的には，共通の社会政策をもたずに経済政策を実行しようとしていることや，共通の租税政策・金融政策をもたぬままで通貨統合が行われたこと，民主的正統性を担保する制度的裏づけに欠けること，など，構造的に重大な弱点がヨーロッパ連合には内在していたことは，実は予てから指摘されていた。こうした弱点の顕在化が連合の解消を帰結する可能性はしかしかなり低く，むしろかえって，ヨーロッパ連合に，改革の機運をもたらすかもしれない。

(2) EU の基本的な組織

EU の基本的な組織について簡単な説明を加えておこう。

　(a) ヨーロッパ議会 (Europäisches Parlament. ストラスブールで開催)　1979 年以来，議員は，直接選挙によって 5 年の任期で選出される。現在は，リスボン条約により，議員数は，751 名となる (2014 年から 2019 年まで)。各国の議会と異なり，法律発案権をもたない。立法に携わる場合には (EU 予算の決定についても)，EU 理事会と共同でのみこれを行う。その枠内において，新たな条約の成立ごとに，立法権および予算議決権について，議会の権限の強化が行われてきた。議員は，議員の属する構成国か

ら任務を委託されたり指示を受けたりすることはない。その意味で，ヨーロッパ議会はヨーロッパ的特質をもつ。ただし，議会の権限がいまなお強力でないため，ドイツ連邦憲法裁判所によれば，民主的正当性はヨーロッパ連合において独自に確保されてはおらず，構成国の議会に結びつけられねばならないとされている。

(b) ヨーロッパ理事会 (Europäischer Rat)　理事長，構成国の国家元首または首相，そしてヨーロッパ委員会委員長によって形成される。リスボン条約によって，理事長職はローテーションではなく2年ごとの選挙で選出される常任のポストとなった。再選は1回のみ可能。理事会には，外交および防衛政策に責任を有する構成国閣僚も参加権をもつ。理事会の任務は，連合の発展に向け，一般的な政治目標およびその優先順位を定めることで，刺激を与えることにある。毎年3月，6月，9月，12月の4回にわたって開催される。

(c) ヨーロッパ連合理事会 (Rat der Europäischen Union. 閣僚理事会〔Ministerrat〕ともいう。事務局はブリュッセル。上述のヨーロッパ評議会〔Europarat〕とも，ヨーロッパ理事会とも異なることに注意)　ヨーロッパ連合理事会は，ヨーロッパ議会の権限の漸次的強化にもかかわらず現在でも，EU法の制定に関わる主要な機関である。立法以外に，連合理事会は，議会とともに予算審議権をもつ。さらに，構成国の経済政策や予算政策，教育・文化・青少年・スポーツ振興に係る政策，さらに雇用政策の国家間調整を行う場でもある。すべての構成国が自国の代表者（閣僚）を1人ずつ送る。閣僚の顔ぶれは，審議事項によって異なり，固定されていない。

(d) ヨーロッパ委員会 (Europäische Kommission. 本部はブリ

Ⅷ 経済法

ュッセル) EU の大規模な行政官庁であり，構成国とは完全に切り離された，超国家的でヨーロッパ的な組織であり，ヨーロッパ統合の駆動力となってきた。委員は，各構成国から 1 名送られるが，この委員にはそれぞれ（たとえば「不当競争防止」とか，「司法・基本権・市民的地位」といったような）専門的任務が割り当てられ，構成国とは独立して，ヨーロッパ連合の一般的利益に寄与すべくかかる任務を遂行せねばならない。委員長は，ヨーロッパ委員会の提案に基づきヨーロッパ議会によって選出される。委員長の権限は強力であり，EU 指令を制定し，委員会構成員の管轄を決定し，委員会構成員に辞任を要求することができる。委員会は，EU 理事会に対し EU 法の制定を発議する。重要度の低い問題（たとえば農業分野の日常的問題）については，委員会自身が立法的処理を行う。

　(e) ヨーロッパ裁判所（EuGH. ルクセンブルク所在)　ヨーロッパ裁判所はヨーロッパで最高の裁判所であり，重要かつ広範な任務をもつ。すなわち，EU の法的行為と行政活動を審査し，構成国による EU 法の遵守を監視し，EU 法の有権的解釈を示す。裁判官は，連合構成国から 1 人ずつ計 28 名である。軽微な事件を処理する第一審裁判所（Gericht erster Instanz）は，裁判所（Gericht）と名称を変えた。さらに，ヨーロッパ議会および連合理事会が，正式の立法手続を経て，特定の領域にかかる定められた争議について管轄をもつ特別裁判所（Fachgericht）を設立してよいこととなった。現在は，ヨーロッパ連合の職員にかかる専門裁判所がある。この特別裁判所の判断に不服がある場合には，法解釈問題について，ヨーロッパ裁判所に上訴できる。

　(f) ヨーロッパ中央銀行（Europäische Zentralbank. フランク

フルト所在)　1998年以降，通貨連合の要を担う機関として設立された。ユーロについてヨーロッパ唯一の発券銀行である。通貨連合の機能監視のほか，価格の安定を実現することも主要な任務である。ヨーロッパ中央銀行は法人格をもつ。ヨーロッパ中央銀行は，構成国の中央銀行とともに，「中央銀行ヨーロッパシステム (Europäisches System der Zentralbanken)」を構成する。構成国中央銀行は，ヨーロッパ中央銀行の方針と指示に従うものとされている。いくつかの構成国が債務危機に陥ったために，ヨーロッパ中央銀行の役割に注目が集まるようになった。

　(g)　ヨーロッパ会計検査院 (Europäischer Rechnungshof. ルクセンブルク所在)　EU財政が法と規則に適合しているかどうかを検査する。

 (3)　ヨーロッパ法のドイツにおける法源的意味

　ヨーロッパ連合に至る前段階に重要な意義を有した原子力共同体条約 (ローマ条約の一部)，ヨーロッパ連合の設立に係るマーストリヒト条約 (リスボン条約による修正を受ける)，およびヨーロッパ連合の作業方法に係る条約が，設立条約 (Gründungsverträge. 英語では founding treaties) をなす。この設立条約 (附則や議事録，その後の加入条約などを含む) が第一次的EU法として拘束力をもつ。さらにEU自体が第一次的EU法を具体化するための法的措置をとることが認められている。その法的措置が第二次的EU法であって，それはさらに，直接的効力をもつ規則 (Verordnung)，構成国における国内法化を要する指令 (Richtlinie——このドイツ語は，英語のガイドラインに相当するものであり，本来は「指針」を意味した)，名宛人のみを拘束する決定 (Entscheidung) に，分類される。その他に，法的拘束力をもたず政治的効果を狙うにすぎな

VIII　経済法

い勧告 (Empfehlung) や意見 (Stellungnahme) が示されるにとどまることもある。実務上とりわけ重要なのは規則と指令である。ヨーロッパ法の立法者は，法領域に応じて規則と指令を使い分ける傾向があることにも注意すべきだろう。たとえば民事実体法の領域については，指令が用いられることがほとんどである。指令の国内法化により，法のヨーロッパ的調和化（統一化ではなく）が目指される（債権法の改正はその一例である）。

　各国の国内法とヨーロッパ法の関係について。ヨーロッパ裁判所は，ヨーロッパ法の優位を明確に認め，EU 法（判決当時は EG 法。以下の判例についても，その意義をこんにち的に読み替えることとする）に抵触する国内法を適用してはならないとしている（1964年7月15日判決）。EU 法の適用と実施を妨げることが一切許されないばかりでなく（EU 法の間接的効果），構成国に国内法化を義務づけられるにすぎない「指令」についても，構成国の国民は自国の裁判所にその適用を求めることができる，とされる（1963年2月5日判決。EU 法の直接的効果）。1991年11月19日のヨーロッパ裁判所判決以来，EU 法が適正に適用されなかったとき，たとえば EU 指令が相当期間内に国内法化されなかったときは，そのために損害を蒙った当該構成国の市民は自国を相手取って国内法化の不作為につき損害賠償を請求しうるというのが原則となった。

　ただし EU 法の優位は，法の妥当のレヴェルでではなく，抵触法のレヴェルで理解せねばならない。EU 法は国内法を単純に押しのけるわけではない。それは，EU 法そのものがまだ十分に整理されたものでない以上，現実的にも不可能である。EU 法には「補充性原則」(Subsidiaritätsprinzip) が妥当し，構成国における立法権限と EU における立法権限とが重なりあう場合には，EU

法の適用を主張する当事者に，それが適切であることを立証する責任が課せられる。

内容的には，ヨーロッパ裁判所は，いわゆる「EU法の基本的自由」を保障するために大きな役割を演じている。「基本的自由」とは，域内市場における商品取引の自由，人の移動の自由，住所を定める自由（企業の所在地を含む。情報技術の発達による国境を越えたサーヴィス提供の自由も含まれる）から，資本移動と決済の自由に及ぶ。

このようなEU法の優位は，ドイツ連邦共和国基本法によって承認されている。すなわち，ドイツ統一条約によって削除された旧23条に代わる新23条（ヨーロッパ条項）がマーストリヒト条約締結後に設けられ，「民主的・法治国家的・社会的・連邦制的原則および補充性の原則をとり，かつ，この基本法と本質的に同様の基本権保護を保障する」EUの発展にドイツが協力すること，そのために，連邦参議会の同意を要する法律によって連邦の高権（Hoheitsrechte〔主権の一部〕）をEUに委譲しうることなどを定めた。

連邦憲法裁判所もこうした動向に応接している。基本権保障に即して例解してみよう。1974年5月29日の連邦憲法裁判所決定においては，第二次的EU法の適用は，ドイツ基本法に定められた基本権との一致が認められる限りで適用を見る，としていたが，1986年10月22日判決では，ヨーロッパの次元での基本権保護の水準の向上に鑑み，ヨーロッパの諸機関とりわけヨーロッパ裁判所が有効に基本権を保護する限りにおいて，連邦憲法裁判所はEU法の国内適用可能性に係る審査を行わないとする判断を示した。ただし連邦憲法裁判所は自己の守備範囲を単に狭めていった

わけではない。EU 法の優位はヨーロッパ市民としてのドイツ国民に対して、ヨーロッパの諸機関が直接に関与する機会を増やす。このような超国家機関の実質的な活動に対して連邦憲法裁判所が法的な審査を行う必要も出てきたわけである。そこで、1993 年 10 月 12 日のいわゆる「マーストリヒト条約」判決で、連邦憲法裁判所は次のような判断を示した。すなわち連邦裁判所の任務はドイツにおける基本権保護全般にあり、従って、ドイツの国家機関の行為についてのみならず、国家を超えるヨーロッパの諸組織が行使する公権力行為が、基本権を侵害していないかについても審査する任務を負う、と。

IX 労働法

§1 労働法小史

近代労働法の形成は，20世紀初頭に始まる。中世はもとより，近世においても，労働関係は政治的支配関係と表裏一体を成していた。使用者はつねに同時に政治的支配者であり，いわゆる「経済外的強制」によって労働を強制した。社会はそのような支配者たち（家長たち）の社会であって，隷農を始めとする労働者は社会の外の存在にすぎなかった（労働者の大部分は，貴族・市民・農民という身分制的序列〔Ständeordnung〕の中にさえ位置づけられていなかった）。これに対して，19世紀初頭以降の近代においては，政治権力の国家への集中が徹底し，使用者はもはや労働を政治的・「経済外的」に強制することができなくなった。労働関係は，自由な契約によってのみ基礎づけられるものとなったのである。それは，建前として，労働者が対等な法的主体と認められたことを意味する（従来身分制的社会秩序の外に置かれていた労働者が第四「身分」として捉えられるのは，その限りで労働者の地位の向上である）。実際には19世紀中葉までは，市民社会はまだ家長たる市民たちの社会であると意識されており，労働者もみずからの勤勉と互助，それに市民の援助によって，単に法的な平等を享受しうるにとどまらず実質的にも市民と肩を並べる市民社会の正式メンバーにまで上昇しうる，と考えられていたのである。

しかし，19世紀の50年代からドイツでも産業革命が進行し，

Ⅸ 労働法

手工業に代わって工場工業が普及するに至って，家長たる市民たちの社会は次第に大量の労働者を含む大衆社会（産業社会）へと変質する。かつての手工業労働者（職人）がやがては親方（マイスター）として一人立ちできるという期待をもちえたのに対して，工場労働者は企業家への実質的従属を脱することができないままに，産業社会の（量的には多数を占める）メンバーになるのである。身分制的序列にかわって登場したのは，形式的平等を与件とした階級社会（Klassengesellschaft）であった。労働者は，家父長的支配に伴う保護を失って，契約により過酷な労働を強制されるようになる（法的な平等の下で，資本主義の論理による経済的な強制がかつての「経済外的強制」にとってかわる）。労働者の保護は，青少年に対する重労働の禁止，現物給与の禁止（給与を現金に限定すること），労働時間の定めを置くことや，休日労働の禁止，といった，個別的な規制に依拠していた。彼らは1860年代から徐々に労働組合運動を展開し，1869年の北ドイツ連邦営業法による団結の自由の承認，1871年の帝国憲法による（男子）普通選挙権の承認を得て，産業社会の無視しえない要素となる（なおⅤ§4(5)をも参照）。

　第一次大戦は大きな転換をもたらした。開戦とともに，社会民主党は協調路線に転じ，いわゆる領内平和（Burgfriede）に応じた。1916年には軍需産業について操業体（事業所）単位の義務的被用者代表制度が立法化され，1918年11月の革命にさいしては使用者側と組合側の合意（中央労働共同体協定〔Zentralarbeitsgemeinschaftsvereinbarung〕）によって労働組合の協約当事者能力が公式に承認されるとともに，50人以上の被用者を有するすべての事業所について被用者代表機関たる被用者委員会の設置が義務づけられた。さらに，ヴァイマル憲法が規定した被用者代表制

度のうち事業所単位の被用者参加を認めるために，1920年2月4日の事業所委員会法（Betriebsrätegesetz）が制定された（同じくヴァイマル憲法が予定した地域的・全国的な被用者代表制度は，1920年5月4日の命令によって実現された）。民法の特別法としての個人主義的色彩の濃厚な労働法から，労働者団体と使用者団体との関係を規律する法としての労働法への転換がここに画される。労働協約を中心概念とする集団労働法の概念が成立し，協約自治の原則が承認される。1927年には労働裁判所制度も設立された。労働法の学問的彫琢も，主として民法学に出自を持つ学者によって試みられる。1920年代には，相次いで最初の労働法体系書が公刊され，大学の法学部に労働法の講座も設けられるにいたる。学説史的には，個人主義の極端化を批判するゲノッセンシャフト理論，法の社会学的考察の必要性が強く感ぜられたこと，自由法運動などが，相俟って労働法の形成を後押ししたことが銘記されるべきであろう。

このような労働法の発展は，NSによって中断される。集団労働法を排除し，NSの指導者原理に従い，企業家は「指導者（Führer）」として，「従者団（Gefolgschaft）」たる被用者の上に一方的な指揮・命令権を揮うことになった。NS体制下にも被用者保護立法に関しては進展があり，8時間労働制を定めた労働時間法（現在まで効力を保っている）などが制定された。しかしとくに第二次大戦中には，強制労働が横行した。

そこで戦後に，基本法に労働者の団結権が明記され，1949年には労働協約法が，1952年には事業所組織法が，それぞれ成立し，労働法の基礎が再構築された。詳細は，以下で個別に紹介しよう。

IX 労働法

§2 労働法の法源と対象

基本法 (GG) は，9条3項によって団結の自由 (Koalitionsfreiheit) を保障している。これは個人が団結する自由および団結に加わらない自由を意味するだけでなく，団結（普通は労働組合）に対して存立の権利，および労働協約を締結するなど集団的活動をする権利を認めたものである。基本法は，さらに，男女同権を保障する3条2項によって男女同一労働同一賃金の原則を基礎づけ，12条によって職業の自由とともに職場選択の自由（および職業教育施設選択の自由）をも認めている。また，20条1項と28条1項でとられている社会国家の原理は，事業所単位の共同決定（被用者代表）制度と企業単位の共同決定制度を充実する手掛りとなった。

統一的な労働法典は存在せず，多くの個別立法が，学説・判例によって樹立されたさまざまの原則によって補充・修正されつつ労働法 (Arbeitsrecht) の法源になっている。労働関係に関しては，民法典の雇用契約 (Dienstvertrag) の規定および営業法の労働者に係る規定が，解雇保護立法や（病気のさいの）賃金継続支払立法による修正を受けながらも，今なお最も重要な法源である。しかし，労働関係の内容は，法律と雇用契約ないし労働契約 (Arbeitsvertrag) だけで決まるのではなく，規範的効力をもつ労働協約や事業所協定（使用者と事業所委員会〔事業所における被用者代表機関〕との間に結ばれた協定）によっても規定されるのである。なお，労働関係に関する法と労働者保護法は個人労働法 (Individualarbeitsrecht) とよばれ，労働組合・労働協約・労働争議・参加や共同決定に関する集団労働法 (Kollektivarbeitsrecht) から区別されている。

§2 労働法の法源と対象

　近年は，労働法もヨーロッパ法の影響を大きく受ける。四つのヨーロッパ共同体指令を受けて成立した2006年8月14日の「平等取扱一般法」(AGG) は，労働関係全体について，包括的な定めを置いた。本法の目的は，「人種を根拠とする，あるいは，民族的出自，性別，宗教または世界観，心身障害，年齢，または性同一性障害を理由とする，不利益取扱を防ぎ，または除去すること」(1条) にある。本法は，私法上の私人間関係一般を規律するものだが，とりわけ労働法上の諸関係を法的に枠づけることに力点が置かれていた。この法律に基づいて，連邦反差別局 (Antidiskriminierungsstelle des Bundes) が，家族・高齢者・女性・少年関連問題省の管轄下に設置され，同法1条に列挙された理由により不利益取扱を受けたと考える者の相談窓口となり，場合によっては当人の平等取扱の実現に向け助力する。

　労働法は個人労働法と集団労働法とに大きく区別される。個人労働法は，狭い意味の労働契約法と労働保護法とを含む。労働契約法は使用者と個別労働者との私法上の関係を規律する。労働保護法は，労働者の生命や健康の保護に必要な，使用者側の公法上の義務を定める。集団労働法は集団としての労働者の利益を確保する規範である。労働者の団結権，労働協約，労働争議権や共同決定権が，重要な柱となる。

　個人労働法はもとより労働者個人を規律の主要対象とするが，集団労働法においても集団に組織された労働者が規律対象となることは言うまでもない。かつては労働者 (Arbeiter〔in〕) のほかに，被用者 (Arbeitnehmer〔in〕) の観念を別に意識することが重要だった。被用者は，主として筋肉労働に従事する労働者 (Arbeiter〔in〕) と，主として頭脳労働に従事する職員 (Angestellte〔r〕)

IX 労働法

とに区別されてきたのである。ただ,この区別はこんにちほとんど意味を失っている。

被用者は,私法上の契約に基づいて他人のために従属労働を給付する者,と定義される。官吏と裁判官は私法上の契約によって雇用されるものではないから,被用者ではない。また,弁護士や医師は私法上の契約に基づいて役務を給付するものではあるが,従属して働くのではなく独立事業者(Selbständige〔r〕)として活動するものであるから,やはり被用者ではない。被用者は,使用者(Arbeitgeber〔in〕)の経営に組み込まれ,その指示に服する立場に立つ(むろん,使用者と平等の法的主体であることに変わりはない)。新聞や放送で活躍する「自由な協働者(freie〔r〕 Mitarbeiter〔-in〕)」は,契約の内容によって労働者,職員,または独立事業者に相当する。

法的に重要であるにもかかわらず法律上の定義を欠くものとして,管理職員(leitende〔r〕 Angestellte〔r〕)がある。被用者のいわば頂点に位置して使用者的業務をも行う者,または大きな責任を伴う重要な業務を行う者を意味する。管理職員については,解雇に対する保護がやや薄く,時間外勤務をしても超勤手当を要求できないなどの特例がある。管理職員は,また,労働裁判所・社会裁判所の使用者側の裁判官(名誉職裁判官)に任命されうる。管理職員は,事業所単位の被用者参加には加われない。このように使用者側の一員とみなされる一方で,管理職員は,やはり職員として扱われることがある。すなわち,企業における共同決定機関は労使対等の構成をもつべき監査役会であるが,被用者側監査役には少なくとも1人の管理職員が就任することを要するとされている。

§3 労働関係

(1) 成　立

　労働関係（Arbeitsverhältnis）は，契約によって生ずる。方式は自由である。労働契約を誰と結ぶかは使用者にとっても自由であるが，民法典611a条，611b条によれば（採用ばかりでなく昇任・解雇にさいしても）男女の差別は許されない（ただし，これに違反した雇用契約も無効ではない。また，たとえば女性にしかできない仕事のために女性であることを採用の条件としても，違法ではない）。さらに，事業所委員会（被用者代表機関）の同意権によって，採用が制約されることもある。就職斡旋を行えるのは，雇用助成に関する社会保障法典第3編によって，原則として連邦雇用促進庁とその下の州労働局・地域労働局だけである。

　ただし使用者が被用者に対して一時的な出向を命ずることは可能であり，これによって出向労働関係（Leiharbeitsverhältnis）が成立する。業として被用者派遣（Arbeitnehmerüberlassung）を行うことについては，1972年の被用者派遣法（AÜG）が定める。被用者派遣業は，ドイツ労働法の煩瑣な規定をのがれ，あるいは労働にかかるコストの削減を進めるという，とくに国際的な大企業の目論見に合致する制度であるため，20世紀末以来，盛んに利用されるようになった。1993年には派遣被用者の数はおよそ11万4000人であったが，2016年にはおよそ99万1000人にのぼる。派遣先企業にとっては，被用者派遣制度は労働関係を柔軟化する手段として重宝されている。多数の人材の迅速な調達にも，経営がうまくいかない場合の大幅な人員削減のためにも便利な制度だからである。もとより，派遣業者はその業務について，監督官庁による許可を原則として1年ごとに得なければならない（更

IX 労働法

新は可能)のであって,これは出向労働関係があくまで例外であることを制度的に表象するものである。ただし被用者派遣法3条に列挙された,許可を阻む原因がなければ,派遣業者には原則的に許可が与えられる。派遣先企業と派遣被用者とのあいだには労働契約が締結されていないため,対解雇保護法(後述)による制約を課すことができない。これは,派遣被用者の側から見れば,労働法上の保護が弱いということを意味する。もとより派遣先企業には,公法上の労働保護義務の責任は課せられている(AÜG 11条6項)。また,派遣被用者を正被用者と平等に取り扱うべきとの原則が2003年以降導入された。ただし,労働協約で別様に定めることは可能であり,その効果には疑問がある。派遣業者が,派遣被用者が提供した労務の受領を遅滞した場合には,かかる遅滞により給付できなくなった労務について,あらかじめ合意された額の賃金を請求でき,この権利を弱めたり否定したりする労働協約の定めを置くことはできない。

(2) 労働時間と休暇

労働時間は,労働の開始から終了までの時間から,休憩時間(Ruhepause)をのぞいたものである。労働時間にかかる基本的な原則は,1994年の労働時間法(ArbZG)によって規律されている。それによれば,1日の労働時間は8時間を超えてはならない。ただし6ヵ月または連続する24週間の平均労働時間が8時間を超えない限度で,10時間に及ぶ労働時間を認めることは例外的に許される(3条)。休憩時間とはべつに,労働終了時から,次の労働開始時までを休養時間(Ruhezeit)と定め,休養時間はまとまって11時間以上が確保されていなければならない(5条1項)。病院や各種養護施設,あるいは交通関係,ラジオ放送局などに勤

務する者について，業務の特殊性により11時間以上の休養時間を規則的に確保できない場合には，休養時間を最低1時間にまで短縮することができるが，短縮された休養時間はその都度，1ヵ月間または連続する4週間のなかで最低12時間以上の休養時間を確保することにより，相殺されねばならない（同条2項）。日曜日と法定休日（gesetzlicher Feiertag）に被用者を働かせることは，原則として禁止されている（例外は病院や消防隊，レストラン，芸術活動，スポーツ，放送局など）。日曜日はキリスト教による安息日であり，法定休日も大部分キリスト教の祭日である。なお，日曜日と法定休日における労働の原則的禁止は，基本法上の要請である。基本法140条によりヴァイマル憲法139条の次の定めが現在も有効である。すなわち「日曜日および国家が承認した休日は，労働からの休息および精神の回復のための日として，法律で保護される」。法定休日は州によって若干異なるが，すべての州で一致しているのは次のとおり。

　元日（Neujahr），聖金曜日（Karfreitag. 復活祭〔年によって動く。春分後の最初の満月の後の日曜日〕の前の金曜日），復活祭の月曜日（Ostermontag. 復活祭の日曜日〔Ostersonntag〕と連続して祝う），5月1日（1. Mai. 英語でいうMay Dayである），キリスト昇天祭（Christi Himmelfahrt. 復活祭後40日目），聖霊降臨祭の月曜日（Pfingstmontag. 聖霊降臨祭〔Ostern後の第7日曜日〕の次の月曜日），10月3日（Tag der Deutschen Einheit. ドイツ統一の日。これだけが連邦の法律による休日），クリスマス（Weihnachten. 12月25日と26日）。州によって，このほかにも法定休日がいくつかある。

閉店時間法（LadSchlG）もまた，間接的に，労働時間規制に役

立っている。それによれば，日曜日および法定休日，月曜日から土曜日までの朝6時までと午後8時以後は，開店してはならない。また12月24日が日曜・法定休日でないときは朝6時から午後2時までの開店が許される。閉店時間法の例外の代表格はパン屋さんで，たとえば平日朝5時半からの開店が認められている（3条）。そのほか薬局（4条），新聞雑誌販売所（5条），ガソリンスタンド（6条），駅や港・空港などの販売所（8条，9条）に，それぞれ一定の例外が認められる。なお，2006年の連邦制改革によって，閉店時間法の立法権が州に与えられることとなった。そのため，州ごとに定めの相違が生じているが，被用者の保護に配慮した定めをそこに含ましめるのが通例であり，とくに日曜・法定休日における休養の原則に基づく定めは重視されている。

労働時間の定めについては，労働協約と共同決定の果たす役割も大きい。とくに戦後の経済再建に伴う困難がほぼ克服された1960年前後から，協約による労働時間短縮が急速に進み，1970年代には土曜を休日とする週40時間制が一般的となった。労働組合は，週40時間制に満足していない。失業率を低下させるために労働時間をさらに短縮し，その分を雇用の拡大に振り向けるべきだ，というのが労働組合の主張であり，この主張は労働協約の実務に反映されてきた。たとえばドイツ連邦共和国で最も大きく，最も影響力のある金属産業労働組合（IG Metall）が，労働協約上週35時間制を獲得している。ただし，完全に実現されているわけではない。また，職種ごとに，労働時間には相違がある（たとえば銀行業や保険業の場合週39時間）。また，旧西独地域より旧東独地域のほうがわずかに労働時間が長い。他方，1990年代後半以降，労働時間のかかる短縮化傾向が国際競争力を削ぐ原因

であるとして使用者側によって強く批判され，労働組合側もこの批判にある程度応じ，結果として，職種によっては労働時間が再び延長された場合もある。年金受給資格者の年齢が原則として67歳にまで引き上げられたこと（119頁参照）も，労使交渉に影を落とす。統計上，平均して週35.1時間の労働時間になっている（2016年現在）。統計上は1991年と比較しておよそ3時間減っていることになるが，終日就業者に限ってみると労働時間にほとんど変化がない（2016年現在で，週41.3時間）ことには注意すべきであろう。

　被用者は，年次有給休暇を要求する権利をもつ。再び仕事をするために元気を回復するという意味で，回復休暇（Erholungsurlaub）という語が用いられている。1920年代には，労働協約で定められている場合にのみ休暇を請求しえたのに対して，第二次大戦後はまず州ごとに立法化が始まり，1963年1月8日の連邦休暇法（BUrlG）によって統一的な規律がなされるようになった。それによれば，被用者は，6ヵ月働いた後に，その暦年中，日曜日と法定休日を除く，少なくとも24日間以上の休暇を請求できる。24日という休暇期間は，実際には労働協約や共同決定，個別の労働契約によってもっと延長されており，こんにちドイツの被用者は，平均すると（日曜日と法定休日を除く）30日程度すなわち約6週間の休暇を取る権利をもっている（そして，日本とは違って，この権利を完全に行使するのが普通である）。病休のために年次有給休暇を使うことも許されない。

　使用者は，原則として，いつ休暇を与えるかを一方的に決定する権利をもつ。ただ，業務上の緊急の必要があるとき，他の被用者の休暇希望期間を社会的（sozial）な理由により優先せねばな

IX 労働法

らないときを除いては，被用者の希望を顧慮しなければならない。子供のある被用者はその学校が休みになる時期に休暇を取ることを希望する。道路ことに高速道路の渋滞を軽減するために，各州は毎年交替で，時期をずらして学校の夏休みを定めている。肉屋やパン屋のような小店舗は，その期間ずっと閉店することが多い。

(3) 給　　与

被用者が受け取る労働の対価は，労働報酬（Arbeitsentgelt）として支給される。かつては，労働者に支払われる賃金（Lohn）と，職員に支払われる俸給（Gehalt）とが区別されていた。こんにちでは，一方で両者の区別が相当に相対化され，他方，賃金と俸給の上位概念として，労働報酬の語が用いられることが多くなった。労働報酬の額は，通常1年ごとに，そしてしばしば地域ごとに，労働協約で定められる。その額は最低基準額であり，これを上回る労働報酬の労働契約を結ぶことはできるが，その逆は許されない。したがって，協約労働報酬よりも，現実労働報酬の方が高いのが通常であり，現実の労働報酬は協約上のそれの引上げにスライドして上がるのが普通である。

労働報酬のほかに，被用者は通勤手当・昼食手当などの諸手当や，1ヵ月分の年末手当を受け取る。そのほかに，法定の年金保険（Rentenversicherung）を補充する養老手当を企業から受け取ることも多い（ドイツでは退職金に当たるものはないが，年金月額は最後の月給の最大75％に上る）。なお，被用者は病気の場合6週間まで従来の労働報酬の100％の支払を受けることができる。また，たとえば他企業からの原材料の供給が止まったなどの理由で事業所が一時的な操業不能に陥ったときも，危険負担は使用者に属し，被用者に労働報酬を支払わなければならない。

(4) 解　　雇

　労働契約には, 通常, 期間の定めがない。連邦労働裁判所によれば, 期間を定めることが許されるのは試験採用や一時的な仕事のための採用など, 相当の理由がある場合に限られる。期間の定めのない労働契約を打ち切るためには, 解約告知 (Kündigung) が必要である (使用者からの解約告知は, 解雇ということになる。以下では, すべて解雇の問題として扱う)。この制度は, 失業者対策の一環として, 失業者を増やさないための処方としてヴァイマル時代にその基礎が与えられたものである。解約告知制度は民法の定めに基礎を持つ。民法の論理だけに基づけば, 通常の解雇については, 一定の予告期間が置かれる (BGB 622 条) が, 特に理由は必要とされていないし, 被用者が職場で犯罪を行ったなどの重大な理由があるときは, 予告期間を置かずに特別解雇をすることができる (626 条) ことになる。

　民法が予定するこのような法の論理は, 被用者の生活に大きな打撃を与えかねないため, 解雇の恣意的な行使を防ぐ必要は, ヴァイマル時代にも感ぜられていた。爾来, 特別法によって, 解雇に制約を課す試みがさまざまに行われた。1969 年 8 月 25 日の対解雇保護法 (KSchG) は, かかる個別的な試みの数々を体系的に整序した法律である。この法律の 1 条によれば, 6 ヵ月を超えて中断なしに労働関係にあった被用者を解雇することは, それが「社会的に不当 (sozial ungerechtfertigt)」な場合は (不確定的に) 無効 (unwirksam) である。解雇は, 「被用者の人格もしくは行動, または被用者の雇用の継続を妨げる切迫した事業上の必要によらない場合」, 社会的に不当とされる。たとえば経営合理化のための「事業上の必要による解雇」にさいしても, 使用者は, 社会的

観点（年齢や家族状況）を十分に顧慮して解雇すべき者を決めなければならない。その顧慮が足りなければ解雇は無効である。被用者10人以下の事業所は，対解雇保護法の対象外とされている。使用者は解雇にさいして，社会的観点に関する判断の適否についての事業所委員会（被用者代表）の同意を得なければならない。争いが生じたときは最終的に労働裁判所の判断が求められる。

　事業所委員会の委員を務めている被用者は，その任期中および任期後1年間，原則として通常解雇から守られる。母性保護法（MuSchG）により，原則的に，妊娠中および出産後4カ月間，被用者は解雇から保護されている。また，重度障害者にも，社会保障法典第9編第2章第4節において，特別の解雇保護を規定している。重度障害者は，解雇から特別に保護されるだけではない。20人以上の被用者ポストをもつ使用者は，その最低5％を重度障害者に充てなければならない。それだけの重度障害者を雇用できないでいる間，使用者は補償金を重度障害者保護機関に支払わなければならない。補償金額は，重度障害者の雇用率が3％以上5％未満の場合，空席1人当たり105ユーロ，2％以上3％未満の場合180ユーロ，2％未満の場合260ユーロである。補償金の支払によって，重度障害者を雇用する義務が雇用者に免除されるわけではない。

§4　労働組合の活動
(1)　労働組合と使用者団体

　被用者と使用者はそれぞれ労働組合と使用者団体に組織され，これらの組織が協約当事者として交渉を行うことになる。両者が敵対的な関係に立つのではなく，協力関係にあることを強調する

ために，社会的パートナーシップ（soziale Partnerschaft）という表現がしばしば用いられる。

　ドイツ連邦共和国の労働組合（Gewerkschaft）は，日本のそれとは違って企業単位または事業所単位で組織されているのではなく，産業別に組織されている（日本では全日本海員組合だけが産業別労働組合である）。ある事業所の被用者は，その事業所がどの産業分野に属するかによって，当該の産業の労働組合に加入するのである。1つの事業所を管轄するのは，1つの産業別労働組合だけである（例外として，警察労働組合だけは職種別に組織されている）。労働組合は，労働協約締結の当事者たる能力をもつにもかかわらず，権利能力なき社団（nichtrechtsfähiger Verein）という法的形態にとどまるものが多い。

　労働組合は，労働協約によって給与を始めとする労働条件を改善し，被用者の共同決定を拡大し，労働者保護法制の充実を図ることを任務としており，ドイツ連邦共和国の労働政策・経済政策に強い影響を及ぼしている。労働組合の代表格として，1949年設立のドイツ労働組合連盟（DGB）をまず挙げるべきである。それは1999年には800万人余の被用者を傘下に収めていたが，2016年には605万人にまで減少した。ドイツ労働組合連盟に加入している労働組合のうち最大のものは，2016年現在227万人の組合員を擁する金属産業労働組合（IG Metall）である（かつては世界最大の労働組合でもあって，現在でも世界有数の労働組合ではある）。2001年3月18日にドイツ職員労働組合（DAG。各州の職員団体から成る上位団体〔労働組合〕であって，傘下の職員団体には，商業・銀行・貯蓄金庫・保険・公勤務・技師・手工業・水運・鉱山・芸術・マスメディアの職員が組織されていた）など5組合が合併して，

IX 労働法

　サーヴィス業連合組合（ver. di）が誕生してドイツ労働組合連盟に加入し，これが，一時的には最大の労働組合となったが，2016年現在の組合員数は201万人で，2番手に甘んじている。労働協約の当事者となるのは労働組合連盟ではなく各加盟組合であるが，ドイツ労働組合連盟は重要な調整機能を果たし，また被用者の政治的要求を政府に伝達する役割を引き受けている。近年ではヨーロッパ労働組合連合や国際労働組合連合との連携の強化に努めている。また，EU や UNO などの国際組織においてドイツの労働組合を代表する。労働組合連盟は，多様な労働組合の利益を調整する限りで多元的ではあるが，被用者の利益擁護という点では首尾一貫しているという理由で，政治的中立の立場でないことはみずから明示しており，実際にも，社会民主党と緊密な関係を有していることは疑問の余地がない。

　ドイツ労働組合連盟のほかにも，もっと小さな労働組合連合体がある。特色あるものとして，ドイツ・キリスト教労働組合連盟（Christlicher Gewerkschaftsbund Deutschlands）を挙げておこう。これは，（経済的・社会的・職業的要求とともに）明確なキリスト教的目標を掲げる労働者・職員・官吏の労働組合の連合組織である。

　使用者団体（Arbeitgeberverband）の組織率は，労働組合のそれ（2000年以降20％台前半を漸減で推移）よりも高く，この数年の統計では約75％の使用者が，業種別および州別の使用者団体（それは協約交渉の当事者となる）に組織されている。ドイツ労働組合連盟と並ぶ使用者団体側の上部組織として使用者側の政策決定を担当するのが，ドイツ使用者団体全国連合会（BDA）である。議会と政府に対する使用者の利益代表機関としては，約10万の企業から成るドイツ産業団体全国連合会（Bundesverband der

Deutschen Industrie, BDI) がある。
  (2) 労働協約・労働争議

　労働協約（Tarifvertrag）の当事者となるのは，被用者側はつねに労働組合，使用者側は使用者団体または個々の使用者である。労働協約の締結については，国家の介入が排除され，いわゆる協約自治（Tarifautonomie）が認められる。したがって，1969年8月25日の労働協約法（Tarifvertragsgesetz）も，労働協約が債務的部分（たとえば，協約有効期間中は争議を行わない「平和義務〔Friedenspflicht〕」に関する条項）と規範的部分（たとえば，給与・休暇・解雇予告期間に関する条項）とから成ることを明らかにするなど，ごく原則的な規律しか含んでいない。労働協約の適用地域は，州またはその一部に限定されることが多いが，複数の州ないし連邦全域に拡張されることもある。締結された労働協約は，連邦労働・社会問題省に設置されている協約登記簿に登記される。

　労働争議（Arbeitskampf）は，法律ではなく判例法，とくに連邦労働裁判所の若干の重要な判例によって規律されている。それによれば，争議において掲げられる要求が労働協約によって規律しうる範囲に属する限り，ストライキ（Streik）もロックアウト（Aussperrung）も相当性の枠内で許される。実際に，争議の大部分は労働協約締結をめぐって行われている。こんにちでもストライキはしばしば——しかもときに非常に激しいものが——試みられている。記憶に新しいのは，週35時間制の旧東独地域への導入をめざして2003年に金属産業労働組合が敢行したもの（ただし大きな失敗に終わる），および2007年の夏から秋にかけてドイツ鉄道株式会社の鉄道機関士が結成する組合が数度にわたり30時間に及ぶストライキを決行したもの，などである。

IX 労働法

§5 共同決定

　労働者代表制度ないし共同決定制度は，その前史まで遡ればドイツでは労働組合よりも早く，すでに19世紀前半に萌芽的形態を見出すことができ，1848年の3月革命のさいの立法化の試みを経て，19世紀末における任意的（fakultativ）労働者委員会の法制化（ただしストライキの防止策を伴った），第一次大戦中および1918年革命にさいしての義務的被用者委員会の導入とヴァイマル憲法によるその確認，さらに1920年の事業所委員会法（Betriebsrätegesetz）に至る長い発展を跡づけることができる。NSの時代の中断の後，早くも1946年には連合国管理委員会の法律によって，ドイツ経済の民主化のために被用者代表機関として事業所委員会を置くことが可能になった。さらに，ドイツ連邦共和国成立後，炭礦・鉄鉱業および製鉄業については労働組合の圧力によって1951年5月21日の共同決定法（Montan-Mitbestimmungsgesetz）が制定され，労使対等に構成される監査役会での被用者の共同決定権が認められた。1952年10月11日には，事業所組織法が制定されて，州ごとに異なっていた事業所単位の共同決定制度を統一するとともに，炭礦・鉄鉱・製鉄業以外の産業について監査役会における共同決定を規律した。その後，1972年1月15日の新しい事業所組織法（BetrVG）が制定されたが，これは事業所単位の共同決定制度を整備したにすぎず，1952年の事業所組織法が定める監査役会での共同決定には手をつけなかった。炭礦・鉄鉱・製鉄業以外の業種の2000人を超える被用者をもつ企業についてだけは，ようやく1976年5月4日に，監査役会における対等的共同決定を認める共同決定法（MitbestG）の制定を見るに至っている。なお1952年の事業所組織法は，

§5 共同決定

2004年5月18日の被用者三分の一参画法（DrittelbG）によって置き換えられたが，基本構造は変わっていない。

この歴史的素描からも判るように，広義の共同決定には，企業内の事業所（Betrieb）における共同決定と，企業（Unternehmen）の監査役会における共同決定の2種類がある（Betriebを「経営」と訳し，Betriebsratを「経営協議会」等と訳すと，その語感に引きずられて，企業の監査役会における共同決定との混同をもたらすおそれがあるので適切ではない）。1972年の事業所組織法によって規律されていたのは前者である。この法律は，2001年8月1日に施行された改正法によってほとんど30年ぶりの大変革を蒙った。他方，後者は，企業規模と業種によって，2004年の被用者三分の一参画法または1976年の共同決定法または1951年の炭礦・鉄鉱・製鉄業共同決定法により規律されている。共同決定制度は，産業別労働組合制度の下で，企業別ないし事業所別の労使交渉を可能にするものであり，労働協約の締結を別とすれば日本の企業別組合とある程度等価的な機能を果たしていると思われる。

(1) 事業所における共同決定

2001年における事業所組織法の改正の目的は，事業所と企業の構造，生産と勤務の形態，および情報通信技術の根本的な変化に直面して，被用者の能力を高める一方で雇用を確保・促進するため，被用者を代表する事業所委員会（Betriebsrat）の権限を強めることにあった。(a)事業所委員会は，労働時間・労働組織・被用者の再教育について使用者に提案することができる。使用者は，その提案に従わない場合は——被用者が100人を超える事業所では文書によって——理由を示さなければならない。(b)事業所委員会は，事業所の環境対策，雇用における男女同権，勤務と家庭生

255

活の両立，外国人被用者の非差別的処遇についても，提案権をもつ。(c)事業所委員会は，使用者が自己の任務の履行状況についての情報を事業所委員会に提供すべき専門職員を雇用するように，使用者に要求することができる。(d)被用者が50名以下の事業所では，被用者3名または労働組合の申請があれば短時日で事業所委員会が構成される。(e)事業所委員会を構成する委員数の増員。(f)事業所委員会は，被用者の男女比率に応じた男女構成をもつべきこととする。

連邦と州の公勤務者（労働者・職員・官吏）についても，1955年の連邦公勤務者代表法（BPersVG）ないしそれに相当する州の法律によって，社会的事項や人事事項に代表を介して参加する権利（情報開示請求権，幹部会議傍聴権，意見表明権や，採用・昇任・転勤についての狭義の共同決定権など）が認められている。裁判官についても，連邦裁判官法が連邦公勤務者代表法を準用して，一定の参加権を認めている。

(2) 企業の監査役会における共同決定

事業所委員会における共同決定が，円滑な事業達成に資するものとして，使用者側の大きな抵抗を受けずに法制化されたのに対し，企業の経営方針を決定する監査役会での共同決定制度は，始めから企業家の強い抵抗を受けてきた。被用者側監査役には主として労働組合の役員が選ばれるから，被用者の利益のための経営を主張する労働組合の立場と，市場法則に従った経営を主張する企業家の立場が，監査役会においてしばしば衝突する。したがって監査役会を労使対等に構成しようというのが，労働組合の長年の願望であった。

　(a) 1951年の炭礦・鉄鉱・製鉄業共同決定法　　対等性を

§5 共同決定

監査役会の構成

(a) 1951年法

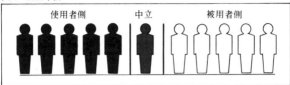

(b) 1976年法

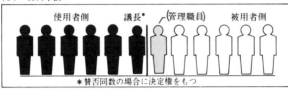

(c) 2004年法

最も広く認める。監査役会は，同数（5人ずつ）の被用者側監査役と使用者側監査役，および双方によって選ばれた中立の監査役1人（それは，監査役会の議長を務めるのが普通である）から成る。この制度は，炭礦・鉄鉱業および製鉄業の株式会社・有限会社・鉱業会社（Berggewerkschaft. 1865年のプロイセン一般鉱業法によって認められた法人）で1000人を超える被用者を有するものに限って行われている。監査役会は，取締役ないし業務執行者の選任権をもつ。取締役ないし業務執行者の1人として，労務部長（Arbeits-direktor〔in〕）が選任されるが，被用者側監査役の多数が反対する人物を監査役会全体の多数で労務部長に選ぶことはできない。

IX 労働法

1956年の共同決定補充法は, 一定の要件の下に, 共同決定を, 炭礦・鉄鉱・製鉄企業を含むコンツェルンの支配企業にも拡大した。なお, たとえば被用者数の減少によってこの共同決定法ないし共同決定補充法の要件を充たさない状態が6年間続いたときは, その企業はこの制度の適用対象から外される。

(b) 1976年の共同決定法　不徹底ながらも対等性の原則をとっている。その適用を受けるのは, 2000人を超える被用者をもつ株式会社・株式合資会社・有限会社・鉱業会社（実際にはほとんどすべて1951年共同決定法の適用を受ける）・協同組合である。監査役会は, 同数の被用者代表と使用者代表によって構成される（企業の被用者数によって, 監査役の定員は12人, 16人または20人であり, その半分ずつが被用者側と使用者側によって占められる）。ただし, 被用者側の監査役には少なくとも1人の管理職員が含まれていなければならない。また, 炭礦・鉄鉱・製鉄業共同決定法の場合と違って, 中立の監査役は置かれない。監査役会の採決にさいして賛否同数になったときは, 原則として使用者側監査役から選任されている議長が, さらに1票を投ずることによって決定権を行使するものとされている。このような使用者側の優位は団結権を保障する基本法9条3項に違反しないというのが, 連邦憲法裁判所の見解（1979年3月1日判決）である。コンツェルンにおいては, 従属企業が共同決定法の要件を充たすときその企業の監査役会で共同決定が行われるのはもとより, 従属企業の被用者は同時に支配企業の被用者でもあるとみなされ, 共同決定法の要件を充たす限り支配企業の監査役会でも共同決定権を行使する。監査役会は, 取締役の成員ないし業務執行者の選任権をもつ。

(c) 2004年の被用者三分の一参画法　500人を超えて

2000人に達するまでの被用者をもつ株式会社・株式合資会社・有限会社・相互保険会社・協同組合については，2004年の被用者三分の一参画法によって，監査役会における共同決定が行われている。それによれば，これらの企業の被用者は，監査役会の3分の1を自分たちの代表として選べるにすぎない。1952年の事業所組織法は本法により置き換えられた。本法は1952年法と比較して，必ずしも大きな構造的変化をもたらしたわけではない。しかし本法が妥当する規模をもつ有限会社は，必ず監査役会を設けなければならないこととなった。

§6　ヨーロッパ法と労働法

　ドイツ法において，その成立史上の理由から，労働法と社会保障法が別個の法分野とされている（この点につきⅤ§4(5)参照）のに対し，ヨーロッパ法では，労働法は，社会法の一分野とされている。

　かつてはヨーロッパ法は，重点を経済的統合に置いていたため，労働法に対して大きな影響を与えるものではなかった。しかし，1993年11月1日に発効したマーストリヒト条約によって，社会法／労働法の分野でも多くのヨーロッパ共同体指令が発せられた。指令によって国内法が方向づけられるのは，労働法の分野では雇用の促進，生活条件と労働条件の改善，解雇規制を含む適正な社会法的保護，使用者と被用者の対話，差別の廃絶などの問題である。これに対して，賃金や団結権・争議権・ロックアウト権は，国内法の処理に委ねられていた。しかしながら，こうした状況は1999年のアムステルダム条約により改正された。すなわち，賃金や団結権，争議権，ロックアウト権についての定めも本条約がカバーするようになったのである。2009年には，ヨーロッパ連

Ⅸ　労働法

合基本権憲章がリスボン条約（229頁参照）とともに法的な効力をもつこととなった。そこには労働法との関連では，労働権，不当解雇からの保護，適正な労働条件への権利，各種差別の禁止などが定められている。とくに注目すべき，さまざまの差別の廃止についてヨーロッパ共同体指令が果たした大きな役割については，すでに紹介した（241頁以下）。

X 刑　　法

　刑法 (Strafrecht) は, 1871年5月15日の刑法典 (StGB. 1998年に大改訂されている) のほかに, 14歳 (刑事責任年齢) 以上18歳未満の少年 (Jugendliche〔r〕) および18歳 (成年) 以上21歳未満 (1974年末まで21歳が成年であった) の青年 (Heranwachsende〔r〕) の犯罪に関する (教育・懲戒措置と並ぶ) 刑罰規定を含む少年裁判所法 (Jugendgerichtsgesetz) や, 軍刑法・麻薬法等のさまざまの個別立法によって規律されている。

　刑法の客体は, 犯罪行為である。かつては犯罪行為と道義的非難とは截然と区別されていなかった。しかしとりわけ1969年に行われた刑法典の大きな改正以降, 犯罪行為は, 道義的非難とは区別され, 市民生活の存続を具体的に脅かす行為に限定して捉えられるようになった。ある行為が単に道義的非難の対象になるというだけでは, 犯罪行為にはならない。また, 市民生活の存続を具体的に脅かす行為に対して, 必ず刑法上の手段たる刑罰による対応が最も有効であるわけではない。刑罰による対応は, 刑罰以外の制裁手段を以てしては犯罪行為発生を効果的に抑制し得ない場合に初めて, 最終手段 (ultima ratio) として補充的に用いられるべきものとされる。以上が, 基本法103条2項に定める罪刑法定主義 (Gesetzlichkeitsprinzip) の, いわば前提を形成する。

X 刑　　法

§1　応報主義の緩和

　刑法典46条1項は「行為者の責任が刑の量定の基礎である。行為者の将来の社会生活について刑から期待しうる効果は，顧慮しなければならない」としている。ここに見られるのは，何よりも，責任に応じた量刑を要求する，応報刑思想（Sühnegedanke あるいは Vergeltungstheorie. それは家長たちの社会としての市民社会の刑罰観に対応する）に立脚している。基本法が102条で死刑を廃止したのは，人間の尊厳を不可侵とする基本法1条の原理を貫いたものであり，同時に，誤判が取返しのつかない結果をもたらすという考慮，および「殺すなかれ」という旧約聖書の掟に基づくキリスト教的見地に拠るところが大きかった。

　これに対して，1969年以降の数次にわたる刑法典改正の与えたインパクトがかなり大きい。刑罰を犯罪に対する責任に応じた応報と捉えるだけでなく，犯罪を抑止するための手段としての刑罰，犯罪行為者の社会復帰に到る段階としての刑罰，という予防論的発想にも相応の配慮が施されるようになった。重大な犯罪について科せられていた重懲役（Zuchthaus. 重懲役に服した者は出所後の社会復帰が困難であった）をはじめ軽懲役（Gefängnis），禁錮（Einschließung），拘留（Haft）の区別が廃止されて，単一の自由刑（Freiheitsstrafe）に一本化され（StGB 38条），1ヵ月より短い自由刑は廃止され，6ヵ月までの自由刑はとくに必要と認められる場合に限り宣告しうるものとされた（47条1項。2項によって，なるべく罰金刑に処すべきものとされる）。刑法典56条以下の規定する「保護観察のための刑の執行停止（Strafaussetzung zur Bewährung）」が広く行われていることと併せて，自由刑が言い渡され，執行されるケースは減少している。こんにちでは，21歳以上の

刑事被告人に対する有罪判決のうち8割を超える割合で罰金刑が選択されている（なお，日本でも罰金刑の割合は8割強である。ただしドイツの統計は一般刑法上の犯罪についてであるのに対し，日本における罰金刑は圧倒的に特別法に基づくため，データの解釈には注意を要する）。したがって，自由刑は約2割を占めることになる。そして，自由刑の約3分の2は，保護観察（Bewährung）のための刑の執行停止になっている。この制度は，日本の執行猶予および仮釈放にほぼ対応し，その目的は何よりも，犯罪者の社会復帰の促進にある。保護観察のための刑の執行停止には，自由刑の判決がなされるのと同時にその執行が停止される場合と，自由刑の一部にすでに服した者に対して残余の刑の執行が停止される場合とがあるが（後者については原則として刑期の3分の2が経過したことを要する），統計上の扱いおよびその解釈にあたっては，この両者は区別されない（日本では自由刑〔懲役・禁錮〕に処せられるのが約8％であり，その半数以上に執行猶予が付く。また，日本ではいわゆる起訴便宜主義がとられ，刑法犯の4割近くが起訴猶予処分とされているが，起訴法定主義をとるドイツ連邦共和国では，軽微な罪等について例外は認められるものの，検事の起訴猶予処分は許されない建前である）。確定刑に服した者よりも保護観察のための刑の執行停止を受けた者の方が再犯可能性の低いこと，その一因として保護観察のための刑の執行停止がもつ積極的な意義を無視できないことは，こんにちのドイツの定着した見解である。なお，無期自由刑は維持されているが，15年の服役後，執行停止に浴する可能性がある（57a条）。

　こんにちではドイツにおいてもしばしば，被害者の利益をもっと顧慮すべきだという見解が主張される。しかしこれも応報主義の復権と解すことはできない。実体刑法の中心課題はあくまで犯

罪者の刑法的評価にある。被害者の損害賠償は，第一義的には民事訴訟が扱う。このような枠組を前提として，被害者救済を効果的に行うための方法が模索されている。たとえば刑事訴訟法 (StPO) は，犯罪により生じた財産的損害について，民事訴訟を刑事訴訟に附帯して行うことができるようにした (403条以下)。1998年の「犯罪被害者による民事的請求を確実にする法」は，加害者が犯行の事実に係る情報をメディアに売り渡して儲けるという耐え難い状況に対処し，この加害者がメディアに対してもつ債権に対して被害者は質権をもつこととした。他方すでに1982年の「暴力による被害者の損害賠償についての法律」(OEG) は，故意かつ作為による違法行為で生じた身体上財産上の損害（精神的損害は含まない）に限定し，公金で賠償する道を開いている。

§2　刑法の基本原則と正義の貫徹との緊張関係

刑法においては，個人に対して国家権力がはなはだ無媒介の姿で対峙するため，罪刑法定主義をはじめとする刑法の基本原則の遵守がとくに要請される。ところがまさに，刑法の重要な目的である平穏な市民社会の維持の要請が，刑法の基本原則の遵守と緊張関係に立つ場合がある。以下には，NS体制下の凶悪犯罪の場合と，東西ドイツ分裂時代における，東ドイツ軍組織所属者による，東西ドイツを分断する「壁」防衛活動の，統一後における法的評価をめぐる議論の場合に顕在化した，刑法における遡及効禁止の原則と正義の貫徹とのあいだの緊張関係によって，問題を例解しよう。

(1)　NS体制下の凶悪犯罪と公訴消滅時効

時効が完成すると犯罪行為の処罰可能性は排除される (StGB

§2　刑法の基本原則と正義の貫徹との緊張関係

78条1項)。これが公訴の消滅時効 (Strafverfolgungsverjährung) の原則であり，かつてはその例外は存在しなかった。

　この原則に例外が設けられるに至ったのは，第二次大戦後20年を経過した1965年のことである。そのいきさつを理解するには，当時のドイツ刑法典における，生命に対する侵害の古典的な種類を知っておく必要がある。すなわち虐殺 (Mord)，故殺 (Totschlag)，嬰児殺し (Kindstötung. 非嫡出子を殺害した実の親について，その親が母親の場合に限って故殺に比して軽い刑を与える制度であったが，1998年を以て廃止された)，過失殺 (Fahrlässige Tötung) の4種類である。虐殺は，故殺から区別された概念であり，「殺人欲・性的劣情・貪欲その他の低劣な動機から，姦計を用い，または残酷に，または公衆に危害を加える手段で，または他の犯罪を可能にし，もしくは隠蔽するために人を殺害した者」(211条2項) と定義される。この定義自体，実はNS体制下の時代に成立したものである。かつて虐殺は，単に殺人を「熟慮に基づいて」遂行する場合である，と簡潔に定義されていたが，この定義が，より道義的な色彩を盛り込んだ現在の定義へと1941年に書き改められた。さて，以上のような整理によれば，NS体制下の凶悪犯罪は虐殺にあたるが，虐殺の時効は，当時の定めでは20年であった。すると，1965年にはNS体制下の凶悪犯罪も公訴消滅時効が完成し，爾後，訴追が不可能になるという問題が生ずるわけである。

　むろん，罪刑法定主義に立脚する遡及効禁止原則 (Rückwirkungsverbot) によれば，時効完成もやむを得ないはずである。だがそのように形式的に考えることは，歴史的に空前の組織的虐殺に対する応報の放棄につながり，それは国民の法感情そのもの

X 刑　　法

を退廃させはしないだろうか。世論は割れた。イスラエルをはじめとする諸外国とりわけ合衆国とソ連は，時効成立に強く反発し，東ドイツでは1964年に，戦争犯罪およびNS体制による犯罪にかかる時効を廃止した。連邦議会では1960年から1979年まで継続的に，激しくも水準の高い議論が繰り返された。とくに1965年3月10日の本議会討論は議会史の記憶に残るものとなった。むろん，論理的に結論が導かれる論点ではない。さしあたり，1965年4月13日の刑事消滅時効期間計算法により，無期自由刑に処せられる犯罪（実際はNS体制下の組織的虐殺を特に念頭に置いている）について，ドイツが降伏した1945年5月8日からドイツ連邦共和国成立の年の末日（1949年12月31日）まで公訴消滅時効期間が停止するものとした（占領継続中およびその後しばらくは自主的な捜査・訴追が困難であった，という理由による）。この措置は，刑法における遡及効禁止原則に抵触するおそれがあったが，連邦憲法裁判所は1969年2月26日の決定で，刑事消滅時効期間計算法の合憲性を認めた。もとよりかかる技術的措置で事態が鎮静化するはずもない。1969年8月4日の刑法典改正によって，民族虐殺（Völkermord）の罪は公訴消滅時効にかからないものとされた。さらに1979年7月16日の改正によって，およそ虐殺罪についても同様に，公訴消滅時効の対象外とされた（78条2項）。なお，2002年6月26日の国際刑法典（VStGB）の成立により，民族虐殺については国際刑法典が規律することとなり（VStGB 6条），刑法典の定めは消滅した。

　3点を指摘しておこう。第一に，根強く残る応報主義的発想に根ざした「実質的正義」の実現への深刻な要請と，刑法における遡及効禁止原則という法治国家原則にかかる要請とのあいだに，

§2 刑法の基本原則と正義の貫徹との緊張関係

深刻な亀裂が走る場合があることがある。正義実現の象徴としての刑罰という理解は，国民感情との関連で容易に払拭し難いものがある。第二に「虐殺」という，「故殺」と比較して道義的非難の色彩の強い犯罪類型の主題化が，「実質的正義」をめぐる議論をそもそも誘発し，煽り立てているきらいはある。第三に，議論に際しては国際政治的な情勢が大きく影響して議論が理論的には不透明なままに終わる場合がある。なお，上述の1969年2月26日の連邦憲法裁判所決定は，次のような考えを示した。

「基本法103条2項は行為に刑罰を科しうる要件を定めている。〔これに対し〕時効規定は，可罰的なものとされた行為がいつまで訴追さるべきかを定めるものである。それは訴追可能性に関わるにすぎず，可罰性の問題に触れるものではないから，基本法103条2項の規律範囲の外にある。したがって，時効期間の延長または廃止は，この憲法条項に違反しない。……法治国家原理に含まれる法的安全の要請は，国民が自分について起こりうる国家の介入を予見し，その対策を立てうるということを必要とする。……しかし，法治国家であることには，法的安全が守られるだけでなく実質的正義が行われることも含まれる。立法者は，法治国家原理のこの2つの側面をつねに等しく顧慮できるわけではない。法的安全と正義が矛盾するときは，そのいずれを選ぶかを決めるのは何よりも立法者の責務である。立法者の決定が恣意的でない限り，これに異議を唱える憲法上の理由はない」。

(2) 旧東ドイツ軍組織所属者による「ドイツの壁」防衛活動の統一後の法的評価

旧ドイツ民主共和国の国防評議会所属メンバーや国境警備隊メ

X 刑　　法

ンバーは，同国つまり《東》の市民がドイツ連邦共和国つまり《西》への脱出を図ろうとするのを，発砲殺害によって応接することが少なくなかった。1990年のドイツ統一後，連邦共和国の通常裁判所は，この殺害行為に関与した者に対して，西ドイツの刑法に基づいて有罪とする判決を相次いで出した。有罪を宣告された者たちは，連邦憲法裁判所に対して，当判決の合憲性を問題として，憲法異議を提起したのである。当該殺害行為は，旧東ドイツの法体系によれば正当であったところ，殺害行為時の旧西ドイツの刑法により判断が下されるというのは，ドイツ統一を通じて，連邦共和国の刑法を遡及的に当該行為に結びつけることになり，これは基本法に定める刑法における遡及効禁止原則に反する，というのが当事者たちの言い分であった。だが，連邦憲法裁判所は1996年10月24日の決定においてこの訴えを退けた。その理由を紹介しよう。

　なるほど形式的な論理からすれば，殺害行為時にその行為に結びつけられるべき旧東ドイツの刑法が妥当すべきであり，旧西ドイツの刑法が妥当するとすれば，それは科刑の程度が旧東ドイツの刑法よりも緩和されている場合だけであろう。

　「しかしそのような法的状態に従わねばならないなら，連邦
　共和国は自らの刑罰権を，デモクラシーも権力分立も基本権
　も実現していなかった国家における法を基礎として行使せね
　ばならぬこととなるが，それは基本法の欠くべからざる法治
　国家的要請と基本法103条2項の定める遡及効の絶対的禁止
　とのあいだの衝突を招来する。基本法103条2項の厳格な遡
　及効禁止が法治国家的に正当化され得るのはなぜかと言えば，
　基本権を遵守するデモクラティックな立法権者によって刑法

§2 刑法の基本原則と正義の貫徹との緊張関係

の諸規定が定められることによって，刑法の定めが特別な信頼の基礎を獲得するからである。かかる特別な信頼の基礎 (besondere Vertrauensgrundlage) は，もし東独が犯罪における最も重い不法の領域〔例えば故殺など〕について，なるほど犯罪構成要件を一応定めてはいるものの，その一部について可罰性を次のような正当化根拠によって排除してしまうならば，欠落してしまう。正当化根拠とはすなわち，旧東ドイツが，書かれた規範を越えてこの犯行をむしろ要請し，容易にし，国際法共同体において一般的に承認された人権を重大な仕方で軽視したことを指している。こうして東ドイツの国家権力の担い手は，著しい国家的不法を定めた。こうした不法は，かような不法に責任を持つ国家権力が事実上存在する限りにおいてのみ，辛うじて存在し得るに過ぎない。この極めて特殊な状況においては，国際法的に承認された人権尊重を含む，実質的正義の要請は，以上のような正当化根拠の適用を禁ずる。103条2項が支える信頼の厳格な保護は，ここでは退場せねばならない。そうでなければ連邦共和国の刑事司法は法治国家的前提とのあいだに矛盾を来してしまうであろう」。

連邦憲法裁判所は，遡及効禁止原則を支える特別な信頼の基礎の層を剔抉して，この層がデモクラティックな法治国家の法秩序と分かち難く結びついていることを指摘する。その上で，遡及効禁止原則の厳格な遵守が却ってこの法秩序と矛盾をきたす場合のあることを示した。

X 刑　　法

§3　現代社会における正義

　上に紹介した2つの事例については，その行為の不処罰が実質的正義に反するという主張も，たしかに一理あると言えよう。しかし価値の多元化がますます進行する現代社会に，罪刑法定主義を標榜する刑法の領域で，法規の定めを踏み越えてまで正義の実質を確定してある行為を卒然と違法であると判断することが原則として法治国家概念と抵触することは，判例でも繰り返し確認されている。したがって，裁判における法解釈実務においては，かかる判断に対して原則的にきわめて謙抑的な態度が採られている。たとえば法文中に良俗違反を示す文言がない場合に，超越論的に正義の観点を持ち出すことはないし，法文中に良俗違反の文言が要件として明示されている場合にも，この文言はきわめて厳格に解されている。たとえばStGB 228条は，「傷害を受けた者の同意の下で身体の傷害を行った者は，その傷害行為がかかる同意にも拘らず良俗違反（gegen die guten Sitten）である場合にのみ，違法に行為したことになる」，と定める。しかし「良俗違反」とはなにを意味するのか判然としない。そこで最近の連邦通常裁判所の判例は，違法性の有無の評価は，傷害行為が良俗違反かどうかを直接判断するまえに，その行為が生命に対する深刻な危険をもたらす性質のものかどうかを評価することによって，「良俗違反」の文言を無媒介に解釈の基準としないように努めている。

　刑法に係る立法が，基本法に定める基本権と緊張関係に立つことは，少なくない。かつて，妊娠中絶罪改正問題はその代表的な例であった。こんにちでは妊娠中絶そのものが包括的かつ一義的に反道徳的だとは考えられていないから，中絶のすべてを堕胎罪にすべきでないのは当然のこととされている。ただし，StGB

218条により，妊娠中絶の原則的可罰性は未だに維持されており，問題がデリケートであることには変わりがない。それでも堕胎罪にあてはまらない事例は，以下のように拡大された。すなわち，1995年以降は，218 a条以下により，妊婦自身が中絶を望み，3日以上前に法定の相談員の相談を受けたという証明書を呈示した妊婦について受胎後12週以内に医師が行った中絶はそもそも218条に定める堕胎の構成要件から除外された。さらに，医学的な理由による中絶は時期を問わず，また強姦による妊娠の中絶は受胎後12週まで，違法性を阻却される。

妊娠中絶問題のほかにも，現代社会のあり方の急激な変化が刑法の改正をもたらした問題は少なくない。①遺伝子技術の発展との関連では1990年の胚保護法（ESchG）があり，生殖技術の濫用，体外受精による受精胚の濫用を禁じている。ただし，2002年6月28日の幹細胞法（StZG）により，研究目的でのヒトES細胞の利用を一定限度で解禁した。②性犯罪については，一方で，性的自己決定の自由が徐々に認められるようになってきたことと相俟って，同性愛の可罰性が否定された。しかし他方で，性犯罪の重罰化の傾向を看て取ることができる。1992年の刑法改正により，営利目的で詐欺・暴力・脅迫を用いて外国人女性に売春・淫行をさせる罪に重罰が科せられ，また，16歳未満の少年少女に対する淫行の罪および少年少女を強制して第三者との淫行をさせる罪が重く罰せられることになった。さらに，1998年以降，たびたび刑法改正が行われ，強姦致死，（14歳未満の）児童の性的虐待，さらに（精神疾患等の理由で）抵抗不能な者に対する性犯罪や地位を利用した性犯罪について，その重罰化および刑罰の統一化が推し進められている。2016年の改正により，明示的な同意

のない者に対し,あるいは自由な意思形成の行えない状況で同意を与えたかに見える者に対し,性行為を強要した者は,性犯罪を犯したと評価されることとなった(StGB 177条1項・2項)。③他方,組織犯罪(とくに麻薬売買)については1992年の組織犯罪抑止法によって重罰化が進められ,とくに1993年の金銭浄化防止法(GwG)は,銀行等に対して,1万5000ユーロ以上の現金の送金依頼等があった場合にそれを記録し,捜査官庁に報告する義務を負わせた(原則として,検事局の許可がなければ送金を実行することができない)。この法は2017年に全面改正を受けた。とりわけテロリズムへの対策の性格がより明瞭にされ,過料も増額された。他方において組織犯罪に対する捜査の面でも,1992年に,無断の写真撮影や電話の傍受・録音,戸外の私的会話の傍受・録音,覆面捜査員の投入など,従来の捜査方法の枠を広げる刑事訴訟法改正が行われた。1998年には,基本法13条(住居の不可侵)と刑事訴訟法の改正によって,住居内の会話等を探知する可能性も開かれた。ただし連邦憲法裁判所の2004年3月3日の判決により,刑事訴訟法改正の大部分は,現状のままでは憲法違反だとされた。その要旨は次のとおりである。

　　住居の不可侵は人間の尊厳に密接に関わるものであり,親密なコミュニケーションをするためには,国家により監視されることのない,安心できる最低限の空間が市民に確保されていなければならず,この空間については犯罪捜査の効率性という観点と天秤にかけることも許されない。なるほど,実行された犯罪についての会話は内容的に見て私的生活領域に属するとはいえない。しかし,そのような会話の傍受等は私的生活領域を侵害する危険を冒してまでなされるべきではないのであり,直接に犯罪についての会話がなされることが確実であると予見される場合にのみ傍受が許容される。その場合

でも，純粋に私的な会話がなされたときはその時点で傍受を取り止めなければならない。このような観点から，刑事訴訟法改正の主要部分は違憲であり，立法者は 2005 年 6 月 30 日までにこれに代わるより詳細な定めを置かなければならない。

このような判決を受けて，2005 年 6 月 24 日に，裁判所の判断に沿う形で刑事訴訟法の定めの法改正が行われた。この法改正によれば，私的領域の会話の傍受が許されるのは，とくに重大な犯罪の疑いがある場合に限られる。とくに重大な犯罪とは刑法が 5 年を超える自由刑を予定している犯罪である。

なお 2004 年 7 月 30 日の法改正により挿入された StGB 201 a 条により，私的生活領域にある者に，無断で写真を撮影することが禁じられるに至った。

§4　保安処分と秩序罰

刑罰は行為者の責任によって基礎づけるのだから，責任に相当する以上にその自由を奪うことは許されない。これは原則である。だが，公共の安全のため，そして行為者の社会復帰のために，これを一定の施設に収容することも必要になるという考えも根強く存在する。現在，ドイツの法状況は，後述の 2011 年 5 月の連邦憲法裁判所判決により，流動的になっている。

これまでの法的状況を確認しておく。すなわち，刑法典は，矯正・保安処分（Maßregeln der Besserung und Sicherung. 包括的には処置〔Maßnahme〕と呼称される）を規定している（StGB 61 条以下）。精神病院への収容，禁断治療施設への収容，保安拘禁のための収容（精神疾患でもアルコールや麻薬の中毒でもないが，重大な犯行を繰り返す危険のある者），行状監視（社会生活をすることは可能だ

が犯行を繰り返す危険のある者),運転免許剝奪,職業禁止(女生徒を性的に弄んだ教師に対し教職を禁止するなど)である。

また,2004年7月29日施行の「事後的保安拘禁法」(Gesetz zur nachträglichen Sicherungsverwahrung) により,事後的保安拘禁制度が刑法に導入された。これまでの刑法においては,有罪の判決がなされた場合に裁判所がさらに保安拘禁処分を決定するか,またはその処分を留保した判決がなされた場合にのみ,保安拘禁のための収容を許可していた。法改正後は,有罪判決に基づいて刑に服した者の社会に対する危険性が,有罪判決後に明らかになった場合には,事後的にこの者を保安拘禁のために収容する決定を行うことができる。事後的保安拘禁は服役者に対して刑法が行う重大な自由侵害であるため,法は厳格な条件を定めている。収容決定は,裁判所による通常の判決手続に従う。この決定は,専門家2名がそれぞれ独自に作成した鑑定意見を基礎としなければならない。さらにこの当事者は,とくに危険な違法行為(生命,身体に対する侵害行為,性的自己決定権を侵害する行為など)によって重い自由刑(5年以上)に処せられている場合に限られる。

だが2011年1月には,ヨーロッパ人権裁判所により,事後的保安拘禁法が,人権違反であるとされた。これを受けて立法府は法の部分的な改正を行った。しかし同年5月4日の連邦憲法裁判所判決によって,その改正後の保安拘禁法が全体として違憲であるとされた。連邦憲法裁判所は,ヨーロッパ人権裁判所の見解を継承しさらに踏み込んで,現在のドイツの保安拘禁法が,保安拘禁処分が刑罰の執行と根本的に異なる性質をもつことをはっきりさせていないことを厳しく批判した。保安拘禁処分は犯罪者に対する刑罰ではなく,犯罪者のもつ改善の容易でない危険から人民

を保護するための措置である。2013年6月までに立法者は新たな保安拘禁法を制定せねばならないが、その際に、保安拘禁に処せられる者の自由権と治療とに係る基本方針を明示せねばならない。このように判じたのである。

この判決を受けて、保安拘禁法は2012年12月5日の法律によって改正された。保安拘禁処分が刑罰の執行と異なることが制度的に明瞭にされ、保安拘禁を受ける者の生活をできる限り通常の市民生活に近づけ、専門的かつ個別的な処遇と監督を受けさせることとする、などの手当てが施されている。

刑罰と区別されるものとしては、さらに、秩序違反（Ordnungswidrigkeit）、たとえば軍事施設への立入りや騒音行為などに課される過料（Geldbuße）があり、秩序違反法（Ordnungswidrigkeitsgesetz）によって規律されている。

§5 刑法におけるヨーロッパ法の影響

他の法領域と比較すると、ドイツ刑法へのヨーロッパ法の直接的な影響は、元来は大きなものと言えなかった。ヨーロッパ憲法構想がひとまず頓挫したために、重大な国際犯罪に対処すべきヨーロッパ枠組法の計画の実現もしばらくはお預けとなった。それでもヨーロッパ法の間接的な影響はこんにちでは無視できない。保安拘禁処分の問題についてはすでに指摘した。たとえば、競争制限禁止法や不正競争防止法で多用される過料が、ヨーロッパ法の影響を受け、その額は大幅に上がってきている。あるいは行政法もヨーロッパ法の影響下に補助金給付の有無と増減額を制裁の道具としても利用する傾向を強めている。ヨーロッパの統合の強化は、国際的かつ組織的な犯罪の可能性をも拓いたのである。し

X 刑　法

かしまた，人権についての意識の高まりにも寄与している面がある。

　刑事手続法においては，ヨーロッパ化の傾向をもう少しはっきり看て取れるかもしれない。1998年に，ヨーロッパ連合にヨーロッパ司法ネット（EJN）が形成された。これは，刑事事件について連合構成国の司法機関が，とりわけ情報の相互提供を行うことにより，ヨーロッパ規模の協力関係を築くことで，重大な犯罪，とくに国際的な組織犯罪に対処することをめざしたものである。2012年には，ヨーロッパ犯罪記録簿情報システム（ECRIS）が確立された。これにより連合構成国相互の電子的情報ネットワークが整備され，各連合構成国が管理する記録簿に記録された，有罪判決情報の迅速かつ合法的な相互利用が可能となった。ヨーロッパ連合構成国における被疑者引渡を円滑にすることを狙った2002年のヨーロッパ共通逮捕状（Europäischer Haftbefehl. 英語ではEuropean Arrest Warrant）枠組決議を受けて，ドイツはすでに2004年にヨーロッパ逮捕状法によりこれの国内法化を期した。しかしこの法律は，連邦憲法裁判所の2005年7月18日判決により，基本法16条2項（引渡拒否条項）および19条4項（裁判を受ける権利）に抵触する故に憲法違反であるとされた。この判断を容れて，2006年7月20日に，修正されたヨーロッパ逮捕状法（EuHbG）が成立した。

　この法により生じた特筆すべき変化は2つある。ひとつめは，手続の迅速化である。ドイツからの引渡に際しては，二段階の審査が行われねばならない。第一に引渡について被疑者の同意があるか，同意がない場合には裁判所における逮捕状適切性判断（Zulässigkeitsentscheidung）において引渡の必要が認められねばな

らない。そのうえで第二に所轄官庁における逮捕状許可判断（Bewilligungsentscheidung）がなされねばならない。連邦憲法裁判所の上記判決によれば、許可判断についても裁判所による適法性審査が行われることで、被疑者を法的に保護せねばならない。この要請に応ずるために、新法では所轄官庁における許可判断を適切性判断に先んじて行い、引渡許可の判断がある場合のみ適切性判断に移ることとした。こうすると、所轄官庁がそもそも不許可の判断を下したときには、そこで手続は終わる。許可の判断がなされたときにはじめて、裁判所が行うべき適切性判断手続に移行する。そのさいに、所轄官庁による許可判断理由も裁判所に引き渡される。裁判所は適切性判断と、許可判断の適法性判断とを同時に行う。こうして迅速性を高めることが期待される。

　ふたつめの大きな変化は、ドイツ人を他の連合構成国へ引き渡す可能性が認められたことである。これまでは基本法16条により、かかる引渡は原則的に認められていなかった。しかし今後は、犯罪が国内的なものの場合には引渡を認めず、国外的なものについてはこれを原則的に認め、犯罪が国内的なものか国外的なものかが区別しがたい場合については、関係国の双方に関係刑法規定があり、また引渡を拒否しても被疑者の言動に不審な点が多いなど、この者に対する信用がドイツでも得られない場合に引渡を許可することとした。

XI 司法制度

　基本法は，裁判権 (rechtsprechende Gewalt) を立法権・執行権と並ぶ——これら両者から明確に区別された中立の——権力として位置づけている。基本法92条によれば，裁判を行うのは連邦憲法裁判所，その他の連邦裁判所，および州の裁判所であり，95条1項によれば裁判権は5つの系列（民刑事の通常裁判権・行政裁判権・税務裁判権・労働裁判権・社会裁判権）に分けられて，それぞれの連邦最高裁判所，すなわち連邦通常裁判所 (Bundesgerichtshof. これが連邦最高裁判所と訳されることもあるが，他の4系列にも連邦最高裁判所があるので，紛らわしい)・連邦行政裁判所 (Bundesverwaltungsgericht)・連邦税務裁判所 (Bundesfinanzhof)・連邦労働裁判所 (Bundesarbeitsgericht)・連邦社会裁判所 (Bundessozialgericht) が設置される。下級審裁判所は，連邦特許裁判所を除いて，州の裁判所である。なお，裁判権より広い概念として司法 (Rechtspflege) があり，弁護士や検事も司法の機関とされている。狭義の司法 (Justiz) は，通常裁判権の活動および通常裁判権に関する司法行政を指す。

§1　裁判官・弁護士・検事
(1)　裁 判 官
　裁判官 (Richter〔in〕) は，その独立性からして，国家・公共団体に対し勤務・忠誠義務を負う官吏とは別に，連邦裁判官法

§1 裁判官・弁護士・検事

(DRiG) によって規律されている。大学において少なくとも2年法律学を学び，法学第一試験および第二国家試験（試験制度の詳細はⅫ§2「法曹養成のしくみ」参照）に合格した者は，職業裁判官（Berufsrichter〔in〕）になる資格を獲得する。但し，「自由で民主的な基本秩序」を擁護するドイツ人（ヨーロッパ連合構成国の国籍をもっていてもドイツの職業裁判官にはなれない。外国人の扱いは官吏の場合よりもさらに厳格である）でなければならない。法学を専攻するすべての大学教授にも職業裁判官になる資格が付与されているし，職業裁判官を兼務する大学教授は少なくない。定年は原則として67歳（連邦憲法裁判所の裁判官の場合は68歳）。

裁判官は独立であり，法律のみに従う（GG 97条1項）。裁判官は，裁判に関して上司の指示に拘束されず，意に反して罷免されたり転任を命じられたりすることがない（同条2項）。ドイツ連邦共和国の裁判所では「異動」はなく，裁判官は最初に任命された裁判所に留まることがめずらしくない。裁判官は弁護士や検事と共通の統一的法曹教育（詳しくはⅫ§2「法曹養成のしくみ」参照）を受けた者から，終身の裁判官，普通は州の裁判官として，州の所管大臣または州政府により任命される。連邦裁判所の裁判官（連邦裁判官〔Bundesrichter(in)〕）は，16人の州大臣（16の州から1人ずつ）と16人の連邦議会議員（会派の大きさに比例して選ばれる）から成る裁判官選定委員会によって，当該連邦裁判所小会議の意見を聴いた上で選ばれ（連邦憲法裁判所の裁判官は連邦議会および連邦参議会によって半数〔8名〕ずつ選ばれる），連邦大統領によって任命される。2014年末現在，ドイツ連邦共和国の職業裁判官は2万300人（連邦裁判官456人，州裁判官1万9844人）である。ざっと見積もって住民4000人について1人の裁判官がいること

になる（日本では，概算で，住民4万人について裁判官1人）。なお，女性の職業裁判官は漸増傾向にあり，2014年末現在8557人，連邦憲法裁判所の裁判官は2017年現在16人いるが，そのうちの半数を占める8人が女性である。

　裁判官の職務負担を軽減するために置かれているのが，司法補助官（Rechtspfleger[in]）である。司法補助官は準上級職（大学修業を要しない）の官吏であって，重要度の高くない裁判（強制執行や督促手続）を担当する。

　ドイツ連邦共和国の裁判所には，職業裁判官のほか，市民を名誉職裁判官（ehrenamtliche[r] Richter[in], 素人裁判官〔Laienrichter(in)〕ともいう）として，裁判に加えているものがある。名誉職裁判官は，社会の実情に通暁しており，法律家的偏りを免れている（とくに刑事法廷の場合。労働裁判所や社会裁判所の名誉職裁判官は法律家であることが多い）ために，正しい裁判の実現に貢献するものと期待されている。名誉職裁判官の用い方は，それぞれの裁判系列によって異なる。民事では，地方裁判所の商事部に名誉職裁判官を用いている（商事裁判官〔Handelsrichter(in)〕）。刑事では区裁判所と地方裁判所で，参審裁判官（Schöffe/Schöffin）と称する名誉職裁判官が用いられる。行政裁判権と税務裁判権では第一審で（前者では多くの州で第二審でも），また労働裁判権と社会裁判権では全審級で，名誉職裁判官が加わっている。なお，名誉職裁判官はどの裁判権においても各部に2名割り当てられている。

(2) 弁護士

　1959年8月1日の連邦弁護士法（BRAO）によれば，弁護士は，「司法（Rechtspflege）におけるひとつの独立した機関（unabhängiges Organ）」（1条）である。弁護士業は自由業であり，その活

動は，利益追求を目的とした「営業ではない」(2条2項)。ドイツ連邦共和国では，弁護士 (Rechtsanwalt〔-anwältin〕) は，イギリス・フランス・イタリアとは違って二種類に分かれていない。裁判官になる資格のある者は，弁護士になる資格も獲得する。ドイツ以外のヨーロッパ連合構成国で弁護士資格を獲得した者にも，ドイツ国内でヨーロッパ弁護士 (Europäischer Rechtsanwalt〔-anwältin〕. その意義と活動内容の詳細は「ドイツ国内におけるヨーロッパ弁護士の活動に関する法律 (EuRAG)」が定める) として登録し，3年以上継続的かつ実質的な活動を行った場合には，ドイツにおける弁護士資格を認めている。逆に1989年12月13日の法改正以降，ドイツで弁護士許可を得ている者がこれを保持したまま外国で弁護士事務所を開くことも可能となっている。2017年初頭現在の弁護士数は，およそ16万人である（そのうち5万人は女性）。これは，だいたい住民520人について1人に当たる。ミュンヘンや，金融業が集中するフランクフルト・アム・マインなどの大都市に弁護士が集まる傾向はないではないが，それほど顕著でもない（日本では2016年現在，住民3300人について弁護士1人。しかも弁護士の約半数は東京に集中する）。

　弁護士希望者は，登録を希望する地域の弁護士会 (Rechtsanwaltskammer. 弁護士会は，高等裁判所の管轄区域に対応する地域ごとに設けられている) に申請し，弁護士会において宣誓を行い，しかるのちに弁護士会がこの者に対し証書を引き渡すことにより，弁護士登録が完成する。弁護士希望者には登録請求権があるのであって，弁護士会は，たとえば弁護士の過剰といった政策的理由によって登録を拒否することはできない。かつて，弁護士登録手続には，弁護士業務を行うあるひとつの裁判所への登録が含まれて

いた。否，この2つの登録手続は分かちがたく結びつくものであった。弁護士はどの裁判所でも活動できるわけではなく，通常裁判権の特定の裁判所（たとえばツェレの高等裁判所）での活動を許可されることを要したのである。こうした制度を支えたのが地域定着要請（Lokalisationsgebot）だった。また，いくつかの州では，5年間の弁護士活動の後，上級の高等裁判所への許可も申請することができるものとされていた。こうした地域定着要請や，弁護士活動の審級による制限は，2007年6月1日をもって，大幅に縮小された。連邦弁護士法31条によれば，各弁護士会は電子化された弁護士名簿を作成し，これは，連邦弁護士会の管理する全体弁護士名簿へと組み込まれることとされている。改正された民事訴訟法78条により，すべての弁護士は，すべての地方裁判所および高等裁判所において，当事者を代理することができるようになった。ただし，弁護士事務所は原則として，自らの所属する弁護士会の管轄区域に設けなければならない（弁護士業務をもっぱら外国で行う者にはこの原則は適用を受けない）。

　もっとも，連邦通常裁判所においては，民事事件に関し，当事者の代理をなしうるのは，連邦通常裁判所に登録された弁護士だけであり（ZPO 78条1項），連邦通常裁判所に弁護士登録をするには，選定委員会によって指名を受けねばならない。これに対して刑事事件については，すべての地方裁判所および高等裁判所と同様，連邦通常裁判所においても，すべての弁護士およびドイツの大学の法学教授が，被告の弁護人として活動を行うことができる（StPO 138条1項）。

　法に関する包括的な助言を行うことができるのは，弁護士だけである（BRAO 3条）。このことは，弁護士業務の，法律で定めら

れた職業的特殊性（独立性，秘密厳守，依頼者への忠告等）に裏づけられたものである。それ以外の者については，2007年12月17日の法サーヴィス提供法（RDG）に定められた限りで，裁判外における法的助言を行うことが許されるにとどまる。

下級審においては，弁護士をつけない本人訴訟（Parteiprozess）が許されていることが多い。民事事件における区裁判所がそうであり（ただし，区裁判所の家事部における離婚訴訟を除く），労働地方裁判所（労働裁判権の第一審裁判所）・税務裁判所（税務裁判権の第一審裁判所）・行政地方裁判所・社会地方裁判所においても同様である。それ以外の裁判所では弁護士強制（Anwaltszwang）が行われる。なお，若干の場合には弁護士以外の者が訴訟代理人を務めることができる（たとえば労働高等裁判所・連邦社会裁判所では労働組合等の団体の代表者が訴訟代理人になりうる）。

刑事訴訟においては，一定の場合に弁護士またはドイツの大学の法学教授を弁護人とすることが義務づけられている。すなわち，刑法典は重懲役と軽懲役の区別をやめたにもかかわらず，ある程度それに対応していた重罪（Verbrechen）と軽罪（Vergehen）の区別を維持し，1年以上の自由刑が科される罪を重罪とよんでいるが，その重罪については，第一審が区裁判所である場合にも弁護人をつけなければならない。また，地方裁判所・高等裁判所を第一審とする刑事事件においては，つねに弁護人をつけなければならない。

(3) 検　　事

刑事事件において公訴を提起しうるのは，検事（Staatsanwalt〔-anwältin〕．連邦通常裁判所検事局の検事はBundesanwalt〔-anwältin〕）だけである。検事は検事局（Staatsanwaltschaft）の官吏

XI 司法制度

(州または連邦の官吏)であり，上司の指示に拘束される。その頂点に立つのは連邦検事総長（Generalbundesanwalt〔-anwältin〕）であって，連邦司法大臣の提案に基づき，連邦参議会の同意を得て，連邦大統領によって任命される。いわゆる起訴法定主義によって，検事は知りえた犯罪のすべてについて——それが軽微なものでない限り——公訴を提起する義務がある。2014年末現在の検事数は5279人（うち女性は2314人）である。

§2 裁判権の系列

審級制度の外に特別の地位を占める連邦憲法裁判所（BVerfG）を別として，ドイツ連邦共和国の裁判権は5つの系列に分かれている。

(1) 通常裁判権

民・刑事の通常裁判権（ordentliche Gerichtsbarkeit）を担当するのは，かつてライプツィヒにあった帝国裁判所（Reichsgericht）の後身というべきカールスルーエの連邦通常裁判所，および下級裁判所としての高等裁判所（Oberlandesgericht. ベルリーンの高等裁判所はKammergerichtという伝統的名称を維持している），地方裁判所（Landgericht），区裁判所（Amtsgericht）である。組織上，連邦通常裁判所は連邦司法省の下に位置づけられるのに対し，下級裁判所は州の管轄下に置かれている。それぞれの裁判所の具体的な人数構成などについては後述しよう。

2017年11月現在，高等裁判所の数は24，地方裁判所の数は115，区裁判所の数は639（通常裁判所の組織と手続については，289頁以下で説明する）。なお，ミュンヒェンの連邦特許裁判所（Bundespatentgericht）は連邦の裁判所であるが，連邦通常裁判所

の下にある下級裁判所である。連邦裁判官・会計検査官・検事の服務規律を管轄する連邦服務裁判所（Dienstgericht des Bundes）は，連邦通常裁判所の刑事部（懲戒の場合）または民事部（転任や試験手続）である。

(2) 行政裁判権

行政裁判所制度は19世紀後半以来の歴史をもつが，現在のそれは，この伝統を問題なく継承発展させたものではない。NS政権時代には行政裁判所の意義は軽視された。第二次大戦後，米・英・仏の占領地域のドイツ（後の旧西ドイツ）においては，行政裁判所の再建が急務であることへの同意は比較的容易に形成された。行政裁判所は，遅くとも1952年には本格的に再始動する。NS政権の経験に別れを告げ，法治国家原則を徹底させようという観点からして，行政裁判権を執行権にではなく司法権に位置づけることへの合意もやがて形成された。行政裁判権の再始動からやや遅れて1960年1月21日に成立した行政裁判所法（VwGO）の1条は次のように定める。「行政裁判権は，行政官庁から区別された，独立の裁判所によって行使される」。他方，ソ連の占領地域（後の旧東ドイツ）においては，NS政権時代同様に行政裁判所の役割には原則的に否定的な評価が与えられ，1952年に廃止されていた。ドイツ統一後の1990年にようやく，旧東ドイツを構成した「新たな」州（Ⅲ§4を参照）にも行政裁判権は再導入されたのである。

行政裁判権の最高裁判所はライプツィヒの連邦行政裁判所（BVerwG）であり（その判例は連邦行政裁判所判例集〔BVerwGE〕および各種法律雑誌に発表される），下級裁判所として，基本的には各ラントにひとつずつ設けられた（ただしベルリーンとブランデンブ

XI 司法制度

ルクとはまとめてひとつ），総計 15 の行政高等裁判所（Oberverwaltungsgericht ないし Verwaltungsgerichtshof）および 51 の行政地方裁判所（Verwaltungsgericht）がある（いずれも州の裁判所）。第一審の行政地方裁判所は，1人の職業裁判官によって，あるいは3人の職業裁判官と2人の名誉職裁判官により構成される部によって，裁判を行う。ただし，口頭手続に拠らない裁判決定には名誉職裁判官は関与しない。行政高等裁判所では3人の職業裁判官が部を構成するが，州の立法によって2人の名誉職裁判官を加えた構成にすることもでき，後者が通例である。行政高等裁判所は法律審のほか事実審も兼ね，大規模エネルギー供給施設の建設に反対する訴えなどの，規模の大きな訴訟については，第一審になることもある。連邦行政裁判所の部は5人の職業裁判官により構成され，法律審をもっぱらとする。

　国防軍軍人の懲戒を管轄する軍事服務裁判所（Truppendienstgericht. ミュンヒェン〔南〕とミュンスター〔北〕の2ヵ所に配置され，さらに15の支部がある）は，連邦の裁判所であるが連邦行政裁判所の下級裁判所である。

(3) 税務裁判権

　最高裁判所はミュンヒェンの連邦税務裁判所（BFH. 判例集は，連邦税務裁判所判例集〔Sammlung der Entscheidungen des Bundesfinanzhofs〕）。下級裁判所は州の裁判所である税務裁判所（Finanzgericht）のみである。税務裁判権は税務裁判所法によって規律されており，連邦法律に基づく公課についての公法的紛争を管轄する。租税賦課決定の内容・必要経費の認定などをめぐる争いが代表的なものである。そのほか，たとえば税理士の職業規律なども税務裁判権の管轄に属する。第一審の税務裁判所では単独部また

は3人の職業裁判官と2人の名誉職裁判官から成る部，最終審の連邦税務裁判所では5人または6人の職業裁判官から成る部が，裁判を行う。

(4) 社会裁判権

最高裁判所は，カッセルの連邦社会裁判所（BSG. 判例集は連邦社会裁判所判例集〔Entscheidungen des Bundessozialgerichts〕）。下級裁判所は，いずれも州の裁判所である社会高等裁判所（Landessozialgericht）と社会地方裁判所（Sozialgericht）。社会裁判権の前史は1884年のライヒ保険庁に始まる。現在の社会裁判権は，税務裁判権と同様に特別の行政裁判権として位置づけられ，社会裁判所法によって規律されている。社会保障法に関する事件，たとえば社会保険をめぐる紛争，育児金をめぐる紛争などが，社会裁判権の管轄に属する。第一審の社会地方裁判所の部を構成するのは1人の職業裁判官と2人の名誉職裁判官，第二審の社会高等裁判所では3人の職業裁判官と2人の名誉職裁判官。連邦社会裁判所の部は3人の職業裁判官と2人の名誉職裁判官によって構成される。社会裁判権においては，かつては訴訟は原則として，全審級で無料であった。この原則は2002年以降も，被保険者，その他の社会的給付を受けている者，あるいは障害者が，そうした資格において原告として訴えを提起している場合には，維持されている（SGG 183条）。その他の原告とすべての被告に対しては，社会地方裁判所の場合150ユーロ，社会高等裁判所の場合225ユーロ，連邦社会裁判所の場合300ユーロの訴訟費用の支払義務が課される（SGG 184条）。

行政裁判権，税務裁判権および社会裁判権が，上位概念としての行政裁判権の部分を形成する。

XI 司法制度

(5) 労働裁判権

最高裁判所は，1999年にカッセルからエアフルトに移った連邦労働裁判所（BAG. 判例集は連邦労働裁判所判例集〔BAG〕）。下級裁判所は，いずれも州の裁判所である労働高等裁判所（Landesarbeitsgericht）と労働地方裁判所（Arbeitsgericht）。労働裁判権の歴史はヴァイマル時代に，実体労働法が民法から独立するのと並行して作られていき，当初から被用者と使用者とのバランスに配慮した裁判官構成を採ってこんにちに至っている。現在は，1979年の労働裁判所法によって規律されている。それによれば，労働裁判権は，2つの任務を担う。労働裁判所は第一に，労働協約をめぐる協約当事者間の紛争，労働関係をめぐる被用者と使用者の紛争，共同作業や職場における傷害事件等から生じた被用者相互の紛争，共同決定をめぐる紛争，団体の協約能力認定をめぐる紛争などを判決（Urteil）する。ここでは基礎となる事実および証拠については，弁論主義に基づく。第二に，事業所組織法などの事業所組織に関する諸問題について，決定（Beschluss）を行う。決定手続においては事実関係を職権で調査しなければならない。第一審の労働地方裁判所の部は1人の職業裁判官と2人の名誉職裁判官（被用者側と使用者側1人ずつ），第二審の労働高等裁判所も同様。連邦労働裁判所の部は3人の職業裁判官と2人の名誉職裁判官（労使1人ずつ）によって構成される。

(6) 法解釈実務の統一

5つの系列それぞれの最高裁判所は，いずれも，基本的な意味をもつ法律問題について態度決定を行い，判例の統一を図るために，拡大部を開くこととしている。拡大部の決定は，具体的な法律問題について，その事件が係属している部を拘束する。

基本的には5系列の最高裁判所は，それぞれに事物管轄を異にする以上，相互に独立して裁判活動を行うのが原則である。しかし1つの法解釈問題が2つ以上の系列の司法に関わる場合がある。すなわちある最高裁判所が他の最高裁判所の判断に乖離する判断を行うことがあり得るわけである。このような場合にも，判例の統一性を確保する必要がある。これに対応して，基本法95条3項と1968年の判例統一確保法によって，連邦最高裁判所合同部（Gemeinsamer Senat der obersten Gerichtshöfe des Bundes）の設置が規定されている。合同部は，一般的重要性をもつ法律問題について連邦の最高裁判所間に意見の違いが生じたときに招集される。それは独自の裁判所ではなく，当該の法解釈問題についてその統一を図るための特別の裁判機関である。

なお，裁判にさいして適用法規の基本法との適合性に疑義を生じたときは，各最高裁判所といえども手続を中断して，連邦憲法裁判所（62頁以下）の判断を求めなければならない。州のレヴェルでも，州憲法の遵守を監視するための憲法裁判所（Verfassungsgerichtshof, Staatsgerichtshof）が設置されているところが多い。

§3 通常裁判所の組織と手続

通常裁判権に属する裁判所の組織・権限は，1950年9月12日の裁判所組織法（GVG）によって規律されている。また，裁判所組織法とともに帝国司法諸法律（Reichsjustizgesetze）を成すものとして制定された民事訴訟法（ZPO），倒産法（Insolvenzordnung），刑事訴訟法（StPO）が，民・刑事の訴訟手続を規定している。そのうち刑事訴訟法は，実体的真実主義・職権審理主義を維持しており，第二次大戦後アメリカにならって刑事訴訟の当事

XI 司法制度

者主義化を進め，真実解明と適正手続の両立を図ろうとした日本と好対照を成している。

(1) 連邦通常裁判所

通常裁判権の最高裁判所たる連邦通常裁判所（BGH）には，多くの部（Senat）がある。すなわちまず，民事部が12，刑事部が5つ（そのうち1つはライプツィヒ所在）ある。それぞれの部には，部長1名および6〜7人の裁判官（連邦通常裁判所の裁判官は職業裁判官のみ）が配置されている。ただし各部による実際の裁判は，部長を含む5人の裁判官により行われる。ほかに，1つのカルテル部があり，また裁判官や検事，会計監査人等についての服務規律関係事件・弁護士事件・公証人事件・弁理士事件・会計士事件・農業事件・税理士事件および納税代理人事件についてそれぞれ1つの特別部がある。

連邦通常裁判所は上告審であって，法律問題だけを扱う。民事事件においては，一定の要件（原則に関する法律問題であること，または判例に抵触することなど）の下に，高等裁判所の判決に対する上告（Revision）ないし地方裁判所の判決に対する跳躍上告（Sprungrevision. 反対当事者の同意が必要）を受理し，一定の場合に高等裁判所の決定に対する抗告（Beschwerde）を受理する。刑事事件においては，原則として地方裁判所（大刑事部または特別重罪部）の第一審判決，または高等裁判所の第一審判決に対する上告を受理する。すなわち重罪事件については第一審において十分な審理が行われたという前提の下で，控訴を省略して上告のみを認める二審制がとられているのである。

連邦通常裁判所の部が判例を変更しようとするとき，または原則に関わる判断を下そうとするときは，長官および8人の裁判官

から成る拡大部（Großer Senat）が招集される。民事部が刑事部とは異なる判断を下そうとするとき（またはその逆）などは，長官と民事拡大部・刑事拡大部の全成員から成る連合拡大部（Vereinigter Großer Senat）が招集される。連邦通常裁判所民事判例集（BGHZ）および連邦通常裁判所刑事判例集（BGHSt）がある。

(2) 高等裁判所

　高等裁判所の民事部は，主として3〜4人程度の職業裁判官（そのうちの1人が部長を務める）から成り，主として地方裁判所の判決・決定に対する控訴（Berufung）・抗告を受理する。当事者の同意があれば担当部の裁判官が単独で裁判を行うこともできる。高等裁判所が第一審として管轄する重大な犯罪，すなわち攻撃戦争準備罪・反逆罪・国家機密漏洩罪・憲法機関脅迫罪・民族虐殺罪等（GVG 120条に列挙されている）については5人の職業裁判官から成る刑事部が裁判を行う。地方裁判所の大刑事部または特別重罪部の第一審判決に対する上告を（連邦通常裁判所ではなく）高等裁判所が受理する場合（もっぱら州法違反が上告理由とされている場合），および区裁判所単独部の刑事判決に対する跳躍上告を受理する場合は，3人の職業裁判官から成る刑事部がこれを担当する。地方裁判所の小刑事部が控訴審として行った裁判に対する上告を高等裁判所が受理する場合も，3人の職業裁判官から成る刑事部の担当である。刑事事件について高等裁判所が控訴審になることはない。

(3) 地方裁判所

　地方裁判所の民事部は3人の職業裁判官から成る。ただし，通常事案は民事部構成員の1人が単独で裁判する。区裁判所の管轄に属さない民事事件（訴訟物の価額が5000ユーロを超える場合等）

XI 司法制度

を第一審として担当し，また区裁判所の民事判決・決定に対する控訴ないし抗告を受理する。商事事件については，原告または被告の申立てによって，商事部（職業裁判官1人と，商工会議所の提案に基づき5年の任期で任命された名誉職裁判官〔商事裁判官〕2人から成る）が民事部に代わって裁判を行うこともある。

地方裁判所が刑事の第一審となるのは，高等裁判所および区裁判所が第一審とされていない場合，および4年を超える自由刑が求刑され，もしくは精神病院や社会治療施設への収容・保安拘禁のための収容が申請される場合，その他検事が相当と考える場合であり，3人の職業裁判官と2人の参審裁判官（名誉裁判官）から成る大刑事部（große Strafkammer）が裁判を担当する。同じ構成の大刑事部が，虐殺罪・故殺罪・傷害致死罪・強姦致死罪等の致死的性犯罪・強盗致死罪・重放火罪等の重大な犯罪（GVG 74条2項に列挙されている）を担当する特別重罪部（Schwurgericht）にもなる（特別重罪部としての大刑事部の管轄は，いくつもの地方裁判所の管轄地域に及びうる）。地方裁判所が区裁判所の刑事判決に対する控訴審となるのは，区裁判所の単独裁判官の判決または参審部判決に対する控訴事件であり，1人の職業裁判官と2人の参審裁判官から成る小刑事部（kleine Strafkammer）が担当する（少年事件については，次の(4)を参照）。

(4) 区 裁 判 所

日本の簡易裁判所とは異なり，区裁判所の職業裁判官は例外なしに法曹資格のある正規の裁判官である。区裁判所では，原則としては単独裁判官が裁判を行う。区裁判所が管轄する民事事件としては，訴訟物の価額5000ユーロ以下の事件，使用賃貸借事件，督促手続などがある。家事事件は家事部（Familiengericht）が担

当するが、これも単独部であり、たとえば離婚事件と、離婚後の扶養・年金分配・子の保護などのいわゆる離婚関連事項を扱う。刑事事件も、2年以下の自由刑が科せられる軽罪などは単独裁判官が扱う。その他の犯罪は参審部（Schöffengericht）が担当する。参審部は1人の職業裁判官と2人の参審裁判官により構成される。しかし、事件の規模が大きいときは、検事はもう1人の職業裁判官を公判に加えるように申請することができる。これを大参審部（erweitertes od. großes Schöffengericht）という。

区裁判所の参審部と地方裁判所の大・小刑事部（および特別重罪部）には参審裁判官と称する名誉職裁判官が加わるが、この参審裁判官は、市町村（ゲマインデ）から4年ごとに区裁判所に提出される候補者リストに基づいて、異議申立手続を経て参審裁判官名簿に登載される。どの事件に参審裁判官として加わるかは、公開の会議での抽籤によって決まる。参審裁判官は、公判において職業裁判官と全く同一の権限（評決権を含む）をもつ。

区裁判所と地方裁判所には、少年事件を担当する刑事部として少年部（Jugendgericht）が置かれている。区裁判所では、単独の少年担当裁判官（Jugendrichter〔in〕）により、または1人の少年担当裁判官と2人（男女1人ずつ）の少年担当参審裁判官から成る少年参事裁判所により裁判が行われる。地方裁判所では、単独少年担当裁判官による判決の控訴審については1人の職業裁判官と2人（男女1人ずつ）の少年担当参審裁判官から成る少年小法廷（kleine Jugendkammer）により、少年参事裁判所による判決の控訴審については3人の職業裁判官と2人の少年担当参審裁判官による少年大法廷（große Jugendkammer）が組織される。

XI 司法制度

(5) 刑事訴訟

　刑事訴訟（Strafprozess）とは，犯罪の捜査・公判の手続である。民事訴訟とは異なり，刑事事件は――住居侵入・名誉毀損等一定の事件において被害者に私訴（Privatklage）提起権が認められているのを別とすれば――検事が職権により公訴（Anklage）を提起することによって裁判所に係属する。検事は，告訴（Strafantrag）・告発（Strafanzeige）またはその他の方法によって知りえたすべての犯罪（軽微な犯罪を除く）について公訴を提起しなければならない。起訴便宜主義（Opportunitätsprinzip）をとる日本とは対照的に，有罪判決の可能性がある限り（それが確実と思えなくとも）起訴し，裁判所に判断を委ねるべきものとする起訴法定主義（Legalitätsprinzip）がとられているのである（ただし，軽犯罪については例外的に起訴便宜主義が用いられる場合もある）。

　刑事訴訟は3つの手続から成る。第一の手続は準備手続（Vorverfahren）ないし捜査手続（Ermittlungsverfahren）とよばれるものであって，検事が（刑事警察員の助力を得て）これを担当する。強制捜査には原則として裁判官の命令が必要である。捜査の結果，有罪判決を得る可能性がない場合には，不起訴処分になる（被害者〔告訴人〕は，不起訴処分に対して当該検事の上司に抗告し，さらに高等裁判所に起訴強制手続の開始を申し立てることができる）。有罪判決を得る可能性がある場合は，検事は公訴を提起しなければならず，それによって第二の手続，すなわち中間手続（Zwischenverfahren）ないし公判開始手続（Eröffnungsverfahren）が始まる。中間手続において裁判所は，捜査結果が被疑者（Beschuldigte〔r〕）――起訴によって被訴追者（Angeschuldigte〔r〕）となる――の犯罪の嫌疑を示すに足りるものか否かを審査したうえで，

公判開始決定（Eröffnungsbeschluss）を下す（公判開始が拒否されたときは，検事は上級の裁判所に即時抗告を行うことができる）。公判開始によって，被訴追者は被告人（Angeklagte〔r〕）となる。第三の手続，すなわち主要手続（Hauptverfahren）においては，公判（Hauptverhandlung）の準備と公判そのものが行われる。

　公判において，裁判所は検事および被告人の主張に拘束されず，実体的真実解明のために職権で審理を進める。判決の対象になるのは，起訴状に記載された公訴事実であるが，公判開始決定のさいの罰条を裁判所が変更することは可能である。ただし，裁判所は事前にそのことを被告人に告知し，防御の機会を与えなければならない。裁判所は，被告人の責任について十分な確信を得た場合にのみ，有罪判決（Verurteilung）を下すことができる。疑わしい場合は被告人の有利になり，無罪判決（Freispruch）が下される（近年のドイツにおける有罪率は80％前後である）。矯正・保安処分や，例外的に手続停止（Einstellung des Verfahrens. 犯罪が軽微であって検事が起訴しないでもよかったと思われる場合には，裁判所は検事の同意を得て，不起訴に相当する手続停止を言い渡すことができる）が言い渡されることもある。判決に対して上訴（Rechtsmittel）の手段がとられず，または上訴の途が尽きたときは，判決は確定する（Rechtskraft をもつ）。確定判決に対する再審手続（Wiederaufnahme des Verfahrens）は，新証拠が発見された場合などに開始される。確定判決が基本権を侵害するものであると主張する者は，連邦憲法裁判所に憲法異議を申し立てることができる。

(6)　民　事　訴　訟

　民事訴訟（Zivilprozess）は，判決手続（Erkenntnisverfahren）と執行手続（Vollstreckungsverfahren）に分けられる。刑事訴訟

とは異なり，民事訴訟においては当事者主義がとられ，原告 (Kläger. 女性ないし女性名詞〔たとえば Gesellschaft〕の場合は Klägerin）が訴えを取り下げたり，被告 (Beklagte〔r〕) が原告の請求を承認したり，両当事者が裁判上の和解 (Vergleich) を結ぶことも可能である（処分権主義〔Dispositionsmaxime〕）。2001 年より，州の法律により，訴額 750 ユーロ以下の財産法的紛争など一定類型の争いについて，裁判外の調停機関による調停の試みを義務づけることができるようになった（この制度を導入したノルトライン・ヴェストファーレン州の法について，裁判所による正式の裁判を受ける憲法上の権利の侵害に当たらないという判断が，2007 年 2 月 14 日連邦憲法裁判所決定において示されている）。裁判所は当事者が提出した訴訟資料だけを裁判の基礎にすることができる（弁論主義〔Verhandlungsmaxime〕。ただし，婚姻事件，親子事件においては，弁論主義は公益のための一定の制限に服する）。訴えが訴訟法上の要件を充たしていないときは訴訟判決 (Prozessurteil) によって却下され，要件を充たしているときは本案判決 (Sachurteil) によって原告の請求が認容 (stattgeben) または棄却 (abweisen) される。

2002 年 1 月 1 日施行の改正民事訴訟法以来，とりわけ第一審の役割が基本的に強化されている。訴訟は第一審において効率的に裁判官を投入し，できるだけ包括的かつ終局的に満足をもたらす形で処理されるべきだ，と考えられている。第一に，和解交渉の役割が重視され，原則として，口頭弁論に先行して和解交渉がなされるべきことが定められた (ZPO 278 条)。労働裁判手続における和解交渉の経験が参考にされた。この改正の成果は目覚ましいものではなかったが，和解合意に至る割合は，緩慢にだが近年高まってきている。和解合意が成立しなかった場合には，ただち

に口頭弁論が開始される。第二に，裁判官の実体的訴訟指揮権能が強化された。裁判上重要な事実を包括的に第一審で調査できるようにするためである（139条）。当事者には，攻撃防御方法を適時に提出する義務が課された（282条）。この改革は弁論主義と緊張関係に立つ。当事者と裁判官とが事件解決において協力する関係に立つ，などと説明されることもあるが，その理論的実務的解明はまだ将来の課題である。ともあれ，控訴審からは，従来の完全な第二事実審としての性格が除去され，基本的には法律審の性格が強化された（513条）。第三に，事案の包括的な解決がめざされている第一審手続において同時に，負担軽減の観点から，単独裁判官の投入が強化されている（地方裁判所の場合も同様）。民事訴訟法348条によれば，通常の事案には単独裁判官があたることとされている。同条には単独裁判官の投入が許されない場合が，列挙されている。控訴できる場合は511条に規律されている。まず，控訴で争う額が600ユーロを超える場合である。600ユーロに満たない額の場合でも，事案が原則に係る意義を有し，もしくは法の継続的形成または統一的判例の確保が控訴裁判所の裁判を必要とする場合には，第一審の裁判所は控訴を許可しなければならない。その代わりに，全く理由のない控訴は控訴審の全員一致の決定により却下されることになった。

　高等裁判所が控訴審として下した判決に対する上告について。上告審を行うことができるのは連邦通常裁判所のみである。上告についても2002年の法改正は大きな影響を与えた。上告において，かつては個別事案における判断の適切性の確保だけでなく，法統一と法の継続的形成という公共の利益にも意味をもつものでなければならないとされてきたが，改正後は，主として公共の利

XI 司法制度

益が強調されるようになった。上告は，かつては許可を必要としない係争額上告制（Streitwertrevision. 争う額が6万マルクを超える必要があった）と控訴裁判所の判断にかかる許可上告制の二本立てだったが，2002年1月1日以降，係争額上告の制度は廃止され，許可上告（Zulassungsrevision）が原則とされた。上告は控訴裁判所により，つまり高等裁判所により，①訴訟事件が原則的意義を有し，または，②法の継続的形成または判例統一の確保が上告裁判所の裁判を必要とする場合にのみ，許可される（543条）。不許可に対しては抗告をすることができる（544条）。抗告に対しては上告裁判所としての連邦通常裁判所が裁判する。

　2002年の民事訴訟法改正は，全体として，古典的・自由主義的な当事者主義・弁論主義といった基本的原則に大きな修正を加え，効率性と法的安定性の観点から，裁判所の権限を強化するものであった。当事者相互による，権利をめぐる正統な闘争の場としての法廷という性格は，やや希薄化された。

　上訴によって破棄される可能性のなくなった判決は，既判力（Rechtskraft）をもつ。既判力のある判決（確定判決）についても，それによって基本権を侵害されたと主張する者が連邦憲法裁判所に憲法異議を申し立てうることは，刑事裁判の場合と同様である。

　民事事件の中には，訴訟事件のほかに，主として1898年の非訟事件法によって規律されている非訟事件（freiwillige Gerichtsbarkeit）が含まれる。非訟事件においては職権主義が行われる。民事訴訟において原則として公開主義がとられるのに対し，非訟事件は非公開である。非訟事件として扱われるのは，後見・（離婚のさいの）年金分配・相続・各種の登記（土地・夫婦財産制・社団・商業・協同組合等の登記簿の管理）など。その第一審は区裁判所

であり，区裁判所の決定（Beschluss）・処分（Verfügung）に対しては，抗告（Beschwerde）または即時抗告が許される（抗告審の決定についても，さらに抗告することができる）。

(7) 訴訟費用

民事事件における裁判手数料および弁護士報酬は，法定の表によって算出される。裁判所に納付される手数料には，2004年5月5日の裁判費用法（GKG）が適用され，弁護士報酬については2004年5月5日の弁護士報酬法（RVG）が適用される（以下の説明においては，刑事事件の弁護士報酬には触れない）。民事訴訟においては原則として敗訴者が，裁判所に納付すべき裁判費用（Gerichtskosten）および弁護士報酬から成る訴訟費用（Prozesskosten）を支払わなければならない（ちなみに，労働事件では，弁護士報酬は依頼した当事者がそれぞれ支払う）。

訴訟が係属した裁判所には，訴訟手数料（Verfahrensgebühr）と裁判所が立て替えた諸経費（通信費，証人や鑑定人に対する支払など）を納付する。弁護士は，弁護士報酬法に付された法定の表に基づいて，訴訟物の価額に応じた報酬を取得する。弁護士報酬法の定めは報酬額の最低限度を定めるものであって，弁護士は法定報酬を上回る報酬額を約定することもできる。その場合，約定は，弁護士報酬に関するものであることが明示された書面に拠らねばならない。かつては訴訟の各段階（当事者同士の交渉，訴訟提起，証拠調べ，など）に応じて報酬額が定められていたが，この制度の非合理性が次第に顕在化し，2004年の新法では廃止された。2013年の法改正により，事件の複雑化，件数の増大といった背景に照らして，とくに困難な事件について，報酬額の最低限度を高くすることが可能になった（制度の詳細はかなり複雑なのでここで

XI 司法制度

は触れない)。なお，弁護士が成功報酬（Erfolgshonorar）を約束することは，職業倫理に反し許されない。

すると，たとえば訴訟物の価額が5万ユーロの場合，裁判所に納める手数料は546ユーロである。また弁護士報酬は1163ユーロである。その合計は1709ユーロである。敗訴者は勝訴者の弁護士報酬まで負担しなければならないから，相手方の弁護士も1163ユーロの請求権をもっているとすると，訴訟手数料や諸経費・立替金は別として，いわば基本料金だけで合計2872ユーロを支出しなければならない。

このような負担が「権利のための闘争」の障害になることを防止するために，勝訴の見込みがある低所得者を対象とする訴訟費用扶助（Prozesskostenhilfe）の制度があるが，そのような限定なしに訴訟費用負担の危険をカヴァーする「権利保護保険（Rechtsschutzversicherung. 訴訟保険とも訳す)」が，目覚ましく発展している。権利保護保険約款によれば，民法（家族法と相続法を除く）・労働法・社会法・服務法の分野における権利主張の費用，刑法・秩序違反法・懲戒法によって訴追された場合の弁護士費用が，保険の対象になる。もっとも，保険会社は，いくつかの保険セットだけを提供している。重要なものは，交通保険セット（交通事故の損害賠償や自動車購入契約をめぐって民事訴訟になったときや，刑事訴追を受けたり運転免許剥奪処分を受けたときのための保険），家族保険セット（配偶者や未成年の子のための，損害賠償訴訟や刑事訴追に備えた保険），土地所有者・住居賃借人保険セット等々。保険料が比較的安いこともあって（交通保険セットで1年60～100ユーロ程度，家族保険セットで60～80ユーロ程度），この種の保険は爆発的に普及している。その結果，権利保護保険をかけている者がたやすく

§3 通常裁判所の組織と手続

民事訴訟の費用

訴訟物の価額 〜ユーロ まで	裁判費用 ユーロ	弁護士報酬 ユーロ
500	35	45
1000	53	80
……中　略……		
5 000	146	303
6 000	165	354
……中　略……		
25 000	371	788
30 000	406	863
……中　略……		
50 000	546	1 163
65 000	666	1 248
……中　略……		
260 000	2 104	2 253
290 000	2 283	2 373
……中　略……		
470 000	3 357	3 093
500 000	3 536	3 213

訴訟を起こし，裁判所の負担が増大するおそれもあるが，明白な濫訴の場合は保険金は支払われない。

なお，2004年12月15日の「ヨーロッパ共同体訴訟費用扶助法（EG-Prozesskostenhilfegesetz）」によって導入された，民事訴訟法1076条から1078条までの定めにより，民・商事裁判について，ヨーロッパ連合内について，国境を越えた訴訟費用援助制度の基礎が構築された。ドイツ国籍を持たないドイツ国内在住者が，

XI 司法制度

ドイツ以外の連合構成国の裁判を受けるにあたって、訴訟費用の支払ができない場合には当該裁判所が存在する国の訴訟費用援助を受けるための申込みをしなければならない。これを自力で、慣れない言語で行うのは相当の困難が伴い、ために申込みを断念し、ということは裁判を受けること自体を断念する場合がこれまでにはあった。そこでその申込文書の形式点検と翻訳および翻訳料を、当事者の住居の近くのドイツの区裁判所が引き受けることによって、援助することとした。収入の多寡にかかわらず裁判を受ける権利をヨーロッパ連合内で実質的に実現するための措置である。

XII 学生生活と法曹養成

§1 大学への進学

　ギュムナージウム（Gymnasium）で勉強した若者がアビトゥーア（Abitur）と称する大学入学資格試験に合格すれば原則として大学に進学できることは，教育法についての説明ですでに触れた（98頁以下）。現在，18歳から21歳のあいだの若者のうち50％を超える数の者がアビトゥーアに合格している。1980年代から90年代にかけて，大学修了者の就職難と，（主として教育設備に限界のある）自然科学系の一部で行われている入学定員制（Numerus clausus）のおかげで，大学に進まずに職業教育を受けて就職するアビトゥーア合格者が増えていたが，2000年以降，大学生の割合も再び漸増に転じ，2012年以降は，わずかに減じている。最近では，大学生の男女比率はほぼ五分五分である。入学定員制がとられていない人文・社会科学を専攻しようとする場合，アビトゥーアに合格しさえすれば大学に進学できる。1970年代の改革によって，ラテン語の知識も入学の必要条件ではなくなった。アビトゥーアの合格率は9割を超える（ギュムナージウムに進学する生徒が増えたこととも相俟って，アビトゥーア合格者の知的水準低下が最近の新聞紙上を賑わす話題となっている）から，その準備は受験生にとってそれほど大きなストレスではないし，補習のための塾のようなものもない。その反面，大学に学ぶ学生の能力はさまざまであり，アビトゥーアに受かったとか××大学で学んだとか言

XII 学生生活と法曹養成

って自分の能力を誇示することはできない。学生はみずから，ゼミナールの報告や筆記テストによって，そしてとりわけ修了試験（法学の場合は法学第一試験）によって自己の能力を証明するのである。

ただし，大学で何を勉強するかという具体的な問題にかんがみると，どの大学で勉強するかということが，実質的に重要になる。ドイツ連邦共和国の諸大学の間にはそれほど大きな格差はないが，教授陣の顔触れ，大学の環境などさまざまの要素によって，専門分野ごとに人気のある大学とそれほどでもない大学との違いがある。したがって，最近では，法学のように入学定員制のない専門分野でも，人気の高い大学に新入生が殺到してパンク状態になるのを避けるために，ドルトムントにある入学許可財団（Stiftung für Hochschulzulassung. かつて公法上の施設だったが，2008年に改組されて公法上の財団となった。定員制のある専門分野について入学決定事務を行うのが本来の任務である）が各人の大学志望順位を考慮して大学を割り当てることになった。しかし，自由に他大学に移れるというドイツの伝統は維持されているから，第一志望の大学を割り当てられなかった者も，第二学期（ドイツの大学は冬学期・夏学期の二学期制である）を終えてからその大学に移ることができる。そのような場合でなくとも，学生が大学を変えて勉強することは珍しくない。ドイツ連邦共和国外の大学で学ぶ期間を国家試験受験の要件としての大学における勉学期間に含めることも可能である（ただし，法学第一試験を受けるには，少なくとも4学期はドイツ連邦共和国の大学で学ばなければならない）。

かつて，大学に授業料を納めなくともよいということが，1970年以来，ドイツの大学のひとつの特徴だった。主として学生自治

会および大学における事務雑費のために，一学期 40〜200 ユーロ程度を払いさえすればよかった。大学教育は，国家（州）が当然に無料で提供すべきものとされていた。ただし，こうした成果を連邦法である大学大綱法に定着させようという試みが行われたのは 2002 年にまで時代が下ってからのことである。それはこの頃にはすでに大学への授業料納入についての論議が政治的に熱心に論じられていたからであり，当時の SPD と 90 年連合／緑の党連立政権はこうした議論に歯止めをかけようとした。しかし，2002 年 8 月 8 日の第六回大学大綱法改正法の該当規定は，連邦憲法裁判所の 2005 年 1 月 26 日判決により，基本法の定める州の文化高権に反するとされた。これを受けて，いくつもの州で，ひとつの学部（たとえば法学部）の教育課程を修了するために，300〜500 ユーロ程度の授業料が導入された。ただし，授業料の制度が一旦は導入されたけれども，州の政策方針の転換などが原因となって，授業料制度が廃止になる，という例も見られる。いずれにせよ，毎年高額の授業料を学生が払う日本やアメリカのような例は，驚きの目をもって受け止められている。奨学金は，連邦教育助成法（BAFöG）によって定められる。2016 年秋の改正により，親と同居しない場合は月額 649 ユーロとなっている。そのほかに家賃や保険料の補助もあり，最高限度額は 735 ユーロである。

　学生寮（Studentenwohnheim）に住むことも，学生生活の有利な条件である（大学によって差はあるが，平均して学生のほぼ 10 分の 1 が学生寮に住み，寮自治を行っている）。学生寮の多くは単身室だが，学生結婚をしている者のための小住居も一定数用意されている。単身室の賃借料は月額 300 ユーロ程度からであろうか。学生寮ならではの長所（ロビーや共同キッチンで友人をつくれる）もある。

学生寮に入れない学生の中には，3〜4人で居住組合をつくり，1つの住居を借りて賃料を分担する者もある。しかし，全体として住宅事情はきびしく，親元から通う学生も増加傾向にある。

　新入生が巨大な大学の学生生活に馴染むのは，容易ではない。教室も図書館も満員で，学生同士の人間的接触の機会は少ない。自治会はむろんオリエンテーションのためにさまざまの催しを行うが，フライブルク，テュービンゲン，エアランゲン＝ニュルンベルクといった伝統のある大学には多くの学友会（Studenten-verbindung）があって，雅趣に富む学友会館を所有し，加入した学生はそこで親密な雰囲気を楽しむことができる。そうした学友会は，たとえばフランコーニア（Franconia）とかカーロリンガ（Karolinga）といった古風な名称とそれに対応した伝統意識をもち，学友（Korporierte）は学友会規則の厳守を求められる。学友会はやや保守的な傾向をもち（かつてはサーベルによる決闘の真似事も行われ，頬の傷跡を自慢する風潮もあった），したがってこれに加入する学生は少なくなってきた。他方で女子学生の加入を認める「自由主義的な」学友会もかなり増えている。

§2　法曹養成のしくみ

　ドイツにおける法曹養成は，大学における理論的な法学教育と，修習期間における実務教育との二層構造となっている。この構造は，18世紀末のプロイセンにおける，司法省中心の法曹養成制度近代化と，それに対抗する大学側の法学教育の理論化近代化とのせめぎあいにおいて，前者優勢のもとに歴史的に成立したものである（プロイセンでは当初，3回にも及ぶ国家試験によって，司法省の法曹養成における影響力の強化を裏づけようとした）。ドイツ法のひ

とつの特色である，裁判官職を基準とした有資格法曹（Volljurist〔-in〕）の養成という型もまた，ここに淵源を持っている。1961年9月8日の連邦裁判官法（DRiG）5条1項は次のように定めている。「裁判官職の資格を得るのは，大学で理論的な法学の学習（rechtswissenschaftliches Studium）を修め法学第一試験に合格し，続いて準備勤務（Vorbereitungsdienst）を全うして第二国家試験に合格した者である」。

このように，裁判官職の資格を得た者が，裁判官職だけでなく，検事を含む上級行政職や弁護士，さらに公証人になる資格を獲得する。これは，法曹養成一元主義の帰結であり，いわゆる単一法曹（Einheitsjurist）というドイツ独特の法曹像をもたらしている。

しかし同時に，法曹養成にあたって大学における理論教育にも相応の意義が認められ，これが独立したひとつの層を成していることも，重要な特色となっている。大学の法学部における理論的な法学の学習を修了することが，法学第一試験を受けるための排他的要件となっているわけである。そして法学第一試験には，大学も主体的に参画する。2003年の改革以降，法学第一試験は国家すなわちラントがもっぱら運営するのではなく，大学も採点に関与する。法制上，第一「国家」試験ではなく，法学第一試験（die erste juristische Prüfung）と表現されるようになった所以である。これは日本と極めて大きく異なる。法学第一試験を無事に終えた者だけが，第二層の，実務修習の段階に入ることができる。実務修習を終えると第二国家試験（die zweite Staatsprüfung）を受験し，合格者が有資格法曹となる。

以下では，この二層構造に即して法曹養成のしくみを紹介しよう。

XII 学生生活と法曹養成

(1) 大学における法曹養成の段階

　法学部の学生はどのように法を学ぶのだろうか。ドイツの大学の法学部の教育は，上述の通り，はっきりと法曹養成を目的としている。

　大学における法学の学習は，通常4年と定められている（DRiG 5a条）。そのあとで，法学第一試験を受験することとなる。州法においては，この法学第一試験の期間までを含めて，大学における学習の期間の標準を4年半と定める例が大半である。大学の法学教育には，いわゆる必修科目（Pflichtfächer）と選択可能な重点科目（Schwerpunktbereiche mit Wahlmöglichkeiten）とが含まれる。必修科目と重点科目の区別はそのまま法学第一試験の構造と連動している。必修科目については大学の教育の修了後，国家試験による審査が予定されている。その点数は法学第一試験全体の70％を占める。残りの30％は重点科目の試験に配分され，その採点は大学の教員に委ねられている。

　必修科目としては，民法，刑法，公法，民刑事法および行政法などに係る手続法の，それぞれ主要領域が中心的に念頭に置かれている。さらに，ヨーロッパ法との関連を持った科目，法学方法論，法の哲学的，歴史的，社会科学的基礎を提供する科目も含めねばならない（なお，法学方法論は，法哲学的な考察一般というより，法解釈論に必要なさまざまの技術〔例えば文言解釈，論理的解釈，歴史的解釈，体系的解釈，とか，類推解釈，拡大・縮小解釈，など〕の意味を把握し習得することを目的としており，したがって，法学教育の早い段階での受講が予定されている）。重点科目としては，必修科目の理解を補完し，深化させる科目，法の学際的また国際的側面を明らかにする科目を準備すべきこととされているが，その詳細を定め

ることは各大学に委ねられている。学生は5学期までは必修科目を履修する。5学期までに必修科目の履修をし終えると大学ごとに定められた重点科目から選択して履修する。

　大学における法学の学習の成果を確認するために、学生は何度も筆記テストを受ける。筆記テストには、試験場で行われる試験（Klausur）とレポート（Hausarbeit）がある。個々の筆記テストを受けるかどうかは学生の自由だが、一定数のテストは受けなければならず、その一部を5学期までに済ませておかないと奨学金を打ち切られる。また、重要な筆記テストは中間テスト（Zwischenprüfung）と位置づけられ、このテストに合格しないと、次の学習段階（例えば必修教育の受講を終え、重点科目の受講に移ること）に進むことができない。テストを読んで採点し、講評を加えるのは、主に教授ではなく助手の仕事である（ドイツの教授は、研究・教育の補助者として2〜3人の助手と、2〜3人の学生助手〔studentische Hilfskraft. 優秀な学生が採用され、教授の研究の資料を調えるなどの手伝いをする〕、それに秘書を使えるのが普通である）。

　実定法科目の筆記テストについて、やや詳しく見てみよう。この筆記テストは事案処理（Fallbearbeitung）の手際を見るものであり、法学第一試験のためのトレーニングとしての意味を持っている。いわゆる鑑定意見作成法（Gutachtenmethode）の手法が用いられる。すなわち、事実関係を確定しこれを法解釈論へと結びつけるのは、裁判に関与する法曹の必須の技術であるが、これを報告技術（Relationstechnik. なお、Relation は「関係づけ」ではなく、「報告する」という意味を持つラテン語の referre に由来する）と言い、その歴史は近世にまでさかのぼる。この報告技術のうち、争いのない事実関係から出発して、法をどのように適用すべきかに絞っ

309

た訓練を行うのが、鑑定意見作成法である。このテストの段階で学生に求められている能力は以下のようなものである。すなわち、出題の事案における当事者の請求について請求原因となる条文を明らかにし、その条文が提示する法律要件を個々の要件要素に分解した上で、各要件要素（概念）の内容を解釈によって確定し、それに相当する事実関係があるかどうかを要件要素ごとに——順序正しく——確認してゆく、ということである。順序に混乱があれば「組み立ての誤り（Aufbaufehler）」として、大幅な減点の対象になる。これが、ドイツ人の考える「法律の適用」ないし「法律の下への事実関係の包摂」であり、ドイツの大学の法学部における法学学習は大部分この「包摂技術（Subsumtionstechnik）」の習得に充てられる。事実の一部そのものを曖昧にしておいて、学生にさまざまの可能性を想像させるといった工夫に対する能力はここでは求められていないのである。

必修科目の基礎を習得した学生が、学生時代の後半に学ぶのが重点科目だが、その科目としては、たいてい、法のヨーロッパ化・グローバル化を扱う科目、資本市場法・金融法、行政学・制御学の観点を加味した公法学、社会法各種、刑事政策、そして法制史・法哲学などの基礎法学、といったものが列挙されている。基礎法学の教育にとくに力を入れている大学もある（ミュンヘン大学やフランクフルト・アム・マイン大学など）。すでに述べたように、重点科目の試験は、法学第一試験の総点の 30 % を占める部分を構成し、採点は大学の教員（正確には、講義やゼミナールなどの主宰者）が行う。

2003 年の法曹養成制度改正においては、裁判官を核とする伝統的な法曹養成のあり方に批判が向けられ、法実務教育の必要性

が強調された。そこで，大学における法学教育において，司法や行政，弁護士の法助言といった実務にも配慮すべきことが定められた。また法学生が，実務にあたって枢要な資質（Schlüsselqualifikation）を会得する必要があるとされた。枢要な資質としては，交渉術，話し合いの進行，修辞学，紛争の妥結，調停，審問技術，コミュニケーション能力などが法制上列挙されている。また，外国語の習得も重要なものとして位置づけられた。そこで各大学の法学部は工夫して，さまざまの講義を提供している。そして学生は，枢要な資質の習得に関する講義と，外国語（多くは英語）による講義とから，それぞれ1つずつは受講しなければならないものとされている。

　講義に出席している数百人の学生のうち，教授の質問に答えたりみずから質問したりすることによって積極的に授業に参加する者はごくわずかであって，大部分はただ聴くだけである。これに対して，平均20名程度に参加者を制限されたゼミナールでは，発言のチャンスは大きい。ゼミナールに加わった学生は，学期中に1度は報告をしなければならず，その報告について全員の討論が行われる。ゼミナールの時間は，普通夕方で，6時から8時までである。集中ゼミナール（Blockseminar）の形式で，ある週末の2日間に一気にゼミナールを行う場合もある。かつては議論が白熱し，教授が上機嫌になったときは，全員で街のゲミュートリヒ（gemütlich）な学生酒場などに席を移し，ビールやワインのグラスを傾けながら議論を続けたり，理屈を離れたお喋りを楽しんだりすることもあったが，最近は，教授も公務に追われ，学生も要領のよい単位取得をめざすようになり，密度の高い知的衝突がおこることは稀である。

XII 学生生活と法曹養成

　学生は，補助金により賄われている学生食堂（メンザ〔Mensa. ラテン語の「食卓」〕）で食事をとることができる。定食の種類は少ないし，とくに昼食時には長い行列ができるが，値段は2～3ユーロ程度で安い。多くの学生で溢れるメンザでは，政治的アピールなども盛んに行われる。大学の中または付近にはカフェテリアもあり，赤い表紙の分厚い法令集（日本の六法全書と違って差替式）を持った法学部生が，季節によっては屋外のテーブルで，コーヒーを前に最近の試験やこれから出さなければならないレポートについて語っている光景が見られる。カフェテリアの傍らに，あるいは法学部棟の一角に，学生組合が運営する保育園があって，資格を持った保育士の監督下で，学生が交替で子供たちの面倒をみているという情景も，珍しくない。学期間の休暇（春は2月中旬からの2ヵ月，夏は7月中旬からの3ヵ月）には，学生生活は休眠状態に入る（人口8.7万人のうち学生が2.7万人を占めるテュービンゲンのようなところでは，町全体が眠ったようになる）。多くの学生はアルバイトで稼いだり，旅行・帰郷をしたりで，図書館で勉強しているのは，いよいよ法学第一試験を受けようという学生だけである。

　法学第一試験の配点の70％の比率を占める必修科目試験は，従来通り，国家試験であり，その準備は学生にかなりのストレスをもたらすものである。大学のあるところには試験のための補習教室（Repetitorium）があり，大多数の受験生が通っている。そこで授業を担当するのは多くの場合弁護士だが，行政官や裁判官が副業の許可を得て補習教室で教えることもある。大学外の私的な予備校にも学生の多くが通っている。かつては，大学が設ける補習教室についてさえ，大学教授自身がそこで教えることは身分的矜持からしてあり得ないこととされていた。2003年の法曹養

§2 法曹養成のしくみ

成制度改革も，私立の補習教室の跋扈に歯止めをかけることを狙った。重点科目試験の採点を大学に委ねたひとつの理由もそこにあった。しかし私立の補習教室はなくならない。最近では，大学自体が補習教室に力を入れ，民間の補習教室に通う学生を大学に呼び戻そうとさえするようになっている。だが，大学教授が補習授業にも長けているわけでは必ずしもないことを多くの学生は知っている。大学における法学教育と私立の補習教室との関係は，ドイツで国家が主導する資格試験が導入された19世紀初頭に直ちに生じた，ほとんど永遠の難問であって，妙案はあるまい。

2015年の例によると，連邦全体で，法学第一試験のうち必修科目に係る国家試験の合格率は69.4％，重点科目に係る大学の試験の合格率は95.8％である。従って合格すること自体は難しいことではない。しかし法学第一試験の合格者の成績内訳を見ると，厳しい評価が行われていることがわかる。すなわち合格者全体のうち20.3％が総合評点として可（ausreichend），46.9％が良（befriedigend）しか取れていない。優（vollbefriedigend）から上が優秀成績（Prädikatsexamen）ということになるが，優は26.3％，秀（gut）は6.2％，最優秀（sehr gut）は0.3％にすぎなかった。

法学第一試験に合格することによって大学における法学教育は終了する。大学が必要単位の取得を認定して卒業証書を交付する，という仕組ではない。法学第一試験に合格しなければ，法学を修了したことにはならない。大学院（修士課程および博士課程）に相当するものはない。博士論文（Doktorarbeit, Dissertation）を書いて学位を取得しようとする者は，直接教授と相談し，学位委員会の許可を得なければならない。たいていの場合，法学第一試験で

「優秀成績」者になった者だけがこの許可を得ることができる。論文には相当の水準が要求され、かなりの時間を費やさなければならないし、教授が懇切丁寧に指導してくれるわけでもない。それにもかかわらず、博士号の持つ社会的な重みは日本よりもはるかに大きく、学位を取得してから法実務家になることをめざす者はあとを絶たない。法哲学や法制史の研究で学位を取得した法実務家の存在も決して稀ではないし、かかる基礎法的な分野で優れた博士論文を執筆した者が、実務においても頭角をあらわす場合がしばしば見られる。

(2) 実務修習の段階

法学第一試験を無事に終えると、法曹をめざす者は、次に修習生 (Referendar〔in〕) として2年間の実務修習を受け（これを「準備勤務」という）、第二国家試験に備えることとなる。修習生は、主として、①民事通常裁判所、②検事局または刑事裁判所、③行政官庁、④弁護士事務所、という4つの場所において、義務的研修を積む。州法の定めで、民事裁判所での研修の一部を労働裁判所における研修により、行政官庁における研修の一部を行政裁判所、税務裁判所または社会裁判所における研修により、それぞれ置き換えることもできる。義務的研修は、最初の3つの場所については最低3ヵ月、弁護士事務所では最低9ヵ月継続される。適切な期間（具体的な限度については州法で定められる）外国で――たとえばアメリカの弁護士事務所や東京のドイツ商工会議所など――修習することも認められており、この機会を利用する者も少なくない。修習生は「任命撤回までの官吏 (Beamte〔Beamtin〕auf Widerruf)」であり（第二国家試験に合格すればその地位を失う）、これに対応して概算で月額1200ユーロ程度の俸給を受ける。修

習期間が終われば第二国家試験（こちらは2003年改正後も「国家」試験である）を受験しなければならない。受験を先に延ばすことは許されないし，不合格の場合再受験は1度しか認められない。

　第二国家試験に合格すると有資格法曹（Volljurist〔in〕）になる。実際には有資格法曹になった者のうち，成績優秀者（優以上の総合評点を取った者）だけが裁判官・検事・各省官吏への任命，または定評のある弁護士事務所への採用を期待しうる。2015年の例によると，第二国家試験の合格率は86.2％であって，合格自体は容易だが，優以上を取る者は18.2％にすぎないのである。良を取る者（39.6％）も，まずまずの就職口を見つけることができるが，可を取る者（28.4％）にとって状況はきびしい。弁護士になることは可能ではあるが，弁護士は過剰状態であるから独立してやっていくことは不可能に近く，職員（Angestellte〔r〕）として雇われたりパートタイムで働いたりして凌いでいかざるをえない者も少なくない。第二国家試験を受けながら，または受け終わった後，法曹以外の職を熱心に探すのが，多くの若き法律家の姿なのである。

〈資料〉ヨーロッパ議会選挙（Europawahl）の投票用紙

以下に紹介するのは、2014年5月25日のヨーロッパ議会選挙の投票用紙である（ノルトライン・ヴェストファーレン州のもの）。選挙が行われるのは5年に1度。全部で751名の議員のうち、ドイツから選出される議員数は96名である（本文230頁も参照）。

〈資料〉ヨーロッパ議会選挙（Europawahl）の投票用紙

9	**FAMILIE** Familien-Partei Deutschlands	— Gemeinsame Liste für alle Länder —	◯
	1. Arne Gericke, selbstständig, Tessin (MV) 2. Maria Hartmann, kfm. Angestellte, Kaarst (NW) 3. Albrecht Hauck, Bankkaufmann, St. Ingbert (SL) 4. Kosima Sikora, selbstständig, Neustadt a. d. Aisch (BY) 5. Werner Lahann, Meiereimeister, Leezen (SH)	6. Thomas Mütsch, Dipl.-Ing., Boxberg (BW) 7. Klemens Zentgraf, Dipl.-Ing., Unterm aßfeld (TH) 8. Margarete Nickel, Hausfrau, Obrigheim (RP) 9. Andre Schäfer, Heilpädagoge, Friedorfbe (NI) 10. Angelika Hagedorn, Dipl.-Pädagogin, Münster (NW)	
10	**FREIE WÄHLER** FREIE WÄHLER	— Gemeinsame Liste für alle Länder —	◯
	1. Ulrike Müller, Bäuerin/Mdl., Masen-Wilhams (BY) 2. Wolf Achim Wiegand, Journalist, Hamburg (HH) 3. Manfred Petry, Dipl.-Ing (FH), Frankenstein (RP) 4. Christine-Maria Hudyma, Geschäftsführerin, Medebach (NW) 5. Philipp Voß, Hotelfachmann, Magdeburg (ST)	6. Gerrit Kohls, Geograph M.A., Langenhagen (NI) 7. Jörg Stumpfig, Freiberufler, Stuttgart (BW) 8. Harald Klix, Taxiunternehmer, Lübeck (SH) 9. Susanne von Bechtolsheim, Energietherapeutin, Landshut (BY) 10. Dietmar Holzapfel, Angestellter, Sulzbach/Saar (SL)	
11	**Volksabstimmung** Ab jetzt…Demokratie durch Volksabstimmung - Politik für die Menschen	— Gemeinsame Liste für alle Länder —	◯
	1. Dr. Helmut Fleck, Dipl.-Bauingenieur/Dipl.-Wirtschaftsingenieur, Siegburg (NW) 2. Claus Plantiko, Avocat definitiv, Bonn (NW) 3. Angelika Geerligs, Taxifahrerin, Much (NW) 4. Dr. Artur Dreischer, Arzt, Reutlingen (BW) 5. Marcus Weifenbach, Maler und Lackierer, Kaufungen (HE)	6. Stefan Reh, Dipl.-Kaufmann, Troisdorf (NW) 7. Hans-Albrecht Oel, Bauschlossermeister, Lohmar (NW) 8. Klaus Augustinowski, Industriemeister Maschinenbau, Troisdorf (NW) 9. Achim Brandt, Bauzeichner, Wannweil (BW) 10. Hans-Georg Wittka, Steuer- und Wirtschaftsjurist, Siegburg (NW)	
12	**PBC** Partei Bibeltreuer Christen	— Gemeinsame Liste für alle Länder —	◯
	1. Klaus-Dieter Schlottmann, Leiter für Fachpraxis, Gifhorn (NI) 2. Dr. Detleff Karstens, Physiker, Gifhorn (NI) 3. Waldemar Henfl, Unternehmer, Neuenkirchen-Vörden (NI) 4. Michael Sodtke, Dozent/IT-Trainer, Weilerbach (RP) 5. Ole Steffes, Bankvorstand, Dresden (SN)		
13	**ÖDP** Ökologisch-Demokratische Partei	— Gemeinsame Liste für alle Länder —	◯
	1. Prof. Dr. Klaus Buchner, Physiker, München (BY) 2. Sebastian Frankenberger, Unternehmer, Passau (BY) 3. Susann Mai, Krankenschwester, Leinefelde-Worbis (TH) 4. Verena Föttinger, Dipl.-Theologin, Fluorn-Winzeln (BW) 5. Volker Behrendt, Dipl.-Finanzwirt, Hamburg (HH)	6. Johannes Bombeck, Sozialpädagoge, Bottrop (NW) 7. Johannes Schneider, Winzer/Dipl.-Ing. Oenologie, Maring-Noviand (RP) 8. Lucia Fischer, selbst. Wirtschaftsinformatikerin, Memmingen (BY) 9. Gero Sartorius, Dipl.-Ing./Studienrat, Stadthagen (NI) 10. Dr. Claudius Moseler, Dipl.-Geograph, Mainz (RP)	
14	**CM** CHRISTLICHE MITTE – Für ein Deutschland nach GOTTES Geboten	— Gemeinsame Liste für alle Länder —	◯
	1. Josef Happel, Steuerberater/Rechtsbeistand, Rodgau (HE) 2. Thomas Rickel, Verwaltungsangestellte, Bielefeld (NW) 3. Rosalinde Klein, Rentnerin, Würzburg (BY) 4. Otto Ried, Marketingleiter a.D., Stuttgart (BW) 5. Berthold Rehm, Rentner, Eschborn (HE)	6. Armin Krafft, Hausmeister, Marburg (HE) 7. Uwe Schlierer, Kaufmann, Schwendi (BW) 8. Achim Pelz, Maler und Lackierer, Lingen (Ems) (NI) 9. Anton Schmelz-Käser, Masseur, Bad Füssing (BY)	
15	**AUF** AUF - Partei für Arbeit, Umwelt und Familie, Christen für Deutschland	— Gemeinsame Liste für alle Länder —	◯
	1. Christa Meves, Kinder- u. Jugendlichenpsychotherapeutin, Uelzen (NI) 2. Michael Ragg, Journalist, Opfenbach (BY) 3. Karin Heepen, Dipl.-Bauingenieurin, Erfurt (TH) 4. Martina Döbrich, Rechtsanwältin, Mettlach (SL) 5. Dieter Burr, Steuerberater, Weissach (BW)	6. Friedemann Hetz, Postsekretär a.D., Weinstadt (BW) 7. Ute Büschkens-Schmidt, Kauffrau, Kuchelmiß (MV) 8. Friedrich Merkler, Arzt, Oberstaufen (BY) 9. Wolfgang Höhn, Dipl.-Psychologe, Wendelstein (BY) 10. Christian Paperdin, Projektleiter, Stuttgart (BW)	
16	**DKP** Deutsche Kommunistische Partei	— Gemeinsame Liste für alle Länder —	◯
	1. Prof. Dr. Nina Hager, Journalistin, Berlin (BE) 2. Mario Berrios Miranda, Landschaftsarchitekt, Wildau (BB) 3. Siw Mammitzsch, Angestellte, Essen (NW) 4. Lucas Zeise, Journalist, Frankfurt am Main (HE) 5. Karin Schwitker, Rentnerin, Essen (NW)	6. Talip Güngor, Informatiker, Braunschweig (NI) 7. Kornelia Lopau, Rentnerin, Stuttgart (BW) 8. Joachim Bigus, Werkzeugmacher, Osnabrück (NI) 9. Erika Baum, Rentnerin, Berlin (BE) 10. Dr. Klaus Steiniger, Rentner, Berlin (BE)	
17	**BP** Bayernpartei	— Gemeinsame Liste für alle Länder —	◯
	1. Florian Weber, Geschäftsführer, Bad Aibling (BY) 2. Johann Eberle, Busfahrer, München (BY) 3. Dr. Hermann Seiderer, Facharzt, Marktoberdorf (BY) 4. Georg Weiß, Ingenieur für Elektrotechnik, München (BY) 5. Cornelia Zadrosny, Groß- und Außenhandelskauffrau, Haag i. OB (BY)	6. Fritz Zirngibl, Immobilienmakler, Teugn (BY) 7. Alois Späth, Rentner, Furth im Wald (BY) 8. Dr. Hermann Neumann, Pflegefachhelfer, Kolbermoor (BY) 9. Jaroslav Curlisco, Elektrotechniker, München (BY) 10. Jürgen Wagner, Maschinenbediener, Bamberg (BY)	
18	**PSG** Partei für Soziale Gleichheit, Sektion der Vierten Internationale	— Gemeinsame Liste für alle Länder —	◯
	1. Ulrich Rippert, Redakteur, Berlin (BE) 2. Christoph Vandreier, Psychologe, Berlin (BE) 3. Elisabeth Zimmermann-Modler, Sachbearbeiterin, Duisburg (NW) 4. Marianne Arens, CAD-Zeichnerin, Frankfurt am Main (HE) 5. Dietmar Gaisenkersting, Dipl.-Pädagoge, Duisburg (NW)	6. Helmut Arens, Chemiefacharbeiter, Frankfurt am Main (HE) 7. Endrik Bastian, Krankenpfleger, Berlin (BE)	
19	**BüSo** Bürgerrechtsbewegung Solidarität	— Gemeinsame Liste für alle Länder —	◯
	1. Helga Zepp-LaRouche, Journalistin, Mainz (RP) 2. Elke Fimmen, Angestellte, Gimsheim-Gustavsburg (HE) 3. Stephan Ossenkopp, Journalist, Stuttgart (BW) 4. Katarzyna Kruczkowski, Angestellte, Essen (NW) 5. Dr. Wolfgang Lillge, Arzt, Berlin (BE)	6. Josef Perschl, Landwirt, Tyrfaching (BY) 7. Hubertus Moha, Dipl.-Ing. i.R., Stuttgart (BW) 8. Claudio Celani, Journalist, Wiesbaden (HE) 9. Stefan Tolksdorf, Angestellter, Berlin (BE) 10. Armin Azima, wiss. Angestellter, Hamburg (HH)	
20	**AfD** Alternative für Deutschland	— Gemeinsame Liste für alle Länder —	◯
	1. Prof. Dr. Bernd Lucke, Hochschullehrer, Winsen (Luhe) (NI) 2. Prof. Dr. h. c. Hans-Olaf Henkel, Autor, Berlin (BE) 3. Bernd Kölmel, Volkswirt, Ötigheim (BW) 4. Beatrix von Storch, Rechtsanwältin, Berlin (BE) 5. Prof. Dr. Joachim Starbatty, Hochschullehrer, Tübingen (BW)	6. Ulrike Trebesius, Bauingenieurin, Horst (Holstein) (SH) 7. Dr. Marc Jongen, wiss. Mitarbeiter, Karlsruhe (BW) 8. Armin-Paulus Hampel, Journalist, Wriedel (NI) 9. Prof. Dr. Jörg Hubert Meuthen, Hochschullehrer, Karlsruhe (BW)	

317

21	**PRO NRW** Bürgerbewegung PRO NRW	– Gemeinsame Liste für alle Länder –
	1. Markus Beisicht, Rechtsanwalt, Leverkusen (NW) 2. Frederick Christopher Freiherr von Mengersen, Student, Bonn (NW) 3. Silwana Spiegelhoff, Angestellte, Essen (NW) 4. Karl-Wolfgang Palm, Polizeibeamter, Aachen (NW) 5. Claudia Gehrhardt, Einzelhandelskauffrau, Wuppertal (NW)	6. Dominik Horst Roeseler, selbst. Handelsvertreter, Mönchengladbach (NW) 7. Jürgen Hintz, Rentner, Bergheim (NW) 8. Kevin Gareth Hauer, Kaufmann, Gelsenkirchen (NW) 9. Dr. Christoph Heger, Rentner, Overath (NW) 10. Christine Ötig, Büroangestellte, Essen (NW)
22	**MLPD** Marxistisch-Leninistische Partei Deutschlands	– Gemeinsame Liste für alle Länder –
	1. Peter Weispfenning, Rechtsanwalt, Herne (NW) 2. Lisa Gärtner, Mechatronikerin, Gelsenkirchen (NW) 3. Stefan Engel, freier Publizist, Gelsenkirchen (NW) 4. Mehmet Ali Meral, Student, Konstanz (BW) 5. Monika Gärtner-Engel, Dipl.-Pädagogin, Gelsenkirchen (NW)	6. Münür Körogülu, Dreher, Nürnberg (BY) 7. Fred Schirrmacher, Steuerfachangestellter, Berlin (BE) 8. Seyran Cenan, Rechtsanwaltsangestellte, Herne (NW) 9. Dirk Willing, kfm. Angestellter, Essen (NW) 10. Luisa Angelica Urrutia Garrido, Sozialpädagogin, Hattingen (NW)
23	**NPD** Nationaldemokratische Partei Deutschlands	– Gemeinsame Liste für alle Länder –
	1. Udo Voigt, Politikwissenschaftler, Berlin (BE) 2. Dr. Olaf Rose, Historiker/parlament. Berater, Dresden (SN) 3. Jens Pühse, Geschäftsführer, Berlin (BE) 4. Ariane Meise, Juristin, Neunkirchen-Seelscheid (NW) 5. Peter Schreiber, Dipl.-Finanzwirt (FH), Strehla (SN)	6. Uwe Meenen, Verlagskaufmann, Berlin (BE) 7. Christina Krieger, Studentin, Hannover (NI) 8. Edda Schmidt, Hausfrau, Bisingen (BW) 9. Stefan Lux, Historiker, Berlin (BE) 10. Ricarda Riefling, selbstständig, Pirmasens (RP)
24	**Die PARTEI** Partei für Arbeit, Rechtsstaat, Tierschutz, Elitenförderung und basisdemokratische Initiative – Gemeinsame Liste für alle Länder –	
	1. Martin Sonneborn, Journalist, Berlin (BE) 2. Martina Werner, Journalistin, Frankfurt am Main (HE) 3. Claus-Dieter Preuß, Dipl.-Verwaltungswirt, Krefeld (NW) 4. Thomas Hintner, Dipl.-Kommunikationsdesigner (FH), Hanau (HE) 5. Georg Behrend, freier Journalist, Berlin (BE)	6. Torsten Gaitzsch, Journalist, Frankfurt am Main (HE) 7. David Fuchs, Student, Köln (NW) 8. Alexander Grupe, Software-Entwickler, Hamburg (HH) 9. Leonhard Georg Fischer, Journalist, Frankfurt am Main (HE) 10. Peter Mendelsohn, IT-Systemberater, Mannheim (BW)

BW = Baden-Württemberg, BY = Bayern, BE = Berlin, BB = Brandenburg, HB = Bremen, HH = Hamburg, HE = Hessen, MV = Mecklenburg-Vorpommern, NI = Niedersachsen, NW = Nordrhein-Westfalen, RP = Rheinland-Pfalz, SL = Saarland, SN = Sachsen, ST = Sachsen-Anhalt, SH = Schleswig-Holstein, TH = Thüringen

略 語 表

ADHGB: Allgemeines Deutsches Handelsgesetzbuch　ドイツ一般商法典

AfD: Alternative für Deutschland　ドイツのための対案

AG: Aktiengesellschaft　株式会社

AGBG: Gesetz zur Regelung des Rechts der Allgemeinen Geschäftsbedingungen　約款法

AGG: Allgemeines Gleichbehandlungsgesetz　平等取扱一般法

AktG: Aktiengesetz　株式法

AMG: Gesetz über den Verkehr mit Arzneimitteln (Arzneimittelgesetz)　薬事法

ArbZG: Arbeitszeitgesetz　労働時間法

Atomgesetz: Gesetz über die friedliche Verwendung der Kernenergie und den Schutz gegen ihre Gefahren　原子力法

AufenthG: Gesetz über den Aufenthalt, die Erwerbstätigkeit und die Integration von Ausländern im Bundesgebiet (Aufenthaltsgesetz)　滞在関係法

AÜG: Gesetz zur Regelung der Arbeitnehmerüberlassung (Arbeitnehmerüberlassungsgesetz)　被用者派遣法

BAFöG: Bundesausbildungsförderungsgesetz　連邦教育助成法

BAG: Bundesarbeitsgericht　連邦労働裁判所, Entscheidungen des Bundesarbeitsgerichts　連邦労働裁判所判例集

BauGB: Baugesetzbuch　建設法典

BBG: Bundesbeamtengesetz　連邦官吏法

BDA: Bundesvereinigung der Deutschen Arbeitgeberverbände　ドイツ使用者団体全国連合会

BDI: Bundesverband der Deutschen Industrie　ドイツ産業団体全国

連合会

BDSG: Bundesdatenschutzgesetz　連邦情報保護法

BEEG: Bundeselterngeld- und Elternzeitgesetz　親手当および親時間に係る法律

BetrVG: Betriebsverfassungsgesetz　事業所組織法

BFH: Bundesfinanzhof　連邦税務裁判所

BGB: Bürgerliches Gesetzbuch　民法典

BGH: Bundesgerichtshof　連邦通常裁判所

BGHSt: Entscheidungen des Bundesgerichtshofes in Strafsachen　連邦通常裁判所刑事判例集

BGHZ: Entscheidungen des Bundesgerichtshofes in Zivilsachen　連邦通常裁判所民事判例集

BGleiG: Bundesgleichstellungsgesetz　連邦同列配置法

BImSchG: Gesetz zum Schutz vor schädlichen Umwelteinwirkungen durch Luftverunreinigungen, Geräusche, Erschütterungen und ähnliche Vorgänge (Bundes-Immissionsschutzgesetz)　連邦イミシオーン防止法

BKGG: Bundeskindergeldgesetz　連邦育児金法

BPersVG: Bundespersonalvertretungsgesetz　連邦公勤務者代表法

BRAO: Bundesrechtsanwaltsordnung　連邦弁護士法

BSG: Bundessozialgericht　連邦社会裁判所

BUrlG: Mindesturlaubsgesetz für Arbeitnehmer (Bundesurlaubsgesetz)　連邦休暇法

BVerfG: Bundesverfassungsgericht　連邦憲法裁判所

BVerfGE: Entscheidungen des Bundesverfassungsgerichts　連邦憲法裁判所判例集

BVerfGG: Gesetz über das Bundesverfassungsgericht (Bundesverfassungsgerichtsgesetz)　連邦憲法裁判所法

BVerwG: Bundesverwaltungsgericht　連邦行政裁判所

略語表

BVerwGE: Entscheidungen des Bundesverwaltungsgerichts　連邦行政裁判所判例集

BWG: Bundeswahlgesetz　連邦選挙法

CDU/CSU: Christlich-Demokratische Union/Christlich-Soziale Union　キリスト教民主同盟／キリスト教社会同盟

CEN: Comité Européen de Normalisation　ヨーロッパ規格化委員会

CENELEC: Comité Européen de Normalisation Electrotechnique　ヨーロッパ電子技術規格化委員会

DAG: Deutsche Angestellten-Gewerkschaft　ドイツ職員労働組合

DGB: Deutscher Gewerkschaftsbund　ドイツ労働組合連盟

DHKT: Deutscher Handwerkskammertag　ドイツ手工業会議所連合会

DIHK: Deutscher Industrie- und Handelskammertag　ドイツ商工会議所連合会

DRiG: Deutsches Richtergesetz　連邦裁判官法

DrittelbG: Drittelbeteiligungsgesetz　被用者三分の一参画法

DSU: Deutsche Soziale Union　ドイツ社会同盟

ECRIS: Europäisches Strafregisterinformationssystem　ヨーロッパ犯罪記録簿情報システム

eG: eingetragene Genossenschaft　登記協同組合

EG: Europäische Gemeinschaften（複数形）　ヨーロッパ共同体，Europäische Gemeinschaft（単数形）　ヨーロッパ共同体

EGBGB: Einführungsgesetz zum Bürgerlichen Gesetzbuch　民法典施行法

EGKS: Europäische Gemeinschaft für Kohle und Stahl　ヨーロッパ石炭鉄鋼共同体

EJN: Europäische Justizielle Netz　ヨーロッパ司法ネット

ESchG: Gesetz zum Schutz von Embryonen (Embryonenschutzgesetz)　胚保護法

EStG: Einkommensteuergesetz　所得税法

ETSI: European Telecommunications Standards Institute　ヨーロッパ通信規格研究所

EU: Europäische Union　ヨーロッパ連合

EuGH: Europäischer Gerichtshof　ヨーロッパ裁判所

EuHbG: Europäisches Haftbefehlsgesetz　ヨーロッパ逮捕状法

EuRAG: Gesetz über die Tätigkeit europäischer Rechtsanwälte in Deutschland　ドイツ国内におけるヨーロッパ弁護士の活動に関する法律

EURATOM: Europäische Atomgemeinschaft　ヨーロッパ原子力共同体

EWG: Europäische Wirtschaftsgemeinschaft　ヨーロッパ経済共同体

FDP: Freie Demokratische Partei　自由民主党（なお，1968年から2001年まではF. D. Pと略記されていた）

FreizügG/EU: Gesetz über die allgemeine Freizügigkeit von Unionsbürgern (Freizügigkeitsgesetz/EU)　連合市民移動自由法

GenG: Gesetz betreffend die Erwerbs- und Wirtschaftsgenossenschaften (Genossenschaftsgesetz)　協同組合法

GG: Grundgesetz für die Bundesrepublik Deutschland　ドイツ連邦共和国基本法

GKG: Gerichtskostengesetz　裁判費用法

GmbH: Gesellschaft mit beschränkter Haftung　有限会社

GmbHG: Gesetz betreffend die Gesellschaften mit beschränkter Haftung　有限会社法

GmbH & Co. KG: Gesellschaft mit beschränkter Haftung und Compagnie Kommanditgesellschaft　有限合資会社

GVG: Gerichtsverfassungsgesetz　裁判所組織法

GWB: Gesetz gegen Wettbewerbsbeschränkungen　競争制限禁止法

GwG: Gesetz über das Aufspüren von Gewinnen aus schweren

Straftaten (Geldwäschegesetz) 金銭浄化防止法

HaftPflG: Haftpflichtgesetz 賠償責任法

HGB: Handelsgesetzbuch 商法典

HRG: Hochschulrahmengesetz 大学大綱法

IFG: Gesetz zur Regelung des Zugangs zu Informationen des Bundes (Informationsfreiheitsgesetz) 情報アクセス自由法

IG Metall: Industriegewerkschaft Metall 金属産業労働組合

IHK: Industrie- und Handelskammer 商工会議所

ISO: International Organization for Standardization 国際標準化機構

KG: Kommanditgesellschaft 合資会社

KSchG: Kündigungsschutzgesetz 対解雇保護法

KWG: Gesetz über das Kreditwesen 信用制度法

LadSchlG: Gesetz über den Ladenschluß (Ladenschlußgesetz) 閉店時間法

Ltd.: Limited 有限責任会社

LuftVG: Luftverkehrsgesetz 航空法

MitbestG: Gesetz über die Mitbestimmung der Arbeitnehmer (Mitbestimmungsgesetz) 共同決定法

MuSchG: Gesetz zum Schutze der erwerbstätigen Mutter (Mutterschutzgesetz) 母性保護法

NATO: North Atlantic Treaty Organization 北大西洋条約機構

NS: Nationalsozialismus 国民社会主義

NSDAP: Nationalsozialistische Deutsche Arbeiterpartei ドイツ国民社会主義労働者党

OECD: Organisation for Economic Co-operation and Development 経済協力開発機構

OEEC: Organisation for European Economic Co-operation ヨーロッパ経済協力機構

OEG: Gesetz über die Entschädigung für Opfer von Gewalttaten (Opferentschädigungsgesetz) 暴力による被害者の損害賠償についての法律

oHG: offene Handelsgesellschaft 合名会社

PartG: Gesetz über die politischen Parteien (Parteiengesetz) 政党法

PatG: Patentgesetz 特許法

PDS: Partei des Demokratischen Sozialismus 民主主義社会党

ProdHaftG: Gesetz über die Haftung für fehlerhafte Produkte (Produkthaftungsgesetz) 製造物責任法

RDG: Gesetz über außergerichtliche Rechtsdienstleistungen (Rechtsdienstleistungsgesetz) 法サーヴィス提供法

RVG: Gesetz über die Vergütung der Rechtsanwältinnen und Rechtsanwälte (Rechtsanwaltsvergütungsgesetz) 弁護士報酬法

SED: Sozialistische Einheitspartei Deutschlands ドイツ社会主義統一党＝共産党

SE-VO: Societas Europaea-Verordnung ヨーロッパ会社規則

SGG: Sozialgerichtsgesetz 社会裁判所法

SMAD: Sowjetische Militäradministration in Deutschland 在独ソヴィエト軍事行政局

SPD: Sozialdemokratische Partei Deutschlands ドイツ社会民主党

SpruchG: Gesetz über das gesellschaftliche Spruchverfahren (Spruchverfahrensgesetz) 会社に関する判定手続法（判定手続法）

StAG: Staatsangehörigkeitsgesetz 国籍法

StGB: Strafgesetzbuch 刑法典

StPO: Strafprozessordnung 刑事訴訟法

StVG: Straßenverkehrsgesetz 道路交通法

StZG: Gesetz zur Sicherstellung des Embryonenschutzes im Zusammenhang mit Einfuhr und Verwendung menschlicher embryonaler Stammzellen (Stammzellgesetz) 幹細胞法

UKlaG: Gesetz über Unterlassungsklagen bei Verbraucherrechts- und anderen Verstößen (Unterlassungsklagengesetz) 差止訴訟法

UmweltHG: Umwelthaftungsgesetz 環境責任法

UmwG: Umwandlungsgesetz 組織変更法

UNO: United Nations Organization 国際連合

UrhG: Gesetz über Urheberrecht und verwandte Schutzrechte (Urheberrechtsgesetz) 著作権および著作隣接権に関する法律（著作権法）

UWG: Gesetz gegen den unlauteren Wettbewerb 不正競争防止法

ver. di: Vereinte Dienstleistungsgewerkschaft サーヴィス業連合組合

VStGB: Völkerstrafgesetzbuch 国際刑法

VwGO: Verwaltungsgerichtsordnung 行政裁判所法

VwVfG: Verwaltungsverfahrensgesetz 行政手続法

WHG: Gesetz zur Ordnung des Wasserhaushalts (Wasserhaushaltsgesetz) 水管理法

WEG: Gesetz über das Wohnungseigentum und das Dauerwohnrecht (Wohnungseigentumsgesetz) 住居所有権法

WpÜG: Wertpapiererwerbs- und Übernahmegesetz 有価証券の取得および買付に関する法律

WRV: Die Verfassung des Deutschen Reichs (Weimarer Reichsverfassung) ヴァイマル憲法

ZPO: Zivilprozessordnung 民事訴訟法

参考文献

　ドイツの法用語を調べるには，山田晟『ドイツ法律用語辞典』(改訂増補版，1993，大学書林) が役に立つ (訳語は，本書のものと必ずしも同一ではない)。田沢五郎『ドイツ政治経済法制辞典』(1990)，同『独・日・英ビジネス経済法制辞典』(1999) (いずれも郁文堂) も親切である。ドイツ法の個別的問題について，時に『ジュリスト』，『法律時報』などの法律雑誌に掲載される紹介論文を参照することも必要であろう。日独法学会の『日独法学』にも重要な紹介論文が掲載される。

　本書では現代ドイツの実定法をより素直に理解するために，歴史的な観点を取り入れるように留意しているが，十分ではない。ドイツ法の歴史を知るために有益な邦語文献として，村上淳一『近代法の形成』(1979，岩波書店) および『ドイツ市民法史』(1985，新装版 2014，東京大学出版会)，ネル著／村上訳『ヨーロッパ法史入門』(1999，東京大学出版会。ドイツ人による日本人のための書下ろし)，シュレーダー著／石部雅亮編訳『ドイツ近現代法学への歩み』(2017，信山社) を挙げておこう。

　しかし，ドイツ法を本格的に調べるには，やはりドイツの文献や法令・判例を原語で読まなければならない。以下，ドイツ連邦共和国で刊行されている多数の文献のうち若干のものを分野別に挙げるが，もっと詳しく文献 (および判例) を検索するためには，データベースとして „JURIS" (有料) があり，文献情報システムとして „Deutsche Bibliothek" (有料で，一定のテーマについての文献リストを求めることができる。ただし，判例は含まない) がある。そのほか，民法・公法・税法・労働法＝社会法の „Fundheft"，および „Lindenmaier/Möhring: Nachschlagewerk des Bundesgerichtshofs" (これは近年有料で Online 化された) も検索の役に立つ。詳細なコメンタールのたぐいには，該当する箇所に，関連する研究について包括的な文献目録が掲

載されている。読むべき文献などの見当がついたら，Juristenzeitung (JZ), Neue Juristische Wochenschrift (NJW) 等の法律雑誌や各裁判所の判例集をひもとくことになるが（CD-ROM で読めるものもある），そのさい，法令を最新の状態で参照すべきことは言うまでもない。加除式の法令集としては „Deutsche Gesetze" (Schönfelder); „Verfassungs- und Verwaltungsgesetze der Bundesrepublik Deutschland" (Sartorius I); „Internationale Verträge—Europarecht" (Sartorius II) などがある（これらについては，収録法令数はやや少ないが年に数回更新される DOS-V の CD-ROM 版もある）。法律の改正は頻繁に行われるので，こうした法令集を参照するほかに，連邦官報 (Bundesgesetzblatt) を調べる必要がある。主要な法令は，連邦司法省が管理するインターネットサイト (http://www.gesetze-im-internet.de/) によって容易に検索できる。もとよりたとえば上に紹介した Schönfelder による紙媒体の加除式法令集をひもとけば，個々の法令がいつ改正されたかを脚注で容易に知ることができるし，また，多くの条文を同時に参照できるなど，紙媒体の資料の独自の魅力も却って明らかになってきているとも言える。

なお，連邦官報についても，連邦公報出版 (Bundesanzeiger Verlag) が管理するサイト (http://www.bundesgesetzblatt.de/) からたどって，該当官報を無料で読むことができる。判例についても，連邦憲法裁判所や連邦通常裁判所の裁判例に関しては，インターネットによりアクセスすることが可能である（「インターネットによる検索」参照）。

1 法律辞典等

Creifelds: Rechtswörterbuch, 22. Aufl. 2017

Deutsches Rechts-Lexikon, 3. Aufl. 2001 (hierzu: Ergänzungsband, 2003)

Model/Creifelds/Lichtenberger: Staatsbürger-Taschenbuch, 34. Aufl. 2017

Staatslexikon. Recht-Wirtschaft-Gesellschaft in 5 Bänden, 8. Aufl. (2017 ff.)

2　ドイツ法史

基礎的な概念を歴史的に理解する際に欠かせない事典として Brunner/Conze/Koselleck (Hg.): Geschichtliche Grundbegriffe, 8 Bände in 9 (1972-1997. 廉価版は 2004)

Cordes/Haferkamp/Lück/Werkmüller/Schmidt-Wiegand (Hg.): Handwörterbuch zur deutschen Rechtsgeschichte, 2. Aufl. (2004 ff.) 現在，24分冊まで刊行されている。なお第1版（1968-1998）も参照に値する。

Coing: Europäisches Privatrecht, 2 Bde. (1985, 1989)

Kroeschell: Deutsche Rechtsgeschichte, 3 Bde. (13./9./5. Aufl. 2008/2007/2008)

Kroeschell: Rechtsgeschichte Deutschlands im 20. Jahrhundert, 1992

Schröder: Recht als Wissenschaft, 2. Aufl. (2012)

Stolleis: Geschichte des öffentlichen Rechts in Deutschland, 4 Bde. (1988, 1992, 1999, 2012) なお，Stolleis: Öffentliches Recht in Deutschland, 2014 は，4巻本のダイジェスト版である。

Stolleis: Geschichte des Sozialrechts in Deutschland, 2003

Stolleis: Sozialistische Gesetzlichkeit, 2009

Wesenberg/Wesener: Neuere deutsche Privatrechtsgeschichte, 4. Aufl. 1985

Wieacker: Privatrechtsgeschichte der Neuzeit, 2. Aufl. 1967 (2. unveränderte Nachdr. 1996) その初版の翻訳書（第1刷は1961年）であるが，その第2刷において第2版の序文の抄訳と目次を掲載したのが鈴木禄弥訳『近世私法史』（1974，創文社）である。

Willoweit: Deutsche Verfassungsgeschichte, 7. Aufl. 2013

3 憲　　法

もっとも包括的な解説として，Dolzer/Vogel/Graßhof (Hg.) : Bonner Kommentar zum Grundgesetz（加除式で，年6回更新される）

Dreier (Hg.) : Grundgesetz. Kommentar, 3 Bde., 3. Aufl. (2013/2015/2018)

Isensee/Kirchhof (Hg.) : Handbuch des Staatsrechts der Bundesrepublik Deutschland, 12 Bde., 3. Aufl. (2003-2014)

Mangoldt/Klein/Starck (Hg.) : Das Bonner Grundgesetz. Kommentar, 3 Bde., 6. Aufl. 2010

Maunz/Dürig (Hg.) : Grundgesetz. Kommentar, 81. Aufl. 2017（加除式全7冊）

Merten/Papier (Hg.) : Handbuch der Grundrechte, (2004 ff.)（現在第Ⅰ巻から第Ⅶ巻まで，および第Ⅸ巻が刊行されている）

Bogdandy/Villalón/Huber (Hg.) : Handbuch Ius Publicum Europaeum, 6 Bde. (2007-2016)

Jarass/Pieroth : Grundgesetz für die Bundesrepublik Deutschland (Kommentar), 14. Aufl. 2016

Sachs (Hg.) : Grundgesetz. Kommentar, 8. Aufl. 2018

Stein/Frank : Staatsrecht, 21. Aufl. 2010

Zippelius/Würtenberger : Deutsches Staatsrecht, 32. Aufl. 2008（Theodor Maunzが1951年に刊行したものを，Zippeliusが1981年に大幅に改変を施し，その後も改版を重ねて現在に至っている）

Bumke/Voßkuhle : Casebook Verfassungsrecht, 2013

初宿正典『ドイツ連邦共和国基本法——全訳と第62回改正までの全経過』2018〔信山社〕（ドイツの憲法史にも精通する日本人憲法学者による信頼できる全訳と情報密度の高い註）

4　行　政　法

Hoffmann-Riem/Schmidt-Aßmann/Voßkuhle (Hg.) :　Grundlagen

des Verwaltungsrechts, 2 Bde.（2006, 2008）

Wolff/Bachof/Stober/Kluth: Verwaltungsrecht 2 Bde.（13./7. Aufl. 2017/2010）

Schmidt-Aßmann: Das allgemeine Verwaltungsrecht als Ordnungsidee. Grundlagen und Aufgaben der verwaltungsrechtlichen Systembildung, 2. Aufl. 2006（太田匡彦／大橋洋一／山本隆司訳『行政法理論の基礎と課題』2006〔東京大学出版会〕。第2版の翻訳）

Schmidt-Aßmann (Hrsg.): Besonderes Verwaltungsrecht, 13. Aufl. 2005

Maurer/Waldhoff: Allgemeines Verwaltungsrecht, 19. Aufl. 2017

5　民法・国際私法

Münchener Kommentar zum Bürgerlichen Gesetzbuch, 12 Bde. in 14, 7. Aufl.（2015–2018）

Schmoeckel/Rückert/Zimmermann (Hg.): Historisch-kritischer Kommentar zum BGB, 2003 ff.（現在第Ⅰ巻から第Ⅲ巻まで刊行された）

Jauernig (Hg.): Bürgerliches Gesetzbuch, 16. Aufl. 2015

Medicus/Petersen: Bürgerliches Recht, 26. Aufl. 2017（河内宏／河野俊行監訳『ドイツ民法　上』1997〔信山社〕。但し第16版（1993）の翻訳）

Medicus: Allgemeiner Teil des BGB, 11. Aufl. 2016

Medicus/Lorenz: Schuldrecht, 2 Bde.（21./18. Aufl. 2015/2018）

Schwab/Prütting: Sachenrecht, 36. Aufl. 2017

Wellenhofer: Sachenrecht, 32. Aufl. 2017

Schwab: Familienrecht, 25. Aufl. 2017（鈴木禄弥訳『ドイツ家族法』1986〔創文社〕。但し第3版（1984）の翻訳）

Brox/Walker: Erbrecht, 27. Aufl. 2016

Frank/Helms: Erbrecht, 7. Aufl. 2018

Leipold: Erbrecht, 21. Aufl. 2016

Junker: Internationales Privatrecht, 2. Aufl. 2017

6 商法・経済法

Münchener Kommentar zum Handelsgesetzbuch, 7 Bde., 4. Aufl. (2016 ff.)

Brox/Henssler: Handelsrecht mit Grundzügen des Wertpapierrechts, 22. Aufl. 2016

Baumbach/Hopt: Handelsgesetzbuch, 38. Aufl. 2018

Canaris: Handelsrecht, 24. Aufl. 2006

Münchener Handbuch des Gesellschaftsrechts, 8 Bde., 4. Aufl. 2016

Kübler/Assmann: Gesellschaftsrecht, 6. Aufl. 2006

Hüffer/Koch: Gesellschaftsrecht, 10. Aufl. 2017

Kindl: Gesellschaftsrecht, 2011

Emmerich: Kartellrecht, 13. Aufl. 2014

Langenbucher: Aktien- und Kapitalmarktrecht, 4. Aufl. 2018

メーシェル著／小川浩三訳『ドイツ株式法』2011〔信山社〕（ドイツ人による日本人のための書下ろし）

高橋英治『ドイツ会社法概説』2012〔有斐閣〕（ドイツ会社法に精通する日本人による書下ろし）

7 労働法・社会法

Erfurter Kommentar zum Arbeitsrecht, 18. Aufl. 2018

Münchener Handbuch zum Arbeitsrecht, 4 Bde., 4. Aufl. 2018

Dütz/Thüsing: Arbeitsrecht, 22. Aufl. 2017

Hanau/Adomeit: Arbeitsrecht, 14. Aufl. 2007（手塚和彰／阿久澤利明訳『ドイツ労働法』新版 2015〔信山社〕）

Löwisch/Caspers/Klumpp: Arbeitsrecht, 11. Aufl. 2017（西谷敏他訳『現代ドイツ労働法』1995〔法律文化社〕。但し第3版（1991）の翻

訳)

Schaub: Arbeitsrechts-Handbuch, 14. Aufl. 2011

Muckel/Ogorek: Sozialrecht, 4. Aufl. 2011

8 刑　　法

Münchener Kommentar zum Strafgesetzbuch, 8 Bde., 3. Aufl. 2016 ff.

Jescheck/Weigend: Lehrbuch des Strafrechts, Allgemeiner Teil, 5. Aufl. 1996（西原春夫監訳『ドイツ刑法総論』1999〔成文堂〕。但し第5版（1996）の抄訳）

Kühl: Strafrecht, Allgemeiner Teil, 8. Aufl. 2017

Hoffmann-Holland: Strafrecht, Allgemeiner Teil, 3. Aufl. 2015

Kindhäuser: Strafrecht, Allgemeiner Teil, 8. Aufl. 2017

Roxin: Strafrecht, Allgemeiner Teil, 2 Bde.（4./1. Aufl. 2008/2003）（平野龍一監修／町野朔＝吉田宣之監訳『基礎・犯罪論の構造』2003（第1編から第3編まで。但し第1巻の第3版（1997）の翻訳），山中敬一監訳『クラウス・ロクシン刑法総論第1巻』2009（第4編から第7編まで。但し第1巻の第4版（2005）の翻訳），山中敬一監訳『クラウス・ロクシン刑法総論第2巻』2011-2012（第8編から第9編まで。但し第2巻（2003）の翻訳）〔信山社〕）

Rengier: Strafrecht, Allgemeiner Teil, 9. Aufl. 2017

Arzt/Weber: Strafrecht, Besonderer Teil, 3. Aufl. 2015

Kindhäuser: Strafrecht, Besonderer Teil, 2 Bde.（8./9. Aufl. 2017/2016）

Rengier: Strafrecht, Besonderer Teil, 2 Bde.（20./19. Aufl. 2018/2018）

ケルナー著／小川浩三訳『ドイツにおける刑事訴追と制裁』2008〔信山社〕（ドイツ人による日本人のための書下ろし）

9 司法制度・訴訟法

Stein/Jonas: Kommentar zur Zivilprozessordnung, 12 Bde., 23. Aufl. 2014 ff.

Lüke: Zivilprozessrecht, 10. Aufl. 2011

Jauernig: Zivilprozessrecht, 30. Aufl. 2011

Baumbach/Lauterbach/Albers/Hartmann: Zivilprozessordnung (Kommentar), 76. Aufl. 2018

Musielak/Voit: Grundkurs ZPO, 13. Aufl. 2016

Münchener Kommentar zur Strafprozessordnung, 3 Bde. 2014–2018

Roxin/Schünemann: Strafverfahrensrecht, 29. Aufl. 2017(新矢悦二／吉田宣之訳『ドイツ刑事手続法』1992〔第一法規〕。但し第22版（1991）の翻訳）

Pfeiffer: Strafprozessordnung und Gerichtsverfassungsgesetz (Kommentar), 5. Aufl. 2005

Kissel/Mayer: Gerichtsverfassungsgesetz, 8. Aufl. 2015

10 ヨーロッパ法

Hakenberg: Europarecht, 7. Aufl. 2015

Herdegen: Europarecht, 19. Aufl. 2017

Ipsen: Europäisches Gemeinschaftsrecht, 1972

Oppermann/Classen/Nettesheim: Europarecht, 7. Aufl. 2016

11 インターネットによる検索

www.bundesverfassungsgericht.de（1998年1月以降の連邦憲法裁判所判例については包括的。それ以前についても重要判例を閲覧可能。その他の憲法機関・裁判所・外国の最高裁判所へのリンク）

www.bundesgerichtshof.de/（2000年1月以降の連邦通常裁判所判例）

www.gesetze-im-internet.de/aktuell.html（主要な連邦法律のオンライン検索）

www.bmj.de（連邦司法省。Webによって多面的なリンク）

www.brak.de（連邦弁護士連合会。ドイツ，ヨーロッパの各弁護士会への接続）

www.jura.uni-saarland.de（ザールラント大学法学部のよく整備された情報ネット。Bundesgesetzblattも閲覧できる）

europa.eu/（EU関係の各国語による接続）

verfassungsblog.de/ （憲法学に関するブログ。アクチュアルな議論を追跡するのに便利）

なお，インターネットで閲覧できるドイツのメディアから，若干のものを挙げておこう。

www.faz.net/aktuell/（フランクフルター・アルゲマイネ紙）

www.sueddeutsche.de/（ジュートドイッチェ・ツァイトゥング紙）

www.zeit.de/（ツァイト紙）

www.tagesschau.de/（ドイツ第1テレビ〔ARD〕のニュース番組。ビデオで視聴できる）

レファレンスのためのアドレス一覧

　ドイツ法に関する文献・資料の提供（有料の場合もある）を期待できる機関のうち，まず，大学以外のものを掲げる（ファックスは市外局番を省略。なお，ファックスによるサーヴィスは，いくつかの機関では部門ごとに細分化されたり，逆にインターネットによるサーヴィスで代替させているところがある）。ホームページは，インターネットで容易に検索できる。Eメールの使用にあたって，ホームページに用意されているフォーマットの利用が要求される場合も多く，その場合にはEメールアドレスを掲載していない。また，Eメールのアドレスは，問い合わせ事項の内容によって細分化されていることもある。

Presse- und Informationsamt der Bundesregierung; Dorotheenstr. 84, 10117 Berlin (Tel:030/182722720)
Bundeskanzleramt; Willy-Brandt-Str. 1, 10557 Berlin
Bundespräsidialamt; Spreeweg 1, 10557 Berlin (Tel:030/20000; Fax: 1810200-1999; e-mail:bundespraesidialamt@bpra.bund.de)
Bundesministerium der Justiz und für Verbraucherschutz; Mohrenstr. 37, 10117 Berlin (Tel:030/185800; Fax:185809525; e-mail:poststelle@bmjv.bund.de)
Bundesministerium für Bildung und Forschung; Kapelle-Ufer 1, 10117 Berlin (Tel:030/18570; Fax:185783601; e-mail:bmbf@bmbf.bund.de)
Deutscher Bundestag; Platz der Republik 1, 11011 Berlin (Tel:030/2270; Fax:22736979; e-mail:mail@bundestag.de)
Bundesrat; Leipziger Str. 3-4, 10117 Berlin (Tel:030/1891000; Fax: 189100400: e-mail:bundesrat@bundesrat.de)
Bundesverfassungsgericht; Schlossbezirk 3, 76131 Karlsruhe (Tel:

0721/91010; Fax:9101382)

Bundesgerichtshof; Herrenstr. 45a, 76133 Karlsruhe (Tel:0721/1590; Fax:1592512; e-mail:poststelle@bgh.bund.de)

Der Generalbundesanwalt beim Bundesgerichtshof; Brauerstr. 30, 76135 Karlsruhe (Tel:0721/81910; Fax:8191590; e-mail:poststelle@ generalbundesanwalt.de)

Bundesverwaltungsgericht; Simsonplatz 1, 04107 Leipzig (Tel:0341/ 20070; Fax:20071000; e-mail:post@bverwg.bund.de)

Bundesfinanzhof; Ismaninger Str. 109, 81675 München (Tel:089/ 92310; Fax:9231201; e-mail:bundesfinanzhof@bfh.bund.de)

Bundesarbeitsgericht; Hugo-Preuß-Platz 1, 99084 Erfurt (Tel:0361/ 26360; Fax:26362000; e-mail:bag@bundesarbeitsgericht.de)

Bundessozialgericht; Graf-Bernadotte-Platz 5, 34119 Kassel (Tel: 0561/3107460; Fax:3107474; e-mail:bundessozialgericht@bsg.bund. de)

Bundespatentgericht; Cincinnatistr. 64, 81549 München (Tel:089/ 699370; Fax:699375100; e-mail:bundespatentgericht@bpatg.bund. de)

Deutsche Nationalbibliothek; Adickesallee 1, 60322 Frankfurt am Main (Tel:069/15252500; e-mail:info-f@dnb.de) および Deutscher Platz 1, 04103 Leipzig (Tel:0341/2271453; e-mail: info-l@dnb.de)

Max-Planck-Institut für Innovation und Wettbewerb/Max-Planck-Institut für Steuerrecht und Öffentliche Finanzen; Marstallplatz 1, 80539 München (Tel:089/242460; Fax:24246501; e-mail:institut @ip.mpg.de)

Max-Planck-Institut für ausländisches und internationales Privatrecht; Mittelweg 187, 20148 Hamburg (Tel:040/419000; Fax: 41900288; e-mail:info@mpipriv.de)

Max-Planck-Institut für ausländisches öffentliches Recht und

レファレンスのためのアドレス一覧

Völkerrecht; Im Neuenheimer Feld 535, 69120 Heidelberg（Tel: 06221/4821; Fax:482288）

Max-Planck-Institut für europäische Rechtsgeschichte; Hansaallee 41, 60323 Frankfurt am Main（Tel:069/789780; Fax:78978169; e-mail:info@rg.mpg.de）

Max-Planck-Institut für Sozialrecht und Sozialpolitik; Amalienstr. 33, 80799 München（Tel:089/386020; Fax:38602490）

Max-Planck-Institut für ausländisches und internationales Strafrecht; Günterstalstr. 73, 79100 Freiburg i. Br.（Tel:0761/70810; Fax:7081294; e-mail:info@mpicc.de）

学術振興財団等には，次のようなものがある。

Deutscher Akademischer Austauschdienst（DAAD）; Kennedyallee 50, 53175 Bonn（Tel:0228/8820; Fax:882444）. なおDAAD（ドイツ学術交流会）東京事務所；〒107-0052 港区赤坂7-5-56 ドイツ文化会館内（Tel:03/3582-5962; Fax:3582-5554）

Alexander von Humboldt-Stiftung; Jean-Paul-Str. 12, 53173 Bonn（Tel:0228/8330; Fax:833199; e-mail:info@avh.de）. DAAD 東京事務所がフンボルト財団の事務も担当している。

Fritz Thyssen Stiftung; Apostelnkloster 13-15, 50672 Köln（Tel: 0221/2774960; Fax:277496196; e-mail:fts@fritz-thyssen-stiftung.de）

Konrad-Adenauer-Stiftung e.V.; Rathausallee 12, 53757 Sankt Augustin（Tel:02241/2460; Fax:2463217; e-mail:zentrale@kas.de）

Friedrich-Ebert-Stiftung e.V.; Godesberger Allee 149, 53175 Bonn（Tel:0228/8830; Fax:8839207）

Friedrich-Naumann-Stiftung für die Freiheit; Karl-Marx-Str. 2, 14482 Potsdam（Tel:030/22012634; Fax:69088102; e-mail:service@freiheit.org）

大学に文献・資料を求めるさいには，どの大学の法学部に依頼すべきかを決めなければならない。それぞれの法学部の学部長室（Dekanat，最近は専用のメールアドレスを持っていることも多い）に依頼状を出して，定期的に刊行される「研究報告書（Forschungsberichte）」を入手し，それによって研究の重点を知った上で文献・資料の提供を求める相手を選ぶのも，ひとつの方法であろう。文献の遠隔地貸出し（Fernleihe）は外国との間でも可能だが，相互主義の原則がとられているために，日本の大学等から貸し出す可能性がない限りこの制度を利用することはできない。原則として，大学図書館にコピーサーヴィス（有料）を依頼するほかはないであろう。ただし，蔵書の一部をインターネットで公開するプロジェクトを行う大学や研究所がいくつかあり，便利である。各大学法学部のアドレスは次のとおり（電話番号とファックス番号の両方を紹介する場合は，ファックス番号について市外局番を省略。各種サーヴィスを，メールのみを通じて行う施設，あるいはすべての電話番号が直通になって，電話交換を行う中央受付をやめた研究施設も散見される）。

Otto-Friedrich-Universität Bamberg, Sozial- und Wirtschaftswissenschaften; Feldkirchenstr. 21, 96052 Bamberg (Tel:0951/8632501; Fax:8632502; e-mail:dekanat.sowi@uni-bamberg.de)

Universität Bayreuth, Rechts- und Wirtschaftswissenschaftliche Fakultät; Universitätsstr. 30, 95447 Bayreuth (Tel:0921/556001; Fax:556002; e-mail:sekretariat.rw@uni-bayreuth.de)

Freie Universität Berlin, Fachbereich Rechtswissenschaft; Van't-Hoff-Str. 8, 14195 Berlin (Tel:030/83852188)

Humboldt-Universität zu Berlin, Juristische Fakultät; Unter den Linden 6, 10099 Berlin (Tel:030/20930; Fax:20932770; e-mail:dekan@rewi.hu-berlin.de)

Universität Bielefeld, Fakultät für Rechtswissenschaft; Universitätsstr. 25, 33615 Bielefeld (Tel:0521/1064301; Fax:1066414; e-mail:dekanat.rewi@uni-bielefeld.de)

Ruhr-Universität Bochum, Juristische Fakultät; Universitätsstr. 150, 44780 Bochum (e-mail:dekanat-jurist-fak@rub.de)

Universität Bonn, Rechts- und Staatswissenschaftliche Fakultät; Adenauerallee 24-42, 53113 Bonn (Tel:0228/739101; Fax:739100; e-mail:dekanat@rsf.uni-bonn.de)

Universität Bremen, Fachbereich Rechtswissenschaft; Universitätsallee, GW1 28359 Bremen

Technische Universität Darmstadt, Fachbereich 1, Rechts- und Wirtschaftswissenschaften; Hochschulstr. 1, 64289 Darmstadt (Tel:06151/1657588; e-mail:dekanat@wi.tu-darmstadt.de)

Heinrich-Heine-Universität Düsseldorf, Juristische Fakultät; Universitätsstr. 1, Geb. 24. 81, 40225 Düsseldorf (e-mail:dekanat.jura@uni-duesseldorf.de)

Friedrich-Alexander-Universität Erlangen-Nürnberg, Fachbereich Rechtswissenschaft; Schillerstr. 1, 91054 Erlangen (Tel:09131/8522230, 8529397; Fax:8526809; e-mail:jura-info@fau.de)

Johann Wolfgang Goethe-Universität Frankfurt, Fachbereich Rechtswissenschaft; Theodor-W.-Adorno-Platz 4, 60323 Frankfurt am Main (Tel:069/79834206; Fax:79834530)

Europa-Universität Viadrina, Juristische Fakultät; Große Scharrnstr. 59, 15230 Frankfurt (Oder) (Tel:0335/55342386; Fax:55342441; e-mail:dek-rewi@europa-uni.de)

Albert-Ludwigs-Universität Freiburg, Rechtswissenschaftliche Fakultät; Platz der Alten Synagoge, 79085 Freiburg (Tel:0761/2032145, 2032139; Fax:2032137; e-mail:dekanat@jura.uni-freiburg.de)

Justus-Liebig-Universität Gießen, Fachbereich 01: Rechtswissenschaft; Licher Str. 72, 35394 Gießen (Tel:0641/9921001; e-mail: Dekanat@fb01.uni-giessen.de)

Georg-August-Universität Göttingen, Juristische Fakultät; Platz der Göttinger Sieben 6, 37073 Göttingen (Tel:0551/397360, 397367; Fax:397833; e-mail:dekanat@jura.uni-goettingen.de)

Ernst-Moritz-Arndt-Universität Greifswald, Rechts- und Staatswissenschaftliche Fakultät; Domstr. 20, 17487 Greifswald (Tel: 03834/4202001; Fax:4202002; e-mail:rsw-deka@uni-greifswald.de)

FernUniversität in Hagen, Rechtswissenschaftliche Fakultät; Universitätsstr. 21, 58084 Hagen (Tel:02331/9872444; e-mail:dekanat.rewi@FernUni-Hagen.de)

Martin-Luther-Universität Halle-Wittenberg, Juristische und Wirtschaftswissenschaftliche Fakultät; Universitätsplatz 10 a, 06108 Halle (Saale) (Tel:0345/5523103, 5523100; Fax:5527072; e-mail: dekanat@jura.uni-halle.de)

Universität Hamburg, Fakultät für Rechtswissenschaft; Rothenbaumchaussee 33, 20148 Hamburg (Tel:040/428380, Fax:428386594)

Bucerius Law School; Jungiusstr. 6, 20355 Hamburg (Tel:040/307060; Fax:30706145; e-mail:info@law-school.de)

Leibniz Universität Hannover, Juristische Fakultät; Königsworther Platz 1, 30167 Hannover (Tel:0511/7628104; Fax:7628107; e-mail: dekanat@jura.uni-hannover.de)

Ruprecht-Karls-Universität Heidelberg, Juristische Fakultät; Friedrich-Ebert-Anlage 6-10, 69117 Heidelberg (Tel:06221/547631; Fax:547654; e-mail:dekanat@jurs.uni-heidelberg.de)

Friedrich-Schiller-Universität Jena, Rechtswissenschaftliche Fakultät; Carl-Zeiß-Str. 3, 07743 Jena (Tel:03641/942000; e-mail: Dekanat@recht.uni-jena.de)

Christian-Albrechts-Universität zu Kiel, Rechtswissenschaftliche

レファレンスのためのアドレス一覧

Fakultät; Leibnizstr. 4, 24118 Kiel (Fax:0431/8801689)

Universität zu Köln, Rechtswissenschaftliche Fakultät; Albertus-Magnus-Platz, 50923 Köln (Tel:0221/4702218; Fax:4705106; e-mail:jura-dekanat@uni-koeln.de)

Universität Konstanz, Fachbereich Rechtswissenschaft; Universitätsstr. 10, 78464 Konstanz (Tel:07531/880; Fax:883688; e-mail: dekanat.jura@uni-konstanz.de)

Universität Leipzig, Juristenfakultät; Burgstr. 27, 04109 Leipzig (Tel:0341/9735100; Fax:9739211)

Philipps-Universität Marburg, Fachbereich Rechtswissenschaften; Universitätsstr. 6, 35032 Marburg (Tel:06421/2823101; Fax:2823181; e-mail:dekan01@jura.uni-marburg.de)

Ludwig-Maximilians-Universität München, Juristische Fakultät; Universitätshauptgebäude Geschwister-Scholl-Platz 1, Zi. D 109, 80539 München (Tel:089/21802326; Fax:21802391; e-mail:dekanat @jura.uni-muenchen.de)

Universität Osnabrück, Fachbereich Rechtswissenschaften; Heger-Tor-Wall 14, 49078 Osnabrück (Tel:0541/9696143; Fax:9694579; e-mail:dekanat@jura.uni-osnabrueck.de)

Universität Potsdam, Juristische Fakultät; August-Bebel-Str. 89, 14482 Potsdam (Tel:0331/9773206; Fax:9773297; e-mail:dekanatjura@uni-potsdam.de)

Universität Regensburg, Fakultät für Rechtswissenschaft; Universitätsstr. 31, 93053 Regensburg (Tel:0941/94301; Fax:9432305; e-mail:dekanat.jura@ur.de)

Universität Rostock, Juristische Fakultät; Ulmenstr. 69, 18057 Rostock (Tel:0381/4988001; Fax:4988002; e-mail:dekan.juf@uni-rostock.de)

Universität des Saarlandes, Rechtswissenschaftliche Fakultät;

Campus, 66123 Saarbrücken (Tel:0681/3022003; Fax:3024213; e-mail:dekanat@rewi.uni-saarland.de)

Eberhard Karls Universität Tübingen, Juristische Fakultät: Geschwister-Scholl-Platz, 72074 Tübingen (Tel:07071/2972545; Fax: 295178; e-mail:dekanat@jura.uni-tuebingen.de)

Österreich

Paris-Lodron-Universität Salzburg, Rechtswissenschaftliche Fakultät; Churfürststr. 1, A-5020 Salzburg (Tel:0662/80443000; Fax:8044743000; e-mail:rw.fakultaet@sbg.ac.at)

Universität Wien, Rechtswissenschaftliche Fakultät; Schottenbastei 10-16, A-1010 Wien (Tel:01/427734001)

Schweiz

Universität Basel, Juristische Fakultät; Peter Merian-Weg 8, CH-4002 Basel (Tel:061/2072500; Fax:2072508; e-mail:dekanat-ius@unibas.ch)

Université de Genève, Faculté de Droit; Uni Mail 40, Boulevard du Pont-d'Arve, CH-1205 Genève

Université de Lausanne, Faculté de droit, des sciences criminelles et d'administration publique; Quartier UNIL-Chamberonne Bâtiment Internef-213, CH-1015 Lausanne (Tel:021/6922740; Fax: 6922745; e-mail:doyen.fdca@unil.ch)

Universität Zürich, Rechtswissenschaftliche Fakultät; Rämistr. 74/2, CH-8001 Zürich (Tel:044/6342233; Fax:6344374; e-mail:dekanat@ius.uzh.ch)

原語索引

A

Abgabenordnung ·················130
Abitur ························100, 303
abstrakte Normenkontrolle ········63
abstraktes Rechtsgeschäft ········153
abweisen ······················296
Aktie ·························200
Aktiengesellschaft, AG ···········199
Aktiengesetz, AktG ··············199
Allgemeine
　Geschäftsbedingungen ········156
allgemeine Leistungsklage ········94
Allgemeiner Teil ················139
Allgemeines Bürgerliches
　Gesetzbuch für die deutschen
　Erblande ·····················17
Allgemeines Deutsches Handels-
　gesetzbuch, ADHGB ···········193
Allgemeines Landrecht für die
　Preußischen Staaten ············17
Amtsgericht ····················284
Amtsträger(in) ··················97
Anfechtungsklage ················94
Angeklagte(r) ··················295
Angestellte(r) ··········96, 241, 315
Anklage ·······················294
Anmeldung·····················110
Anwaltszwang ··················283
Arbeiter(in) ················96, 241
Arbeitgeber(in) ·················242
Arbeitgeberverband ·········223, 252
Arbeitnehmer(in) ············96, 241
Arbeitnehmerüberlassung ········243
Arbeitsgericht ··················288
Arbeitskampf···················253
Arbeitslosenversicherung ···122, 126
Arbeitsrecht ····················240
Arbeitsvertrag ··················240
Arbeitszeitgesetz, ArbZG ········244
Asylrecht ······················112
Asylverfahrensgesetz ············112
Aufenthaltserlaubnis ·············109
Aufenthaltsgesetz, AufenthG ···108
Aufenthaltstitel ·················109
Auflassung·····················169
Aufsichtsrat ····················204
ausfertigen ·····················77
Ausländeramt ··················110
ausschließliche Gesetzgebung ······43
Aussperrung ···················253
Ausweisung ····················110

B

Baugesetzbuch, BauGB ··········174
Beamte(r)/Beamtin ···············96
Bedarfsgemeinschaft ·············127
Behindertenrecht ················128
Beklagte(r) ····················296
Berggewerkschaft ···············257
Berufsrichter(in) ················279
Berufung·······················291
Beschwerde················290, 299
Besitzkonstitut ··················167
Betreuung ·····················141
Betriebsrat ·····················255

343

Betriebsrätegesetz ·················254
Betriebsverfassungsgesetz,
   BetrVG ······························254
Bewährung ····························263
bewegliche Sache ···················167
Bund ·····································42
Bundesagentur für Arbeit ········109
Bundesarbeitsgericht, BAG
   ···································278, 288
Bundesauftragsverwaltung ········89
Bundesausbildungsförderungs-
   gesetz, BAFöG ·····················305
Bundesbeamtengesetz, BBG········97
Bundesdatenschutzgesetz, BDSG
   ···103
bundeseigene Verwaltung ·········88
Bundesfinanzhof, BFH ······278, 286
Bundesgerichtshof ··················278
Bundesgesetz ···························55
Bundesgesetzblatt, BGBl ············77
Bundes-Immissionsschutzgesetz,
   BImSchG ····························172
Bundeskanzler(in) ····················60
Bundeskartellamt ···················217
Bundespatentgericht ·········222, 284
Bundespersonalvertretungsgesetz,
   BPersVG ·····························256
Bundespräsident(in) ··················58
Bundesrat ·······························56
Bundesregierung ······················59
Bundesrichter(in) ···················279
Bundessozialgericht, BSG
   ···································278, 287
Bundessozialhilfegesetz, BSHG
   ···124
Bundesstaat ····························23
Bundestag ······························50

Bundesurlaubsgesetz, BUrlG······247
Bundesverband der Deutschen
   Industrie, BDI ···············223, 252
Bundesvereinigung der Deutschen
   Arbeitgeberverbände, BDA
   ···································223, 252
Bundesverfassungsgericht,
   BVerfG ··························62, 284
Bundesverfassungsgerichtsgesetz,
   BVerfGG ······························62
Bundesversammlung ················58
Bundesverwaltungsgericht,
   BVerwG ·······················278, 285
Bundeswahlgesetz, BWG ···········50
Bündnis 90/Die Grünen ············53
Bürgerliches Gesetzbuch, BGB
   ·····································21, 137
bürgerliches Recht ··················135
Bürgermeister(in) ····················91
Bürgerrechte ··························67

C

Christlich-Demokratische Union,
   CDU ·······················32, 52, 60
Christlich-Soziale Union, CSU
   ·································32, 52, 60
Code Civil ······························17
Codex Maximilianeus Bavaricus
   Civilis ··································17
Constitutio criminalis Carolina ···16
Corpus Iuris Civilis ··················13

D

Daseinsvorsorge ······················86
Datenschutzbeauftragte(r) ······104
Deliktsfähigkeit ·············140, 141
Deutscher Bund ························6

原語索引

Deutscher Corporate Governance Kodex ·····206
Deutscher Gewerkschaftsbund, DGB ·····251
Deutsches Patent- und Markenamt ·····222
Deutsches Richtergesetz, DRiG ·····98
die erste juristische Prüfung·····307
Die Linke ·····53
Dienst- und Treueverhältnis ·····97
Dienstgericht des Bundes ·····285
Dienstvertrag ·····240
dingliches Geschäft ·····154
Dispositionsmaxime·····296
Drittwirkung ·····74

E

Effektenbörse ·····200
Ehe ·····180
Ehegesetz ·····138, 181
Ehescheidung·····185
Ehevertrag ·····185
ehrenamtliche(r) Richter(in) ·····280
Eigentümergrundschuld·····175
Eigentümerhypothek ·····175
Einführungsgesetz zum Bürgerlichen Gesetzbuche, EGBGB ·····190
eingetragene Genossenschaft, eG ·····210
eingetragener Verein, eV ·····142
Eingriffsverwaltung ·····85
Einigung ·····167
Einstellung des Verfahrens ·····295
Eintragung·····168

elterliche Sorge ·····177
Elternzeit ·····130
Embryonenschutzgesetz, ESchG ·····271
Empfehlung ·····234
Entlassung ·····107
Entscheidung·····233
Erbbaurecht ·····159
Erbrecht ·····188
Erholungsurlaub ·····247
Erkenntnisverfahren ·····295
Ermächtigungsgesetz ·····24
Eröffnungsbeschluss ·····295
Euro ·····228
Europäische Atomgemeinschaft, EURATOM ·····226
Europäische Gemeinschaft, EG ·····228
Europäische Gemeinschaft für Kohle und Stahl, EGKS ·····226
Europäische Gemeinschaften, EG ·····226
Europäisches Justizielles Netz, EJN ·····276
Europäische Kommission ·····231
Europäische Union, EU ·····226, 228
Europäische Wirtschaftsgemeinschaft, EWG ·····226
Europäische Zentralbank ·····228, 232
Europäischer Gerichtshof, EuGH ·····232
Europäischer Haftbefehl·····276
Europäischer Rat ·····231
Europäischer Rechnungshof ·····233
Europäischer Rechtsanwalt (-anwältin)·····281
Europäisches Parlament·····230

345

Europarat ·······························225
Europarecht ····························224

F

Fallbearbeitung ························309
Familiengericht ························292
Familienrecht ··························177
Fernabsatzgesetz ······················158
Feststellungsklage ······················94
Finanzgericht ··························286
Firma ····································194
Fraktion ·································53
Freie Demokratische Partei, FDP
 ·································32, 53, 60
Freiheitsstrafe ·························262
Freispruch ······························295
freiwillige Gerichtsbarkeit ············298
Freizügigkeitsgesetz/EU,
 FreizügG/EU ·························108
Führerprinzip ····························8
Fünfprozentklausel ·····················51
Fürsorge ··························117, 124

G

Gebietskörperschaft ····················90
Gefährdungshaftung ··················166
gegen die guten Sitten ···············270
Gehalt ···································248
Geldbuße ·······························275
Geldwäschegesetz, GwG ············272
Gemeinde ································91
gemeines Recht ························14
Gemeinsamer Ausschuss ··············77
Gemeinsamer Senat ··················289
Gemeinschaftsaufgaben ··········45, 90
Genossenschaft ················143, 196
Genossenschaftsgesetz, GenG
 ··210
Gericht erster Instanz ················232
Gerichtskostengesetz, GKG ········299
Gerichtsverfassungsgesetz, GVG
 ··289
Geschäftsfähigkeit ····················140
Gesellschaft ····························196
Gesellschaft mit beschränkter
 Haftung, GmbH ····················207
Gesellschaftsrecht ····················194
Gesetz betreffend die Abzahlungs-
 geschäfte ····························157
Gesetz gegen den unlauteren
 Wettbewerb, UWG ···············218
Gesetz gegen Wettbewerbs-
 beschränkungen, GWB ··········215
Gesetz über den Widerruf von
 Haustürgeschäften und
 ähnlichen Geschäften ············158
Gesetz über die rechtliche
 Stellung der nichtehelichen
 Kinder ································187
Gesetz zur Behebung der Not von
 Volk und Reich, Ermächti-
 gungsgesetz ···························24
Gesetz zur Regelung des Rechts
 der Allgemeinen Geschäfts-
 bedingungen, AGBG ·············156
Gesetzesinitiative ·······················75
gesetzliche Erbfolge ··················188
gesetzlicher Feiertag ·················245
gesetzliche(r) Vertreter(in) ·······140
Gesetzlichkeitsprinzip ···············261
Gewährleistung für Sach- und
 Rechtsmängel ······················155
Gewerbeordnung ······················22
Gewerkschaft ·························251

原語索引

gewillkürte Erbfolge ……………188
Gleichberechtigungsgesetz………138
GmbH & Co. KG ………………198
Großer Senat ……………………291
Grundbuch ………………………168
Grundgesetz für die Bundesrepublik Deutschland, GG
　……………………………………38
Grundkapital ……………………200
Grundlagenvertrag ………………32
Grundpfandrecht ………………174
Grundrechte ………………………65
Grundschuld ……………………174
Grundstück ………………………159
Gründungsverträge ……………233
Grundvertrag ……………………32
Gutachtenmethode ……………309
gute Sitten ………………………144
Güterstand ………………………184
Gymnasium ………………100, 303

H

Handelsgesetzbuch, HGB ……194
Handelsrecht ……………………193
Handelsvertreter〔in〕……………195
Handlungsfähigkeit……………140
Handlungsgehilfe ………………195
Handlungsvollmacht ……………195
Härteklausel ……………………186
Hauptverfahren…………………295
Hauptverhandlung ……………295
Hauptversammlung ……………204
Haushalt …………………………183
Heranwachsende〔r〕……………261
Hochschulrahmengesetz, HRG
　…………………………………100
Hochschulrecht …………………98

Hypothek …………………………174
Hypothekenbrief ………………176

I

Immaterialgüterrecht …………220
Immission ………………………172
Individualarbeitsrecht …………240
Industrie- und Handelskammer, IHK ………………………223
Inkrafttreten ……………………77
innerdeutsche Beziehungen ………32
Internationales Privatrecht, IPR
　…………………………………190
ius positivum ……………………16

J

Jugendgericht …………………293
Jugendgerichtsgesetz …………261
Jugendliche〔r〕…………………261
juristische Methode ………21, 84
juristische Person………………142
juristische Person des öffentlichen Rechts ……………………142
Justiz ……………………………278

K

Kaiser ………………………4, 23
Kammergericht…………………284
kanonisches Recht ………………69
Kapitalgesellschaft ……………198
Kartell ……………………………216
Kauf ………………………………154
Kaufmann ………………………194
kausales Rechtsgeschäft………153
Kindergeld ………………………129
Kirchensteuer ……………………132
Kläger〔in〕………………………296

347

Koalitionsfreiheit ·····················240
Kollektivarbeitsrecht ···············240
Kommanditgesellschaft, KG ······198
Kommanditgesellschaft auf
  Aktien ································207
Kommunalverband····················90
König ·······································4
Königtum ·································4
konkrete Normenkontrolle ········63
konkurrierende Gesetzgebung ···43
konstruktives Misstrauensvotum
   ··61
Konzernunternehmen ··············211
Körperschaft des öffentlichen
  Rechts ································142
Krankenversicherung ··············120
kreisfreie Gemeinde, Stadt ········90
Kulturhoheit der Länder ············45
Kündigung ·····················143, 249
Kündigungsschutzgesetz, KSchG
   ···249

L

Ladenschlußgesetz, LadSchlG
   ···245
Laienrichter(in) ······················280
Land ·································5, 42
Landesarbeitsgericht ···············288
landeseigene Verwaltung ···········89
Landesliste ·····························50
Landesordnung ························16
Landesregierung·······················90
Landessozialgericht ·················287
Landgericht ···························284
Landkreis ·······························90
Landrat(-rätin) ························91
Lebenspartnerschaft ···············178

Legalitätsprinzip ····················294
Lehrfreiheit ·····························99
Leiharbeitsverhältnis ···············243
Leistungsstörung ····················151
Leistungsstörungsrecht ············150
leitende(r) Angestellte(r) ·········242
Lesung ··································75
Lohn····································248
Lokalisationsgebot ··················282

M

marktbeherrschende Stellung
   ···216
Maßregeln der Besserung und
  Sicherung ····························272
Mehrheitswahl ························50
Mehrwertsteuer ·····················133
Menschenrechte ······················65
Miete ··································159
Minderjährige(r) ····················140
Ministerpräsident(in) ···············90
Ministerrat····························231
Montan-Mitbestimmungsgesetz
   ···254
Mord ··································265

N

Nationalsozialismus, NS·············8
natürliche Person ···················140
nichteheliche Lebensgemeinschaft
   ···178
nichteheliches Kind ··········177, 187
Nichterfüllung ······················150
nichtig ························140, 144, 157
nichtrechtsfähiger Verein ········251
Niederlassungserlaubnis···········109
notarielle Beurkundung ···········144

原語索引

Numerus clausus 101, 303

O

Oberkreisdirektor(in) 91
Oberlandesgericht 284
Oberverwaltungsgericht............286
Obliegenheit 151
OECD 225
OEEC 225
offene Handelsgesellschaft, oHG
　............198
öffentliche Ordnung, ordre public
　............192
öffentliche(r) Bedienstete(r) 96
öffentlicher Glaube 170
öffentliches Recht............135
öffentlich-rechtliche Anstalt 142
öffentlich-rechtliche Stiftung ...142
öffentlich-rechtlicher Vertrag ...146
Opportunitätsprinzip 294
ordentliche Gerichtsbarkeit 284
Ordnungswidrigkeit 99, 275
Ordnungswidrigkeitsgesetz 275

P

Pacht 159
pädagogische Freiheit 99
Pandekten............15
Pandektenwissenschaft............21
Parlamentarischer Rat 28
Partei des demokratischen
　Sozialismus, PDS 33
Parteiengesetz, PartG 54
Parteiprozess 283
Partnerschaftsgesellschaftsgesetz
　............209
Patentgesetz, PatG 222

Patentrecht 220
Personengesellschaft 198
Pfandrecht 167
Pflegeversicherung 120
Pflichtteil 190
Pflichtverletzung 150
Policeyordnung 16
Privatautonomie 138, 212
Privatisierung 147
Produkthaftungsgesetz,
　ProdHaftG 166
Produzentenhaftung 166
Prokurist 195
Prozesskosten 299
Prozesskostenhilfe 300
Prozessurteil 296

R

Rahmenvorschriften 44
Rat der Europäischen Union 231
Rechtsanwalt(-anwältin) 281
Rechtsanwaltskammer 281
Rechtsanwaltsvergütungsgesetz,
　RVG 299
rechtsfähige Stiftung 142
rechtsfähiger Verein 143
Rechtsfähigkeit............140
Rechtsgeschäft 143
Rechtskraft 295, 298
Rechtsmittel 295
Rechtspflege 278
Rechtspfleger(in) 280
rechtsprechende Gewalt 278
Rechtsschutzversicherung 300
Rechtsstaat 47
Referendar(in) 314
Regierung 90

Reich ... 4
Reichsgericht ... 284
Relationstechnik ... 309
Rentenversicherung ... 119, 248
Repetitorium ... 312
Ressortprinzip ... 83
Revision ... 290
Richter(in) ... 96, 98, 278
Richtlinie ... 233
Rückwirkungsverbot ... 265
Ruhegehalt ... 98

S

Sachenrecht ... 167
Sachsenspiegel ... 13
Sachurteil ... 296
Satzung ... 91, 143, 200
Scheidung ... 185
Schikane ... 147
Schmerzensgeld ... 152
Schöffe/Schöffin ... 280
Schöffengericht ... 293
Schuldrecht ... 149
Schulhoheit ... 98
Schulpflicht ... 99
Schulrecht ... 98
Schwerpunktbereiche mit Wahlmöglichkeiten ... 308
Schwurgericht ... 292
Selbständige(r) ... 242
Selbsthilfe ... 147
Sicherungshypothek ... 176
Sicherungsübereignung ... 167
Sichtvermerk ... 109
Sittenwidrigkeit ... 146
Societas Europaea ... 213
Sozialdemokratische Partei Deutschlands, SPD ... 32, 53, 60
soziale Entschädigung ... 118
soziale Förderung ... 118
soziale Frage ... 114
soziale Hilfe ... 118
soziale Marktwirtschaft ... 60, 215
soziale Vorsorge ... 118
Sozialgericht ... 287
Sozialgesetzbuch, SGB ... 117
Sozialhilfe ... 124
Sozialrecht ... 114
Sozialstaat ... 48
Sprungrevision ... 290
squeeze out ... 200
Staat ... 42
Staatsanwalt(-anwältin) ... 283
Staatsanwaltschaft ... 283
Staatskirchenrecht ... 68
Staatswissenschaft ... 84
stattgeben ... 296
Stellungnahme ... 234
Steuerrecht ... 130
Stiftungsgeschäft ... 142
stille Gesellschaft ... 198
Strafantrag ... 294
Strafanzeige ... 294
Strafaussetzung zur Bewährung ... 262
Straffähigkeit ... 141
Strafgesetzbuch, StGB ... 261
Strafprozess ... 294
Strafprozessordnung, StPO ... 289
Strafrecht ... 261
Strafverfolgungsverjährung ... 265
Streik ... 253
Studentenverbindung ... 306
Subsidiaritätsprinzip ... 234

原語索引

Subsumtionstechnik 310
Sühnegedanke 262

T

Tarifautonomie 253
Tarifvertrag 253
Tarifvertragsgesetz 253
Totschlag 265
Treu und Glauben 146
Truppendienstgericht 286

U

Übergabe 167
Umsatzsteuer 133
Umsatzsteuergesetz, UStG 133
unbewegliche Sache 159, 167
unerlaubte Handlung 163
Unfallversicherung 121
ungerechtfertigte Bereicherung
　......169
Unionsbürger 110, 228
Unterhalt 187
Unterlassung 166
Unternehmergesellschaft
　(haftungsbeschränkt) 208
unwirksam 140, 145, 156, 195, 249
Urheberrecht 220
Urheberrechtsgesetz, UrhG 220
Usus Modernus Pandectarum 15

V

Verbandsklage 156
Verbraucherdarlehensvertrag 157
Verbraucherkreditgesetz 157
Verbrauchervertrag 191
Verbrechen 283
verbundenes Unternehmen 211

Vereinigter Großer Senat 291
Verfassung 38
Verfassung des Deutschen
　Reichs 23
Verfassungsbeschwerde 63
Verfügungsgeschäft 153
Vergehen 283
Vergleich 296
Verhältniswahl 50
Verhandlungsmaxime 296
Verkehrshypothek 176
Verkehrspflicht 165
Verkehrssicherungspflicht 165
verkünden 77
Vermittlungsausschuss 76
Verordnung 233
Verpflichtungsgeschäft 153
Verpflichtungsklage 94
Verschuldensprinzip 185
Versicherung 117
Versorgung 117
Verteidigungsfall 77
Vertrag 143, 145
Vertrag zur deutschen Einheit 34
Vertretungsrecht 144
Verurteilung 295
Verwaltungsakt 92
Verwaltungsgericht 286
Verwaltungsverfahren 93
Verwaltungsverfahrensgesetz,
　VwVfG 92
Visum 109
Völkermord 266
Volksvertretung 91
Volljährigkeit 140
Volljurist〔in〕......315
Vollmacht 144

351

Vollstreckungsverfahren 295
Vorbehalt des Gesetzes 92
Vormerkung 176
Vorrang des Gesetzes 92
Vorstand 202
Vorverfahren 294

Wirtschaftsrecht 215
Wohlfahrtstaat 115
Wohnungseigentumsgesetz, WEG
160

W

Wahlkreis 50
Wechselgesetz 194
Wechselordnung 193
Wehrpflicht 72
Weimarer Reichsverfassurg 23
Willenserklärung 143

Z

Zerrüttungsprinzip 186
Zivildienst 72
Zivilprozess 295
Zivilprozessordnung, ZPO 289
Zivilrecht 135
Zugewinngemeinschaft 184
Zuwanderungsgesetz 108
Zwischenverfahren 294

邦語索引

ア 行

アウフラッスング …………………169
アビトゥーア …………100, 101, 303
アムステルダム条約 ……………228
安全配慮義務 ……………………165
育児金 ………………………………129
意　見 ………………………………234
意思表示 …………………143, 145
慰謝料 ………………………………152
移住受入法 …………………………108
一般給付訴訟…………………………94
違法性 ………………………………165
イミシオーン …………………172, 173
遺留分 ………………………………190
院内会派………………………………53
ヴァイマル憲法………23, 24, 51, 61, 65
売上税 ……………………………131, 133
売上税法 ……………………………133
営業法…………………………………22
嬰児殺し ……………………………265
オイロ ………………………………228
王　国 ……………………………2, 3, 5
応報刑思想 …………………………262
オーストリア一般民法典……………17
親時間 ………………………………130
親による保護 ……………177, 188
恩　給 ………………………………98

カ 行

カールⅤ世刑事裁判令……………16
解　雇 ………………………………249
外国人 …………………………105, 110
外国人局 ……………………………110
外国人法 ……………………………105
介護保険 ……………………………120
会社法 ……………………194, 211, 212
回復休暇 ……………………………247
解約告知 …………………………143, 249
学説彙纂 ……………………………15, 21
学説法…………………………………20
拡大部 …………………………288, 291
確定判決……………………63, 295, 298
確認訴訟………………………………94
学問の自由……………………………99
学友会 ………………………………306
閣僚理事会 …………………………231
苛酷条項 ……………………………186
家事裁判所 ……………………181, 183
瑕疵担保責任 ………………………155
過失殺 ………………………………265
家事部 ………………………………292
家　政 ………………………………183
家族法 ………………………………177
家　長………10, 19, 20, 237, 238
学校高権………………………………98
学校法…………………………………98
割賦取引法 …………………………157
カノン法………………………………69
株　式 ………………………………200
株式会社…………143, 197, 199, 207, 213, 257, 258
株式合資会社 ………143, 197, 207, 258
株式法 …………194, 199, 207, 211, 213
株主総会 ……………………………204
仮登記 ………………………………176

過　料	275
カルテル	216
カルテル法	215
環境保護	172
勧　告	234
監査役会	200, 204, 208, 212, 256, 258
——における共同決定	256, 258
鑑定意見作成法	309
官　吏	96, 97, 242, 283
管理職員	242, 258
規格設定機関	212
棄　却	296
危険責任	166
規　則	233
基礎条約	32
起訴便宜主義	263, 294
起訴法定主義	263, 284, 294
既判力	298
基本権	24, 47, 63, 65, 66, 71, 73, 74, 102, 161, 162, 163, 295, 298
基本資本	200
基本条約	32
基本法	28, 38, 40, 55, 62, 78, 235
義　務	151
義務違反	150
義務づけ行為	153
義務づけ訴訟	94
虐　殺	265, 292
90年連合／緑の党	53
給付行政	85, 92, 93
給付障害	151
給付障害法	149, 150
ギュムナージウム	100, 303
教　会	68
教会税	68, 132
教会法	13
競合的立法権	43, 131
行　政	83, 130
行政行為	92, 94, 146
行政高等裁判所	286
行政裁判権	278, 280
行政裁判所	285
行政裁判所法	93
行政条令	16
行政地方裁判所	94, 283, 286
行政手続	93
行政手続法	92, 146
矯正・保安処分	273
競争制限禁止法	215, 216
協同組合	143, 196, 210, 213, 258
協同組合法	210
共同決定	97, 212, 240, 254, 255, 256, 258
共同決定法	254, 258
共同の任務	45, 46, 90
協約自治	253
居住許可	109
キリスト教社会同盟（CSUも見よ）	32, 52
キリスト教民主同盟（CDUも見よ）	32, 52
金銭浄化防止法	272
勤務・忠誠関係	97
区裁判所	148, 210, 280, 284, 291, 293, 298
具体的法令審査	62
組　合	143, 196, 197
郡	90
軍事服務裁判所	286
郡　長	91
軽　罪	283
経済団体	222
経済法	215
刑事責任能力	141

邦語索引

刑事訴訟	294
刑事訴訟法	289
刑法, 刑法典	261, 262, 266, 283
契　約	143, 145, 146, 161, 162, 243
ゲゼルシャフト	196
結合企業	211
決　定	233
ゲノッセンシャフト	196
ゲマインデ	91
原　告	296
検　事	279, 283, 294
検事局	283
建設的不信任投票	61
建設法典	173
県　庁	90
憲　法	38, 161
憲法異議	63, 73, 295, 298
権利能力	20, 140, 143
権利能力なき社団	251
権利保護保険	300
権利濫用	171
合　意	167, 168, 174
行為能力	140
公課法	130
講義の自由	99
鉱業会社	257, 258
公勤務者	96
公勤務者代表法	96
抗　告	290, 291, 294, 298, 299
合資会社	143, 196, 198
公私協働	105, 147
公　序	192
公職担当者	97
公信力	169, 170
公正証書	144, 155, 168, 169
控　訴	291, 292
公　訴	294
公訴時効	266
公訴消滅時効	265, 266
皇　帝	2, 4, 10, 23
合同委員会	77, 79
高等裁判所	218, 282, 283, 284, 290, 291, 292, 297
合同部	289
公　判	294, 295
公判開始決定	295
公　布	59, 77
公　法	135
公法上の契約	94, 146
公法上の財団	142
公法上の施設	142
公法上の社団	101, 132, 142
公法上の法人	142
公法人	142
公民権	67
合名会社	143, 196, 198
国　王	2, 4, 10, 11
国外退去	110
国際私法	190
告　訴	294
告　発	294
国防軍	79
国防専門員	56
国民社会主義（NSも見よ)	8
故　殺	265, 292
個人労働法	240
国　家	42
国家学	84
国家教会法	68
国家試験	307, 315
5％条項	51
雇用契約	240
婚　姻	180
婚姻締結	180

婚姻法	138, 181
困窮共同体	127
コンツェルン	211, 258
コンツェルン企業	211

サ 行

災害保険	121
罪刑法定主義	261
債権法	149
財団	142
財団設立行為	142
裁判	12
裁判官	96, 98, 242, 278, 280
裁判権	278
裁判所組織法	289
裁判費用	299
裁判費用法	299
債務の不履行	150
債務法	149
債務法の現代化	149
ザクセンシュピーゲル	13
差止め	166
査証	109
左翼	53
参審裁判官	280, 292, 293
参審部	293
市	90
事案処理	309
シカーネ	147, 171
事業所委員会	243, 250, 254, 255, 256
事業所委員会法	254
事業所組織法	254, 259
事業所における共同決定	255
死刑	262
施行	77
時効	266
市場支配的地位	216
自然人	140
自然法的法典	18
自治行政	90
質権	167
市町村議会	91
市町村長	91
失業保険	122, 126
執行手続	295
実質的正義	266
実定法	16
疾病保険	120
私的自治	138, 145, 161, 212
指導者原理	8, 239
支配人	195
司法	278
司法補助官	280
資本会社	143, 198
市民社会	18, 237
市民的役務	72
社会援護	117, 122
社会権	24, 66
社会高等裁判所	287
社会国家	48, 66, 88, 116, 161, 215, 240
社会裁判権	278, 280, 287
社会裁判所法	94, 287
社会助成	118, 128
社会地方裁判所	283, 287
社会的往来上の義務	165
社会的市場経済	60, 215
社会的損失補償	118
社会的配慮（soziale Vorsorge）	118
社会配慮（Fürsorge）	117
社会扶助	118, 123
社会保険	117
社会保障法, 社会保障法典	93, 114, 117, 243

邦語索引

社会問題	114
社団	143, 196, 197
社団法人	143, 197, 210, 213
州	42, 45, 52, 56
──の行政組織	90
──の固有行政	89
──の文化高権	45, 98, 100
就学義務	99, 100
宗教教育	68, 98, 100
住居所有権法	160
自由刑	262, 283
自由権	24, 66
重罪	283
修習生	314
州政府	90
従属労働	242
集団労働法	240
自由で民主的な基本秩序	67, 97
重点科目	308
自由民主党（FDPも見よ）	32, 53
住民登録	110
州リスト	50, 52
就労許可	109
授業の自由	99
授権法	24
首相	90
出向労働関係	243
主要手続	295
準拠法	190
準備手続	294
障害者法	128
奨学金	305, 309
商業使用人	195
証券取引所	200
商号	194
商工会議所	223
上告	290, 291, 298
商事会社	143, 196, 207
商事裁判官	292
商事代理権	195
使用者	242
使用者団体	223, 250, 252
少数派株主の締出し	200
小選挙区制	50, 52
上訴	295
使用賃貸借	159, 160
譲渡担保	167
商人	194
少年	261
少年裁判所法	261
少年部	293
消費者契約	191
消費者消費貸借契約	157
消費者信用法	157
消費者保護	138, 157, 191
商法，商法典	193, 194, 213
情報自己決定権	102
情報保護専門員	104
剰余共同制	184
条例	91
所轄主義	83
職員	96, 241, 242, 248, 315
職業裁判官	279, 287, 288, 291, 293
処分権主義	296
処分行為	153, 155, 167
所有権移転	153, 155
所有者抵当権	175
所有者土地債務	175
自力救済	12, 147, 149
指令	233
素人裁判官	280
侵害行政	85
人格権	103
人権	65, 67, 78

357

信仰の自由	69, 70
人的会社	143, 198, 207
ストライキ	253
生活パートナーシップ	178
生活配慮	86
生産者責任	166
誠実・信義	146
製造物責任法	166
生存配偶者	184, 188, 189
政党法	54
成　年	72, 140
税務裁判権	278, 280, 286
税務裁判所	283, 286
税務裁判所法	94, 286
設立条約	233
世　話	141
善意取得	169, 170
選挙区	50
専属的立法権	43, 131
占　有	148
占有改定	167
占有離脱物	170
善良の風俗	144, 164
争議権	96, 98
総　則	139
相続代償請求権	188
相続法	188
相隣関係	172, 173
遡及効禁止原則	265
組織犯罪抑止法	272
訴訟判決	296
訴訟費用	299
訴訟費用扶助	300
租税法	130
ソフト・ロー	212

タ 行

第一次的 EU 法	233
第一審裁判所	232
対解雇保護法	249
大　学	68
大学大綱法	100, 102
大学法	98
代議員会議	28
大綱的規定	44
滞在関係法	108
滞在許可	109
滞在資格	109
第三者効	74
第二次的 EU 法	233
代理権	144
代理商	195
堕胎罪	270
団結の自由	240
炭礦・鉄鉱・製鉄業共同決定法	256
男女同権	177
団体訴訟	156
地域定着要請	282
地域法人	90, 142
地上権	159
秩序違反	275
秩序違反行為	99
秩序違反法	275
知的財産権法	220
地方裁判所	280, 284, 290, 291, 292, 293
中間手続	294
抽象的法令審査	63
超過議席	52
調整委員会	76
町村団体	90
徴兵制	79

邦語索引

跳躍上告	290
著作権	220
著作権法	220
賃　金	248
通常裁判権	278, 282, 284, 289
通信販売法	158
定　款	143, 200
帝国（神聖ローマ帝国）	2, 4, 5, 6, 7, 10, 11, 19, 84
帝国裁判所	284
帝国諸侯	10
帝国諸身分	10
帝室裁判所	11
抵当権	174
抵当証券	176
手形法	193, 194
撤　回	157
手続停止	295
ドイツ一般商法典	193
ドイツ・コーポレートガヴァナンス・コーデクス	206
ドイツ産業団体全国連合会	223, 252
ドイツ社会民主党（SPDも見よ）	32, 53
ドイツ使用者団体全国連合会	223, 252
ドイツ帝国憲法	23
ドイツ統一条約	34
ドイツ特許・商標庁	222
ドイツ内関係	32
ドイツ民主共和国	9, 28, 30, 32, 38
ドイツ連邦共和国基本法	→基本法
ドイツ連盟	6
ドイツ労働組合連盟	251
登　記	168, 174
登記社団	142
登記抵当権	176
同権法	138
動　産	167
特別重罪部	292
匿名組合	198
独立事業者	242
土　地	159
土地債務	174
土地登記簿	168, 170
読　会	75
特許権	220, 222
特許法	222
取消訴訟	94
取締役	200, 202, 257, 258

ナ　行

ニース条約	228
入学定員制	101, 303, 304
任意相続	188
任意代理権	144
人間の尊厳	92
認　証	59, 77
妊娠中絶	270, 271
認　容	296
年金保険	119, 248
年次有給休暇	247

ハ　行

パートナーシップ会社	209
パートナーシップ会社法	209
売　買	154
胚保護法	271
配　慮	124
破綻主義	186
判決手続	295
パンデクテン体系	135
パンデクテンの現代的慣用	15
パンデクテン法学	21

引　渡	167
被　告	296
被告人	295
庇護権	112
庇護手続法	112
非婚姻的共同生活	178, 185
非訟事件	298
非常事態	79
非嫡出子	177, 187
非嫡出子の法的地位に関する法律	187
被用者	96, 204, 241, 242
被用者派遣	243
被用者派遣法	243
比例代表制	50, 52, 51, 58
夫婦財産契約	185
夫婦財産制	184
夫婦の氏	182
付加価値税	133
福祉国家	115
扶　助	124
不正競争防止法	218
部　族	2, 11
普通取引約款	146, 156
普通法	14, 21
物権行為	154, 167, 169
物権変動	167, 170
物権法	167
不動産	159, 167, 170
不動産担保権	174
不当利得	154, 169, 192
不服審査	93
不法行為	163, 165, 166, 192
不法行為能力	140, 141
扶　養	184, 187
フランク王国	1
フランス民法典	17
プロイセン一般ラント法	17, 21
兵役義務	72
閉店時間法	245
別　氏	182
ベルリーン	26, 29, 30, 38, 79
弁護士	93, 279, 280
弁護士会	281
弁護士強制	283
弁護士報酬	299
弁護士報酬法	299
弁論主義	296
防衛事態	77, 79
妨害排除	166
法学第一試験	307
法学的方法	21, 84
俸　給	248
報告技術	309
法　人	135, 142, 197, 199
包摂技術	310
法曹教育	279
法治国家	40, 47, 78, 98, 130, 266
法定休日	245
法定相続	188, 189
法定代理権	144
法定代理人	140
訪問取引等の撤回に関する法律	158
訪問販売	158
法律行為	143, 153
法律行為能力	140
法律の優位	92
法律の留保	92, 99
法律発案権	57, 75
保護観察	263
保護観察のための刑の執行停止	262
補習教室	312
補充性原則	234
保全抵当権	176

邦語索引

本案判決 …………………………296
本人訴訟 …………………………283

マ 行

マーストリヒト条約……213, 227, 235, 236, 259
マクシミリアン民事法典……………17
未成年者 …………………………140
緑の党………………………………79
身分制………………………10, 18, 20, 193
民間化 ……………………………147
民事訴訟 ……………………295, 299
民事訴訟法 ………………………289
民主主義社会党（PDSも見よ）……33
民族虐殺 …………………………266
民法，民法典……………21, 135, 137
民法上の組合 ……………………196
民法典施行法 ……………………190
無因行為 …………………………153
無限責任 …………………………197
無効（絶対的無効）………140, 144, 157
無効（不確定的無効）……140, 145, 156, 195, 249
無罪判決 …………………………295
名誉職裁判官……………242, 280, 287, 288, 292, 293

ヤ 行

約款法 ……………………………156
有因行為 …………………………153
有限会社 ………143, 197, 207, 257, 258
有限会社法 …………………194, 213
有限企業家会社 …………………208
有限合資会社 ……………………198
有限責任 …………………………197
有罪判決 …………………………295
有資格法曹 ………………………315

有責主義 …………………………185
ユーロ ……………………………228
用益賃貸借 ………………………159
ヨーロッパ委員会 ………………231
ヨーロッパ会計検査院 …………233
ヨーロッパ株式会社 ……………213
ヨーロッパ議会 …………………31, 230
ヨーロッパ共通逮捕状 …………276
ヨーロッパ共同体（1957年），EG ……………………………………226
ヨーロッパ共同体（1993年），EG ……………………………………228
ヨーロッパ経済共同体 …………226
ヨーロッパ原子力共同体 ………226
ヨーロッパ憲法条約 ……………229
ヨーロッパ裁判所 ………213, 232, 234
ヨーロッパ司法ネット …………276
ヨーロッパ人権裁判所 …………226
ヨーロッパ人権条約 ……………225
ヨーロッパ石炭鉄鋼共同体 ……226
ヨーロッパ石炭鉄鋼共同体条約 …226
ヨーロッパ中央銀行 ………228, 232
ヨーロッパ評議会 ………………225
ヨーロッパ弁護士 ………………281
ヨーロッパ法，EU法……96, 212, 213, 224, 233, 235, 259
ヨーロッパ理事会 ………………231
ヨーロッパ連合，EU……35, 131, 199, 213, 223, 226, 228
ヨーロッパ連合理事会 ……213, 231
予告期間 …………………………249

ラ 行

離 婚 ………………………………185
立証責任 ……………………156, 165
流通抵当権 ………………………176
良俗違反 ……………………146, 270

361

領　邦	5, 10, 11, 19
領邦条令	16
領邦諸身分	11
連合拡大部	291
連合市民	110, 213, 228
連合市民移動自由法	108
連　邦	42
連邦委任行政	89
連邦イミシオーン防止法	172
連邦会議	58
連邦カルテル庁	89, 217
連邦官報	59, 63, 77
連邦官吏法	97
連邦議会	31, 46, 50, 55, 57, 59, 61, 63, 65, 75, 77, 279
連邦休暇法	247
連邦教育助成法	305
連邦行政裁判所	93, 278, 285
連邦憲法裁判所	47, 51, 58, 62, 63, 67, 70, 71, 73, 97, 101, 103, 121, 133, 162, 163, 183, 185, 235, 258, 266, 267, 268, 272, 278, 279, 284, 289
連邦憲法裁判所法	62
連邦公勤務者代表法	256
連邦国家	23, 40, 130
連邦固有行政	88
連邦雇用促進庁	109
連邦最高裁判所	278
連邦裁判官	279
連邦裁判官法	98, 256
連邦裁判所	56
連邦参議会	31, 44, 50, 56, 57, 65, 75, 76, 77, 89, 131, 235, 279, 284
連邦社会裁判所	278, 287
連邦社会扶助法	124, 125
連邦主義	42
連邦首相	56, 59, 61
連邦情報保護法	103
連邦政府	59, 61, 63, 75, 89
連邦税務裁判所	278, 286
連邦選挙法	50, 51
連邦大統領	56, 58, 77, 279, 284
連邦通常裁判所	163, 218, 222, 278, 284, 290
連邦特許裁判所	222, 278, 284
連邦服務裁判所	285
連邦法律	31, 55, 59, 89
連邦労働裁判所	253, 278, 288
労働協約	223, 244, 251, 253, 288
労働協約法	253
労働組合	96, 223, 250, 251
労働契約	240, 247, 249
労働高等裁判所	288
労働裁判権	278, 280, 288
労働裁判所法	288
労働時間法	239, 244
労働者	96, 241, 248
労働争議	240, 253
労働地方裁判所	283, 288
労働法	240
ローマ法	13
ローマ法大全	13
ローマ法の継受	14
ロックアウト	253

ワ 行

和　解	296

| ドイツ法入門〔改訂第9版〕 | 外国法入門双書 |

Einführung in das Recht der Bundesrepublik Deutschland

1991 年 4 月 30 日	初版第 1 刷発行
1994 年 3 月 30 日	改訂第 2 版第 1 刷発行
1997 年 9 月 30 日	改訂第 3 版第 1 刷発行
2000 年 4 月 30 日	改訂第 4 版第 1 刷発行
2002 年 1 月 20 日	改訂第 5 版第 1 刷発行
2005 年 4 月 10 日	改訂第 6 版第 1 刷発行
2008 年 6 月 20 日	改訂第 7 版第 1 刷発行
2012 年 8 月 15 日	改訂第 8 版第 1 刷発行
2018 年 5 月 15 日	改訂第 9 版第 1 刷発行
2025 年 3 月 10 日	改訂第 9 版第 3 刷発行

著 者　村上淳一＝守矢健一
　　　　Hans-Peter Marutschke

発行者　江 草 貞 治

発行所　株式会社 有 斐 閣
　　　　郵便番号 101-0051
　　　　東京都千代田区神田神保町 2-17
　　　　https://www.yuhikaku.co.jp/

印刷・株式会社理想社／製本・大口製本印刷株式会社
©2018, Masumi Murakami, Kenichi Moriya, H. -P. Marutschke.
Printed in Japan
落丁・乱丁本はお取替えいたします。
★定価はカバーに表示してあります。

ISBN 978-4-641-04822-5

|JCOPY| 本書の無断複写（コピー）は、著作権法上での例外を除き、禁じられています。複写される場合は、そのつど事前に（一社）出版者著作権管理機構（電話03-5244-5088, FAX03-5244-5089, e-mail:info@jcopy.or.jp）の許諾を得てください。

本書のコピー，スキャン，デジタル化等の無断複製は著作権法上での例外を除き禁じられています。本書を代行業者等の第三者に依頼してスキャンやデジタル化することは，たとえ個人や家庭内での利用でも著作権法違反です。